AF198847

MARVIN

UND DER RAT DER RABEN

S.U. Groom

Bibliografische Information der Deutschen Nationalbibliothek: Die Deutsche Nationalbibliothek verzeichnet diese Publikation in der Deutschen Nationalbibliografie; detaillierte bibliografische Daten sind im Internet über dnb.dnb.de abrufbar.

Herstellung und Verlag: BoD – Books on Demand, Norderstedt

ISBN: 9783-7504-9941-6

Inhaltsverzeichnis

1. Teil: Die Einweihung

Der ideale Tag wird nie kommen. Der ideale Tag ist heute,
wenn wir ihn dazu machen.

Horaz (Quintus Horatius Flaccus), römischer Dichter, (65 - 8 v.Chr.)

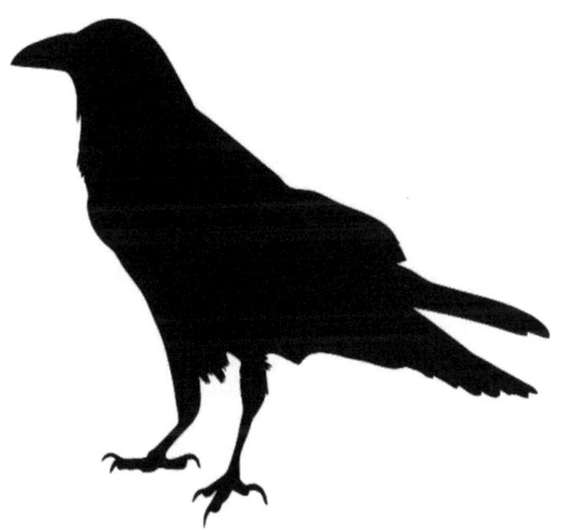

Kapitel 1 – Das Geheimnis der Schwarzen Feder

Ende Juni

Montag, Dienstag, Mittwoch, Donnerstag, Freitag – die letzte Woche vor den Sommerferien verging so langsam wie jede Unterrichtsstunde bei Frau Wiederich, die Deutsch (Gedichte auswendig lernen) und Englisch (Marvin fand, er war der einzige in seiner Klasse, der das R und das Th nicht richtig aussprechen konnte) unterrichtete.

Schließlich kam aber doch das Wochenende, auf das Marvin sich schon seit Wochen gefreut hatte. Sein Vater, Privatdozent Dr. Peter Krone, hatte ihm nämlich versprochen, die alten Sachen auf dem Dachboden zu durchforsten. Seit seine Mutter vor einem Jahr ganz unerwartet gestorben war, war keiner von ihnen mehr da oben gewesen. Aber sein Vater sagte, es wäre jetzt an der Zeit, mit der Vergangenheit Frieden zu schließen.

Nach dem Frühstück (Kakao und Brötchen mit Nutella – Marvins Lieblingsbrotaufstrich) stiegen sie – mit Taschenlampen bewaffnet - die knarrenden Stufen zum Dachboden hinauf. Marvin fühlte sich wie Christopher Kolumbus oder andere ruhmreiche Entdecker vergangener Zeiten, von deren Abenteuern sein Vater ihm manchmal erzählte. In der Nähe der Eingangsluke befanden sich ein Hochstuhl, ein Gitterbettchen und ein Laufstall, die aus Marvins früher Kindheit stammten.

Marvin glaubte, dass seine Eltern all diese Sachen aufgehoben hatten, weil sie noch ein Baby wollten – aber daraus würde wohl jetzt nichts mehr werden. Seufzend tastete sich Marvin im Halbdunkel voran.

„Guck mal, Papa. Hier ist Dein alter Plattenspieler."

Marvin leuchtete mit seiner Taschenlampe in einen der staubigen Winkel.

„Kannst Du die ABBA Platte auflegen? Du weißt schon, welche? Bitte."

Sein Vater kam herangestolpert und sah sich suchend um.

„Ich glaube, hier ist irgendwo eine Steckdose."

Peter Krone schrie auf. „Autsch! Verdammt noch mal!"

Er fasste sich mit beiden Händen an seinen Hinterkopf und rieb eine Stelle, an der sich seine Haare schon merklich lichteten.

„Die blöde Dachschräge!"

„Du sollst doch nicht fluchen", schalt Marvin kopfschüttelnd.

Als Peter Krone seine alte, umfangreiche Plattensammlung entdeckte, vergaß er seinen schmerzenden Kopf. Er kniete sich neben dem Plattenspieler nieder, um mit seinen Fingern durch die vergilbten Plattenhüllen zu blättern. Bald war der Dachboden von ABBA Songs aus den siebziger Jahren erfüllt. Als sein Magen zu knurren begann, erhob sich Herr Krone mit steifen Beinen vom Boden.

„Vielleicht sollten wir wieder in die Wohnung zurückkehren?", schlug er vor.

„Ich kriege langsam Hunger."

„Ich komme gleich."

In einer der mit Spinnweben behängten Ecken des Dachbodens hatte Marvin eine mit dunkelblauem Samt bezogene Schmuckschatulle entdeckt, die in

einer staubigen Holzkiste ganz oben lag. Ihr Deckel war mit bunten Glasperlen bestickt, die die Initialen ‚CJVR' bildeten und im Licht seiner Taschenlampe lustig aufleuchteten, nachdem er die feine Staubschicht weggeblasen hatte.
„Papa, schau mal, was ich hier gefunden habe!", rief Marvin aufgeregt und hielt seinem Vater das Kästchen entgegen.
„Ach ja, das gehörte Mama. Ich habe es ihr zu unserer Verlobung geschenkt. Das ist schon beinahe fünfzehn Jahre her."
„Darf ich es öffnen?"
„Ich denke schon. Mama würde es Dir sicher schenken wollen, Marvin."
„Es scheint verschlossen zu sein. Da ist ein winziges Zahlenschloss, guck mal."
Marvin rümpfte seine Nase, wie immer, wenn er enttäuscht war, und ließ mit einem Schnaufen die Luft durch seine Nasenlöcher entweichen. Sein Vater nahm die ihm von Marvin gereichte Schatulle und betrachtete sie eingehend.
„Hmm, ich glaube ich kenne die Zahlenschlosskombination. Obwohl ich niemals die Schatulle deiner Mutter geöffnet habe – merk Dir das, man muss die Privatsphäre von anderen immer respektieren."
„Also kann ich die Schatulle doch nicht öffnen?"
Marvin blies diesmal noch lauter Luft durch seine Nase.
Warum musste sein Vater immer so widersprüchlich sein?
„Marvin, hör mir mal gut zu."
Sein Vater legte versöhnlich seine rechte Hand auf Marvins Schulter.
‚Ich glaube es nicht nur, sondern ich weiß, dass Deine Mutter Dir diese Schatulle und alles, was darin ist, schenken wollte. Sie hat es mir selbst gesagt."

Dies war kurz vor ihrem tragischen Unfall gewesen, aber Peter Krone ließ dies lieber unerwähnt. Marvin hob erstaunt seinen Kopf, als sein Vater wider Erwarten ganz plötzlich laut auflachte.

„Was ist denn, Papa?"

„Ich habe gerade gedacht, dass ich nicht hoffe, dass Deine Mutter in dieser Schatulle ihre Geheimnisse über ihre Liebhaber und Verehrer verwahrt hat. Nicht gerade gute Lektüre für einen knapp elfjährigen Jungen – insbesondere, wenn sein Vater im Spiel ist." Marvins Vater zwinkerte ihm schelmisch zu.

„Großes Ehrenwort – ich werde alle Geheimnisse von Mama für mich behalten. Wie ist denn nun die Zahlenkombination?"

„Ich denke, es ist dreimal die Sieben."

Marvin drehte mit zitternden Fingern an dem Zahlenschloss, bis alle drei Ringe die Ziffer Sieben zeigten. Der Deckel der Schatulle sprang auf. Marvins langer Haarschopf, der ihm immer in die Augen fiel (früher hatte immer Mama ihm die Haare geschnitten, aber Papa kümmerte sich nicht so sehr um solche Dinge), verschwand in dem Kästchen. Er konnte kaum etwas erkennen, da seine Nase beinahe die Schatulle berührte. Eine Staubwolke wirbelte auf, und Marvin musste heftig niesen - genau fünfmal.

„Hatschi!"

„Gesundheit", erwiderte sein Vater und lachte, nun schon zum zweiten Mal heute. Heute war in der Tat ein schöner Tag. Marvin fühlte sich - hier oben mit all den alten Sachen - seiner Mutter so nahe wie lange nicht mehr. Marvin zog aus der Schatulle einen Stapel vergilbtes Papier hervor, dicht beschrieben mit der geschwungenen, zarten Handschrift seiner Mutter. Die wollte er später in seinem Zimmer lesen.

Aber war das schon alles? Irgendwie hatte Marvin gehofft, die Schatulle würde etwas Besonderes enthalten, eine spezielle und persönliche Botschaft von seiner Mutter – aber da war nichts mehr in dem Kästchen. Er klappte den Deckel wieder zu und stieg mit seinem Vater die wacklige Treppe vom Dachboden hinab.

Nach einem befriedigenden Mittagessen, das aus Toast mit Spiegeleiern, gebratenem Schinken und geschmorten Tomaten bestand, die sein Vater in der Pfanne gebrutzelt hatte, sprang Marvin die Stufen zu seinem Zimmer hinauf.

Prüfend sah er sich nach einem geeigneten Platz für seine Schatulle um. In seinem Zimmer lagen überall Bücher herum (Marvin war eine richtige Leseratte) und er räumte ein paar Bücher von seinem Fenstersims, um dort die Schatulle abzustellen. Gespannt nahm er die Papiere seiner Mutter aus dem Kästchen und begann zu lesen. Die meisten Blätter waren alte Briefe, die seine Mutter an seinen Vater geschrieben hatte. Der jüngste Brief war mit August 1994 datiert, also beinahe ein Jahr vor seiner Geburt. Kein Wort von irgendwelchen Liebhabern. Ein dumpfer Schmerz durchfuhr Marvin beim Lesen der liebkosenden Worte. Seine Eltern waren wirklich total ineinander verliebt gewesen.

Marvin legte die zusammengefalteten Briefe wieder in die Schatulle zurück. Sanft umfasste er die Schatulle mit beiden Händen und stellte sich die unzähligen Male vor, in denen seine Mutter dasselbe gemacht haben musste.

Als er die immer noch geöffnete Schatulle betrachtete, fiel ihm plötzlich auf, dass sie von außen tiefer aussah als von innen. Gab es vielleicht ein verstecktes Fach unter ihrem Boden? Aufgeregt entnahm er die sorgsam gefalteten Briefe aus der Schatulle und betrachtete den blauen Samtboden. Tatsächlich. Da gab es eine kleine Lasche, die er vorher gar nicht bemerkt hatte, da sie aus dem gleichen blauen Samt wie das Innenfutter gefertigt war und sich wohl mit den Jahren eng an den Boden angeschmiegt hatte.
Vorsichtig zog Marvin an der Lasche, bedacht, sie nicht etwa abzureißen. Unter dem Boden entdeckte er eine Kammer, in der ein kleiner Holzgegenstand und eine schwarze Feder auf einem Blatt Pergament lagen. Marvin betrachtete verwundert die kleine Holzfigur, einen kunstvoll geschnitzten Vogel. Er erinnerte ihn an eine indianische Totemfigur. Warum würde seine Mutter wohl so etwas in ihrer Schatulle aufbewahrt haben?
Marvin fühlte wieder einmal, wie Verzweiflung und Wut in ihm aufwallten. Es schien so unfair, ohne Mutter auskommen zu müssen. Wenn er wenigstens wüsste, was wirklich passiert war. Aber nicht einmal die Ärzte hatten erklären können, woran sie gestorben war.
Marvin nahm den geschnitzten Vogel in seine Hand, um ihn genau zu betrachten. Er fühlte sich erstaunlich warm an. Er sah wie eine Krähe, Dohle oder vielleicht auch ein Rabe aus. Marvin wusste, dass Raben und Dohlen in der freien Natur mittlerweile selten geworden waren.
Marvin ließ seine Finger prüfend über die Holzoberfläche gleiten. Als sein Zeigefinger kurz auf der Vogelbrust zu ruhen kam, ließ er die Figur

erschrocken fallen. Er glaubte, einen Herzschlag gefühlt zu haben, was natürlich nicht sein konnte.

Er bückte sich, hob den Vogel mit seinen Fingerspitzen auf, ohne ihn dabei anzusehen und legte ihn in das Kästchen zurück. Dann faltete er das Pergamentpapier auseinander. Erstaunt sah er, dass der Brief an ihn adressiert war – es gab keinen Zweifel, da ganz oben sein voller Name geschrieben stand ‚Marvin Carl Julius Krone'. Marvin war überzeugt, dass es unter all den sechs Milliarden Menschen auf der Welt – so unvorstellbar viele dies auch sein mochten - ganz bestimmt nur einen Marvin Carl Julius Krone gab.

Mit klopfendem Herzen las Marvin die Worte seiner Mutter.

„Mein lieber Marvin, da Du diese Zeilen liest, nehme ich an, dass mir etwas zugestoßen ist. Dies tut mir furchtbar leid – ich wünschte, ich hätte Dich zu meinen Lebzeiten in das ‚Geheimnis der Raben" einweihen können, aber das Schicksal wollte es nicht. Nach den Regeln, die uns vom Rat der Raben auferlegt sind, hätte ich Dir erst an Deinem zwölften Geburtstag davon erzählen dürfen. Du wirst wahrscheinlich nicht alles verstehen, was ich Dir hier schreibe. Aber ich habe größtes Vertrauen in Dich. Die kleine Schnitzfigur stellt einen Raben dar, und Du musst sehr vorsichtig damit umgehen, damit sie nicht beschädigt wird. Die schwarze Feder ist eine Rabenfeder, und sie wird Dir helfen, Deine besonderen Aufgaben im Leben zu erfüllen. Das Schicksal unserer Familie (der Rabensteins) ist seit alters her mit dem Schicksal der Rabenvögel verknüpft. Und zwar mit einer ganz besonderen Vogelfamilie. Falls Du Dich stark und mutig genug fühlst, Näheres wissen zu wollen, lege die

schwarze Rabenfeder abends vor dem Schlafengehen unter Dein Kopfkissen (aber niemals bei Neumond). Dann wirst Du das Geheimnis der schwarzen Feder selbst entdecken. Ich umarme Dich und bedenke Dich mit tausend Küssen, Deine Dich über alles liebende Mama. Carlotta Julia von Rabenstein-Krone."

Marvin guckte auf seinen Kalender. Heute war Sonntag, der 25. Juni. Links oben war ein kleines, schwarzes Mondsymbol abgebildet, also war heute ausgerechnet Neumond! Enttäuscht blies Marvin die Luft durch seine Nase. Er musste sich wohl noch für ein paar Tage gedulden, bevor er die Feder ausprobieren konnte. Aber immerhin waren es nur noch zwölf Tage bis zu seinem elften Geburtstag.

Marvin hatte am 7. Juli Geburtstag (ausgerechnet mitten in den Schulferien), ein Umstand, der ihn seit seiner Einschulung ärgerte, da er selten seinen Geburtstag im Kreis seiner Schulfreunde verbringen konnte. Aber diesmal wartete er mit Spannung auf seinen Geburtstag, da sein Vater ihm ein nagelneues Fahrrad mit allen Schikanen versprochen hatte.

Er musste an eine Geschichte denken, die ihm seine Mutter immer dann erzählt hatte, wenn er wegen eines unerfüllt gebliebenen Wunsches traurig gewesen war. Seine Mutter hatte sich zu ihrem elften Geburtstag sehnsüchtig einen blauen Wellensittich, den sie im Zoogeschäft gesehen hatte, gewünscht – jeden Tag blieb sie nach der Schule auf dem Weg nach Hause vor dem Zoogeschäft stehen und drückte sich ihre Nase am Schaufenster platt.

Ihre Mutter, Marvins Oma Emilie, war streng gegen die Anschaffung eines Wellensittichs gewesen und erklärte Carlotta wie einsam und traurig sich

Wellensittiche, die in der freien Natur lustig in Scharen zusammenlebten, in Gefangenschaft fühlen. Marvins Mutter verstand dies irgendwie schon, aber ihr Wunsch nach einem Vogel war stärker gewesen. Schließlich hatte seine Oma klein beigegeben und Carlotta einen Vogel versprochen.

Zu Carlottas großer Enttäuschung war der Vogel aber nicht der von ihr geliebte Wellensittich gewesen, sondern eine zahme Dohle namens Balthasar – und Oma Emilie verriet nicht, woher sie den Vogel hatte. Einem geschenkten Gaul guckt man nicht ins Maul, erwiderte seine Oma, als Carlotta sich bitter beschwerte. Carlotta und die Dohle wurden schließlich gute Freunde und einen Wellensittich wollte sie nie wiederhaben.

Am Ende dieser Geschichte lachte seine Mutter immer herzlich und Marvin hatte immer fröhlich in ihr Lachen eingestimmt. Ob die Dohle etwas mit dem geheimnisvollen Rat der Raben zu hatte? Marvin brannte darauf mehr zu erfahren. So ein Mist, dass gerade Neumond war!

Kapitel 2 – Odin der Siebenundzwanzigste

Mittwoch, 28. Juni

„Gute Nacht, Marvin."

Sein Vater drückte ihm – wie jeden Abend – einen liebevollen Gute-Nacht-Kuss auf die Wange, als er sich zu Marvin in seinem himmelblauen Bett herunterbeugte.

„Du bist für mich das Liebste in der Welt – und für Mama auch. Denke immer daran und träum' was Schönes."

Als ob ich Mama jemals vergessen könnte, dachte Marvin. Den Anblick von seiner Mutter auf der Intensivstation – wie sie ohne Bewusstsein und an mehrere Schläuche angeschlossen dagelegen hatte - wollte er schon gern manchmal vergessen, aber solche Gedanken gaben ihm immer schreckliche Gewissensbisse. Er horchte auf die Schritte seines Vaters, wie er nach unten ins Wohnzimmer ging, um sich – wie meistens – noch einen Film im Fernsehen oder auf DVD anzuschauen.

Marvin knipste seine Nachttischlampe an. Heute Nacht wollte er endlich mehr von Mamas Geheimnis erfahren. Er strich mit den Fingern über den Körper des silberfarbenen Delfins, aus dem der Lampensockel gefertigt war, und der sich langsam im Licht der Glühbirne erwärmte. Delfine waren seine Lieblingstiere und er dachte daran, wie sehr er sich gefreut hatte, als seine

Mutter ihm diese Lampe geschenkt hatte. Das war, als er mit einer Lungenentzündung mehr als zwei Wochen im Bett liegen musste und nur das Lesen ihm die Langeweile vertrieben hatte. Marvin erhob sich von seinem Bett und schlich auf Zehenspitzen zum Fenstersims, wo die geheimnisvolle Schatulle stand. Er nahm die schwarze Feder und legte sie unter sein Kopfkissen. Es dauerte lange, bis er eingeschlafen war, aber schließlich fielen ihm doch die Augen zu.

Marvin erwachte von einem Klopfen, das immer lauter zu werden schien. Tock. Tock. Tock. Verwirrte richtete er sich in seinem Bett auf und versuchte herauszufinden, woher das Geräusch kam. Die Vorhänge vor seinem Fenster waren zugezogen und die zahlreichen Bücherstapel auf seinem Zimmerboden erschienen im diffusen Halbdunkel wie Schattengestalten aus der Unterwelt. Marvin schaute auf seinen Digitalwecker, der 0:00 in leuchtendem Rot anzeigte. Mitternacht. Marvin zog seine Knie eng an seinen Körper und umschlang sie mit seinen Händen. Das Klopfen hatte kurz aufgehört, aber jetzt fing es wieder an. Unerbittlich machte es tock, tock, und wieder tock. Marvin zitterte ein wenig, als er sich von seinem Bett erhob.

Er lauschte angestrengt in die Dunkelheit. Das Klopfen schien vom Fenster her zu kommen. Angstgefühle durchjagten ihn. Auf dem Fenstersims stand die Schatulle – was, wenn das unheimliche Klopfen aus der Schatulle kam? Vielleicht war es der Geist seiner Mutter?

Marvin bezwang seine Furcht und bewegte sich langsam auf das Fenster zu. Er schob wie in Zeitlupe erst die schweren Vorhänge und dann die durchsichtige Gardine beiseite. Dicke Regentropfen prasselten an die

Scheibe. Dann sah er es, oder besser gesagt, ihn. Ein Rabe hockte draußen auf dem Fenstersims und schlug mit seinem Schnabel auf die Fensterscheibe ein. Marvin vergaß seine Angst und öffnete hastig das Fenster.

„He, Du. Lass das sein! Du machst noch das Fenster kaputt, wenn Du so weitermachst!"

„Ach wirklich? Du hast wohl was mit den Ohren, was? Wenn Du nicht so schwerhörig wärst, müsste ich auch nicht so laut klopfen. Wenn Du mich fragst, Du bist selbst schuld, mein Lieber."

„Aber ich habe Dich nicht gefragt."

Erschrocken schlug sich Marvin mit der Hand vor den Mund. Sprach er tatsächlich mit diesem Raben?

„Wer bist Du denn, wenn ich fragen darf? Hast Du auch einen Namen, Du vorlauter Rabe?" wollte Marvin wissen.

„Rabe? Ich? Ja, so eine Frechheit. Hast Du denn keine Augen im Kopf?"

Beleidigt steckte der Vogel seinen Schnabel in sein Gefieder, was Marvin eher putzig fand. (Er verkniff sich aber das Lachen, weil er vermutete, dies würde den Vogel nur noch mehr gegen ihn aufbringen.)

„Ich bin eine Krähe, mein Junge. Eine echte, leibhaftige Raben-, eh, Nebelkrähe aus vornehmster Familie."

Die Nebelkrähe verneigte sich vor Marvin und streckte ihm seinen von Nässe triefenden rechten Flügel hin.

„Ich bin Odin. Odin Augustus der Siebenundzwanzigste, um genau zu sein."

Marvin berührte zaghaft die klammen Federn.

„Ich heiße Marvin. Tut mir leid, dass ich Dich mit einem Raben verwechselt habe. Ich kenne mich da nicht so gut aus."

„Ja, was lernt ihr denn heutzutage in der Schule? Habt ihr keinen Corvidologie-, oder zumindest Ornithologie Unterricht?"

„Wie bitte?"

„Corvidologie oder auch Rabenvogelkunde. Ornithologie oder auch Vogelkunde. Das weiß doch jedes Kind."

„Wir haben nur Biologie- und Geologie Unterricht. Ich habe ehrlich noch nie von Rabenvogelkunde gehört."

„Tja, vielleicht verwechsle ich da was. Also in meiner Jugend hatten alle Vogelkinder Unterricht in Ornithologie."

„Aber ich bin doch kein Vogelkind", lachte Marvin.

Odin spreizte seine Flügel und ein Schauer von Regentropfen ergoss sich auf Marvins Schlafanzug. Marvin wich fröstelnd vom Fenster zurück und lud die Nebelkrähe widerwillig in sein Zimmer ein.

„Sei bitte vorsichtig und mach' nicht zu viel Lärm. Sonst wacht mein Vater auf. Und Fliegen ist in meinem Zimmer verboten, okay, Odin?"

„Okay, aber es heißt Odin Augustus der Siebenundzwanzigste, wenn ich bitten darf."

„Aber Odin, das ist doch ein viel zu langer Name. Wie wär's mit Odin Zwei Sieben?"

„Na schön, ausnahmsweise darfst Du mich so nennen. Weil Du es bist."

„Was meinst Du denn damit?"

„Deine Mutter war eine gute Freundin meiner Mutter."

„Du hast meine Mutter gekannt?"

Marvin kaute auf seinem Fingernagel, wie immer, wenn er aufgeregt war.

„Kau nicht an Deinen Fingernägeln. Wer hat Dir denn Manieren beigebracht?"

„Meine Eltern natürlich. Aber meine Mutter ist jetzt nicht mehr da."

„Oh, entschuldige. Dies war ja richtig taktlos. Wie dumm von mir."

„So, was weißt Du denn nun von Mama?"

„Nun ja, das ist eine lange Geschichte."

„Bitte erzähle mir alles, was Du weißt", drängte Marvin.

„Meinst Du das etwa wörtlich? Dann können wir hier noch für die nächsten tausend Jahre sitzen. Übrigens ein hübscher Name."

„Was?"

„Es heißt ‚Wie bitte", bitte schön. Marvin. Ist ein hübscher Name. Mein Onkel hieß so - und viele andere berühmte Nebelkrähen."

„Oh wirklich? Sollte ich stolz darauf sein, so wie berühmte Nebelkrähen aus der Geschichte zu heißen?"

„Deine Mutter hatte guten Geschmack, das muss man ihr lassen. Aber deine Erziehung lässt in der Tat sehr zu wünschen übrig."

„Oh, komm schon. Erzähl mir doch wenigstens, was es mit dem Geheimnis der Schwarzen Feder auf sich hat."

„Aber das weißt Du doch schon."

„Ich weiß nur, dass ich die Feder unter mein Kopfkissen gelegt habe und dann bist plötzlich Du an meinem Fenster erschienen."

„Genau."

„Und?"

„Nicht so ungeduldig, junger Mann. Wir haben genau noch siebenundvierzig Minuten Zeit."

„Wieso denn das?"

„Na um Punkt ein Uhr muss ich wieder nach Hause fliegen, weißt Du das denn nicht?"

„Ich habe doch schon gesagt, dass ich praktisch nichts weiß."

Hastig fügte Marvin hinzu: „Ich weiß natürlich eine ganze Menge für einen knapp Elfjährigen – jedenfalls sagt Papa das immer – aber eben nicht so viel über Dich oder andere Raben! Oh entschuldige, Nebelkrähen, meine ich natürlich. Ich interessiere mich mehr für Computer und Handys und so als für Vögel."

„Na wenn das so ist. Dann fange ich mal an. Womit soll ich denn nun anfangen?"

„Vielleicht mit dem Geheimnis der Schwarzen Feder?", schlug Marvin hilfreich vor. Odin Zwei Sieben schien manchmal etwas verwirrt zu sein.

„Ja, die schwarze Feder. Sieh an, sieh an. Hat mich immer schon geärgert, dass es sich um eine Rabenfeder handelt. Sollte wirklich eine Nebelkrähenfeder sein, meinst Du nicht auch?"

„Wenn Du meinst", sagte Marvin in dem Versuch diplomatisch zu sein.

„Natürlich meine ich das. Raben sind doch gierige, egoistische Vögel. Schlau jawohl, aber auch voller Schalk und Tücke. Wir Nebelkrähen sind da ganz anders. Immer aufrichtig und gerecht und am Schicksal der anderen interessiert. Sogar der Menschen. Jawohl."

Odin der Siebenundzwanzigste klopfte zur Bekräftigung seiner Worte mit seinem Schnabel auf Marvins Nachttisch.

„Odin Zwei Sieben, sei doch bitte vorsichtig. Du schlägst ja lauter Kerben in meinen Tisch."

„Das ist mir jetzt echt unangenehm. Nun ja, es ist schon eine kleine Weile her, dass ich bei einem Kind in der Wohnung zu Besuch war."

Odin drehte seinen Kopf zur Seite und blinzelte Marvin beschämt an.

„Ist nicht so schlimm. Kann ja jedem mal passieren", tröstete Marvin den verlegenen Vogel. „Was hat es denn nun mit der Rabenfeder auf sich?"

„Nun ja, sie muss absolut, abgrundtief pechschwarz sein und eine Schwanzfeder sein. Vielleicht ist es ja deshalb eine Rabenfeder und nicht die einer Nebelkrähe. Obwohl wir doch auch wunderschöne Schwanzfedern haben, nicht wahr?"

Marvin betrachtete eingehend Odins stolz emporgereckte dunkelgraue Schwanzfedern, als er vor ihm auf seinem Bett hin- und her stolzierte.

„Aber absolut. Großes Ehrenwort", erwiderte Marvin höflich. Sein Blick streifte seine Digitaluhr. 0:30.

„Odin Zwei Sieben, wir haben nur noch dreißig Minuten."

Marvin hoffte innig, Odin würde endlich zum Punkt kommen und nicht immer vom Thema abschweifen.

„Noch viel Zeit. Kein Grund zur Eile. Rabenvögel hassen es, gehetzt zu werden. Und Nebelkrähen insbesondere legen großen Wert auf Gründlichkeit."

„Schon gut. Du musst nicht gleich so aufbrausen."

„Hast Du vielleicht etwas zu essen da? Ich habe nämlich einen Rabenhunger", gluckste Odin der Siebenundzwanzigste und rieb sich mit seiner Schnabelspitze über den Bauch.

„Du kannst es mir glauben, es war ein langer und anstrengender Flug hierher. Und ich bin auch nicht mehr der Jüngste."

„Ich habe nur ein paar alte Kekse. Magst Du die?"

„Danke, wir Nebelkrähen essen alles. Kekse sind sogar besonders lecker – fast so lecker wie rohe Eier."

„Esse ich auch sehr gerne", warf Marvin ein, der nur halb zugehört hatte.

„Na, Du bist aber ein komischer Vogel – ich wusste nicht, dass Menschen gerne rohe Eier essen."

Marvin verschluckte sich an einem Kekskrümel.

„Ich meinte natürlich, Kekse sind lecker – nicht rohe Eier."

„„Ach so. Wenn das so ist."

Als Marvin seinen Keks heruntergeschluckt hatte, fragte er: „Wie alt bist Du denn?"

„Wie alt bist Du denn?", erwiderte Odin prompt.

„Nein, ernsthaft."

„Man fragt doch nicht andere Leute einfach so nach ihrem Alter!", entrüstete sich die Nebelkrähe.

„Aber Du bist doch ein Vogel."

„Na und? Gleiches Recht für alle, Menschen und Vögel."

Zur Bekräftigung schlug Odin kurz und heftig mit dem Schnabel auf Marvins Matratze.

„He, jetzt hast Du ein Loch in mein Bettlaken gebohrt!", schimpfte Marvin.

„War keine böse Absicht. Wo waren wir noch stehen geblieben? Ach ja richtig, mein Alter. Wenn Du es unbedingt wissen musst – ich bin neunzehn Jahre alt, ein wahres Methusalem Alter."

„Das ist doch kein Alter", rief Marvin vergnügt.

„Für Rabenvögel schon. Vielleicht bin ich deshalb ein bisschen vergesslich."

Nach kurzer Pause fügte Odin hinzu: „Ist es eigentlich schlimm?"

„Was meinst Du denn?"

„Meine Vergesslichkeit."

„Ach nein, ist schon okay."

Dann fiel Marvin wieder die Frage ein, zu der er so gern eine Antwort wollte.

„Wie funktioniert denn nun die Schwarze Feder?"

„Hmm, sagtest Du vorhin, Du interessierst Dich für diese Handy Dinger?"

„Na klar, jeder hat doch so ein Ding. Zum Telefonieren und SMS schreiben."

„Nun ja, stell Dir einfach mal vor, die Schwarze Feder funktioniert wie so ein Handy oder Mobiltelefon."

„Wie soll denn das gehen?"

„Mit Telepathie natürlich. Die fortgeschrittene Form von Telefonie. Wir Rabenvögel brauchen keine elektronischen Geräte zum Telefonieren, wir benutzen konzentrierte Gedankenübertragung. Geht auch prima ohne diese modernen menschlichen Erfindungen!"

„Tatsächlich? Ist ja megacool."

„Deshalb musst Du die Feder ja auch unter Dein Kopfkissen stecken. Die meisten Menschen können nur Telepathie anwenden, wenn sie im Halbschlaf sind oder träumen. Dann ist die Seele entspannt, und die Gedanken können frei fließen."

„Ja aber, ich wusste doch gar nichts von Dir, wie konnte ich Dich da rufen?"

„Tja, die Schwarze Feder hat natürlich so etwas wie einen Gedächtnisspeicher und die Erinnerungen deiner Mama haben mich gerufen. Also eigentlich hat sie Balthasar angerufen, aber er hat Deine Nachricht sofort an mich weitergeleitet."

„Wer ist denn Balthasar?"

„Eine alte Dohle, die Deine Mutter sehr gut kannte."

Marvin ging ein Licht auf. „Ich glaube, ich habe von der Dohle schon einmal gehört. Ist sie sehr alt, so um die dreißig?"

„Hmm, wie gesagt, ich frage andere nicht nach ihrem Alter – aber das könnte schon stimmen. Balthasar hat jedenfalls ziemlich viele graue und weiße Federn und sieht in diesen Tagen eher wie ein Kakadu aus als wie eine Dohle. Hihi."

„Das ist aber nicht nett, sich über andere lustig zu machen", sagte Marvin vorwurfsvoll und setzte dann gedankenlos hinzu „Wir werden doch alle jedes Jahr älter..." Marvin Stimme erstarb. Er versuchte mit aller Kraft den Gedanken, dass seine Mutter allerdings nicht mehr älter werden würde, zusammen mit den aufwallenden Tränen beiseite zu wischen, und konzentrierte sich auf seinen bevorstehenden Geburtstag.

„Ich feiere zum Beispiel in neun Tagen meinen elften Geburtstag."

„Bestes Alter, jawohl. Ich wünschte, ich könnte noch einmal meinen elften Geburtstag feiern. Mit Madenkuchen und gekochten Schinkenröllchen..."

Die Schnabel- und Augenpartie von Odin dem Siebenundzwanzigsten nahm einen träumerischen Ausdruck an, dann gab er sich einen sichtlichen Ruck.

„Nun gut, zurück zum Geschäft. Warum hast Du mich denn eigentlich heute Nacht hierher bestellt. In dieser unwirtlichsten Nacht aller Nächte? Bei Sturm und peitschendem Gewitterregen?"

„Ich wusste nicht, dass ich Dich hierher gerufen habe, ehrlich." Marvin war sichtlich berührt und erschrocken. „Ich hätte mir natürlich eine freundlichere Nacht ausgesucht, wenn ich gewusst hätte, dass ich solch interessanten Besuch bekommen würde wie Dich."

„Was heißt hier interessant? Ehrwürdig vielleicht, wundervoll noch besser, einzigartig und liebenswert am besten", ereiferte sich Odin, von einem Bein aufs andere hüpfend. Er krächzte so laut, dass Marvin vor Schreck seine Bettdecke über die Krähe warf, um die Laute zu ersticken. Er hatte mächtig Angst, dass sein Vater jeden Moment aufwachen und in sein Zimmer stürmen würde.

„Krallenblitz und Donnervogel! Bist Du von allen guten Geistern verlassen? Willst Du mich ersticken?"

„Nein, nein. Natürlich nicht. Aber dämpfe doch bitte Deine Stimme. Du weckst sonst noch meinen Vater auf."

Odin guckte sich um. „Komisch, Deinen Vater habe ich beim Hereinhopsen gar nicht bemerkt."

„Kannst Du doch auch nicht, Er schläft nebenan. Im Elternschlafzimmer."

„Ach so, klar. Wie dumm von mir."

„Hier, sieh mal.“ Marvin langte nach der Schatulle, die auf seinem Nachttisch lag, und nahm die geschnitzte Vogelfigur heraus.
„Diese Figur war zusammen mit der Feder und dem Brief in diesem Kästchen. Meine Mutter schrieb, dass ich die Rabenfeder unter mein Kopfkissen legen sollte, um das Geheimnis der Schwarzen Feder zu erfahren.”
„Ah, ich verstehe.” Odin nickte bedächtig mit seinem Kopf.
„Wirklich?”, fragte Marvin hoffnungsvoll und auch ein kleines bisschen ängstlich.
„Ja. Deine Mutter hat Dir ihre Gaben der Rabenvögel übertragen. Sie wollte, dass Du ihre Nachfolge antrittst und die Rabenweihe bekommst.”
Marvin verstand nicht, was Odin da faselte, aber er nickte mit dem Kopf. Dann sah er auf seine Uhr. 0:59.
„Oh, es ist gleich ein Uhr nachts!”, rief er erschrocken.
Odin spreizte seine Flügel. „Ich muss los, Kind. Mach Dir keine Sorgen. Ich komme wieder, wenn Du mich rufst. Bis bald.”
Und damit flatterte die Nebelkrähe aufs Fenstersims und war mit einem Satz in der Dunkelheit verschwunden. Marvin rieb sich die Augen und fragte sich, ob er all dies, was er in der letzten Stunde erlebt hatte, vielleicht nur geträumt hatte. Aber dann sah er die Kerben in seinem Nachttisch. Todmüde ließ er sich in sein warmes Bett fallen, zog seine Bettdecke über seine beiden Ohren, um das laute Schnarchen seines Vaters auszublenden, und war im Handumdrehen fest eingeschlafen.

Kapitel 3 – Der Rat der Raben

Sonntag, 2. Juli

„He, wach auf, Marvin. Wir müssen uns beeilen."

Odin zupfte mit seinem Schnabel an Marvins linkem Ohrläppchen.

„Au, lass das doch. Ich bin doch nicht taub!"

„Du musst aufstehen, wir kommen sonst zu spät zur großen Versammlung."

Odin Zwei Sieben hatte ihm gestern Abend feierlich enthüllt, dass er - Marvin Carl Julius Krone – beim großen Rat der Raben vorsprechen musste, um in den Kreis der Eingeweihten aufgenommen zu werden und so die Nachfolge seiner Mutter anzutreten.

Verschlafen rieb sich Marvin die Augen. „Wie spät ist es denn?"

„Gerade noch rechtzeitig genug, wenn wir jetzt aufbrechen."

Marvin zog sich in Windeseile sein verwaschenes T-Shirt und seine zerschlissenen Jeans an, und schlich die Treppenstufen hinunter. In der Küche griff er sich zwei Scheiben Brot und etwas Käse, vom Garderobenhaken im Flur angelte er sich seine Fleecejacke, in dessen Taschen er seinen Proviant verpackte, und dann öffnete er leise die Haustür. Es war noch dunkel. Wolken zogen über den Himmel und der Mond leuchtete nur zaghaft. Odin, der ihm durch die Wohnung gefolgt war, flatterte auf seine Schulter.

„Beeil Dich, wir sind schon spät dran."

„Ich dachte, wir sind gerade rechtzeitig dran?"

„Sei doch nicht immer so rechthaberisch", schimpfte Odin laut krächzend.

„Und Du, krächz doch bitte ein bisschen leiser. Du weckst noch die ganze Nachbarschaft auf."

Odin zeigte Marvin den Weg. Nach zehn Minuten bogen sie von der Straße ab, in einen schmalen, mit Brombeersträuchern und Brennnesseln überwachsenen Pfad am Waldsaum (Marvin war froh, dass er lange Hosen angezogen hatte). Es ging stetig bergan, und Marvin fand es sehr lästig, Odin auf seiner Schulter tragen zu müssen.

„Flieg doch mal ein bisschen. Warum muss ich Dich eigentlich tragen?"

„Ist einfacher. Sonst muss ich ja dauernd auf Dich warten."

„Ist bequemer für Dich, meinst Du wohl? Für mich aber ganz und gar nicht."

Dort wo Odins Krallen in seine Haut zwickten, hatte er bestimmt schon riesige blaue Flecken.

„Schon gut. Ich fliege."

„Danke. Du bist enorm rücksichtsvoll."

Nach einer guten Weile machte der Weg eine Biegung und Odin ließ sich wieder auf Marvins Schulter nieder.

„Jetzt müssen wir immer geradeaus, so für einen Kilometer oder so, bis wir an eine alte Scheune kommen, wenn ich mich nicht irre."

„Ich hoffe, Du irrst Dich nicht, Odin Zwei Sieben", schnaufte Marvin. „Wir sind jetzt schon mehr als eine Stunde unterwegs."

„Nun ja, immerhin regnet es nicht. Eigentlich ungewöhnlich. Sonst regnet es immer am Tag der Großen Versammlung."

„Ich find's auch ohne Regen ziemlich entmutigend."

„Wiederhole noch einmal, wie Du Dich nachher verhalten musst. Hast Du alles im Kopf?"

„Das haben wir doch schon mindestens zehnmal wiederholt. Ich kann's inzwischen auswendig", seufzte Marvin. „Vorwärts und rückwärts."

„Also, wie stellst Du dich nachher der großen allmächtigen Schneeeule vor?"

„Ich gehe langsam auf sie zu und verbeuge mich."

„Und dann?"

„Dann sage ich meinen Namen."

„Falsch!", schrie Odin so laut in sein Ohr, dass Marvin zusammenzuckte, und Odin beinahe von seiner Schulter herunterpurzelte.

„Pass doch auf, wo Du hintrittst, Du Tollpatsch", schimpfte Odin.

„Und Du, schrei mir doch nicht wie ein Verrückter ins Ohr. Gütiger Himmel."

„Du sagst nicht Deinen Namen, zuerst musst Du die große allmächtige Eule begrüßen- genau mit diesen Worten, und merke sie Dir gut: Große allmächtige Schneeeule, Ihr Weiseste aller Eulen und gütige Herrscherin aller Vögel, ich, Marvin Carl Julius Krone, erweise Euch meine ehrfürchtige Verehrung. Wiederhole!"

„Große allmächtige Eule..."

„Schneeeule!"

„Okay“, setzte Marvin zum zweiten Mal an (die letzten Stunden des Weges nicht mitgerechnet, versteht sich), „große allmächtige Schneeeule, Du Weiseste aller Eulen und Herrscherin aller Vögel...“
„Es heißt gütige Herrscherin, nicht einfach Herrscherin. Und sie muss immer mit Ihr und Euch angesprochen werden.”
Odin zupfte sich in gespielter Verzweiflung eine Feder aus seinem Bauchpelz. „Also gut, große allmächtige Schneeeule, Ihr Weiseste aller Eulen und gütige Herrscherin aller Vögel, ich, Marvin Carl Julius Krone, erweise Euch meine ehrfürchtige Verehrung.”
„Na bitte. Du kannst es ja doch.”
„Warum steht eigentlich eine Schneeeule dem Rat der Raben vor?”
„Ja, Junge, begreifst Du denn gar nichts? Wer würde denn sonst die vorlauten Elstern und die hinterlistigen Raben in Schach halten? Der Vorsitz der großen allmächtigen Schneeeule ist jahrtausendalte Tradition. Ambrosia, wie alle Schneeeulen vor ihr, sorgt für Gerechtigkeit, und wir alle beugen uns ihrem Urteil.”
„Werden viele Leute, ich meine Vögel, dem Rat beiwohnen?” Marvin wurde bei dem Gedanken, im Rat vorsprechen zu müssen, ein wenig nervös.
„Hängt davon ab, was Du mit ‚viele’ meinst.”
„Nun ja, ich dachte vielleicht dreißig oder so?”, schlug Marvin vor.
„Dreißig?“ Odin hielt sich seinen Schnabel vor Lachen. „Wohl eher an die dreihundert.”
„Was?” Marvin schüttelte ungläubig seinen Kopf, was zur Folge hatte, dass seine schulterlangen Haare Odin an den Krallen kitzelten, der sich nunmehr

nur mit Mühe auf seinen zwei Stelzbeinen halten konnte und hilflos mit den Flügeln flatterte.

„Nun ja, der Rat findet normalerweise nur zweimal pro Jahr statt, da versammelt sich alles, was Rang und Namen hat. Natürlich gibt es auch noch die Sondersitzungen. Sind leider immer häufiger nötig."

Odins schwarze Knopfaugen trübten sich kaum merklich, aber Marvin, der ihn genau aus seinen Augenwinkeln heraus beobachtet hatte, bemerkte es. Aber er entschied nicht weiter nachzuhaken, was es mit den Sondersitzungen auf sich hatte, da er sich jetzt auf Wichtigeres konzentrieren musste.

Als Marvin und Odin an ihrem Ziel ankamen, - einer Waldlichtung -, wurden sie sogleich von einer Vogelschar begrüßt.

„Wen hast Du denn da mitgebracht, Odin?" und „Was will denn dieser Junge hier?" krähte und krächzte es aufgeregt durcheinander.

Marvin wurde bei dem Stimmengewirr beinahe übel vor Nervosität und er musste sich auf einen Baumstamm setzen. Die Rabenvögel umringten ihn neugierig, und einige ganz freche setzten sich sogar auf seinen Kopf, seine Schultern und seine Knie, um ihn mit dem Schnabel zu beklopfen. Marvin saß so still wie möglich und versuchte sich nicht zu bewegen, aus Angst vor den spitzen Schnäbeln und scharfen Krallen. Elstern, spanische Blauelstern, Raben- und Nebelkrähen (wie Odin), Saatkrähen, Alpenkrähen, Dohlen, Schweizer Alpendohlen, Kolkraben, aber auch Eichelhäher, Unglückshäher und skandinavische Tannenhäher waren vertreten. Sie schwatzten angeregt miteinander, und kleine Grüppchen der gleichen Art formten sich ständig neu,

um sich dann flugs wieder aufzulösen. Und es kamen immer noch neue Vögel hinzu, die aus allen Himmelsrichtungen auf die Lichtung einflogen.
„So hört doch auf damit, den Jungen zu belästigen“, jammerte Odin Zwei Sieben nach allen Seiten. „Das mit dem Jungen hat schon seine Richtigkeit. Er ist heute hierhergekommen, um seine Rabenweihe zu bestehen.”
„Hört, hört. Na, das sind ja Neuigkeiten. Wir hatten ja lange keine Rabenweihe mehr”, rief eine besonders vorlaute Elster in die versammelte Runde.
Inzwischen hatten die Vögel einen Kreis um Marvin gebildet und standen artig in Reih und Glied.
„Er heißt übrigens Marvin. Er ist der Sohn von Carlotta von Rabenstein.”
Schlagartig verstummte das Gemurmel und respektvolle Stille breitete sich aus.
„Der Sohn von Carlotta von Rabenstein, sagst Du?”, krächzte mit auffallend tiefer, sonorer Stimme ein besonders großer, majestätisch aussehender Kolkrabe mit freundlichen, dunkelbraunen Augen, die Marvin aufmerksam beobachteten. „Wie interessant.”
„Interessant? Gut, dass ich ihn endlich gefunden und hierhergebracht habe. Jawohl.” Odin plusterte stolz sein Gefieder auf.
„Wurde ja auch Zeit, nicht wahr? Wo wir doch so sehr auf die Hilfe dieses Jungen angewiesen sind”, mischte sich lästernd eine Saatkrähe ein, deren einer Flügel schlaff herunterhing.
„Ich bin übrigens Sir Alexander Ravenstone”, meldete sich der große freundliche Kolkrabe wieder zu Wort, der Marvin die ganze Zeit über nicht aus

seinen Augen gelassen hatte. „Ich habe Deine Mutter persönlich gekannt, und es ist mir eine besondere Ehre, Dich hier begrüßen zu dürfen."

„Vielen Dank, gleichfalls sehr angenehm." Marvin ergriff vorsichtig Sir Alexanders ausgestreckten Flügel. „Aber Du hast ja einen englischen Namen. Kommst Du aus England?"

„Oh ja, in der Tat, warum auch nicht? Repräsentanten aller Länder versammeln sich hier. Der Rat der Raben ist eine Europäische Institution."

Sir Alexander zwinkerte lustig mit seinem rechten Auge, was Marvin zum Lachen brachte. Langsam verließ ihn seine Nervosität und er entspannte sich. Schließlich war er ein Mensch und dies hier nur Vögel. Was konnte ihm also schon groß passieren?

Ein mächtiges Rauschen ging durch die Baumwipfel und der Himmel verdunkelte sich. Marvins Nackenhaare sträubten sich. Ein Windhauch streifte sein Gesicht und er schrie leise auf. Ambrosia, die große, allmächtige Schneeeule, war angekommen. Sie glitt lautlos durch die Luft und ließ sich auf einem ausgehöhlten, knorrigen Baumstumpf in der Mitte der Lichtung nieder. Marvin erkannte sofort, dass es nur sie sein konnte, und er verstand, warum sie die große, allmächtige Schneeeule genannt wurde. Er hatte noch nie in seinem Leben einen anmutigeren Vogel gesehen, trotz seiner beachtlichen Größe. Ihr Gefieder war schneeweiß und ihr Gesicht gütig und weise. Die Schneeeule strahlte Respekt und Autorität aus. Marvin faltete unbewusst seine Hände, wie er es immer gemacht hatte, wenn seine Mutter ihn mit zur Kirche genommen hatte.

‚Darf ich um Ruhe bitten' waren ihre ersten Worte, aber diese Bitte (oder war es eine Anordnung?) musste eigentlich gar nicht ausgesprochen werden, da seit ihrer Ankunft kein Laut mehr auf der Lichtung zu hören war. Selbst der Wind schien verstummt zu sein. Ambrosia drehte ihren Kopf in alle Richtungen. So konnte sie alle Anwesenden – die sich in konzentrischen Ringen um sie angeordnet hatten – in ihrem Blick und ihrem Bann behalten. Dann klopfte sie mit einem wunderschön geschnitzten Stab, den sie bei ihrem Anflug in ihrem Schnabel getragen hatte, auf den ausgehöhlten Baumstumpf, auf dem sie saß.

„Ich fürchte, unsere heutige Sitzung wird etwas länger dauern. Wir haben einen Ehrengast, und soweit ich informiert wurde, wird eine Rabenweihe stattfinden."

Ambrosia nickte kurz in Marvins Richtung, der stocksteif auf seinem Baumstamm saß, fasziniert und auch ein bisschen erschreckt von dem, was er hier gerade erlebte.

„Odin Zwei Sieben, bin ich schon dran?", flüsterte er nervös in Odins Ohr.

„Nein, nein. Psst. Sei bloß still. Ich werde Dir mit meinem Schnabel einen Stups geben, wenn Du nach vorne gehen musst."

Ambrosia warf Odin einen scharfen Blick zu und räusperte sich betont.

„Wo war ich gerade stehen geblieben? Ach ja. Wir waren bei der Tagesordnung für die heutige Versammlung. Punkt eins ist damit abgehakt. Punkt zwei, Bericht von der Sonderkommission über die planmäßige, anthropogene Abschlachtung von Krähen in einigen Teilen Deutschlands -

vorgetragen von Justus Fidelius dem Dritten." Bei diesen Worten ging ein gedämpftes Krächzen durch die versammelte Menge.

„Ruhe, bitte, meine Herrschaften", rief die Schneeeule streng und klopfte mit ihrem Stab erneut auf den alten Baumstumpf, auf dem sie thronte.

„Ich weiß, dass dies kein schönes Thema ist. Punkt drei, Planung der nächsten Sondersitzung mit Schwerpunkt der Formierung einer Europäischen Schutzgemeinschaft mit dem Motto ‚Einer für alle, alle für einen'. Punkt vier, Rabenweihe von Marvin Carl Julius Krone, dem Sohn der vor einem Jahr verstorbenen, ehrwürdigen Carlotta Julia von Rabenstein..."

Erneut ging ein Murmeln durch die Reihen der Rabenvögel und neugierige Blicke trafen Marvin von allen Seiten.

„Ich muss um absolute Ruhe bitten. Ich habe noch nicht den letzten Punkt vorgetragen. Punkt fünf, Entwerfung eines Planes, um Uneingeweihte vor den üblen Machenschaften der abtrünnigen Raben zu schützen."

Marvin schaute auf seine Uhr. Es war schon eine halbe Stunde vergangen, und sie hatten noch nicht einmal das Vortragen der Tagesordnung geschafft. In einer Stunde würde die Sonne aufgehen und er fragte sich, wie lange die Sitzung noch dauern würde. Sein Vater würde sich sicher große Sorgen machen, wenn er nicht bald zu Hause auftauchen würde.

Endlich war es so weit. Marvin ging mit schweren Schritten, aber erhobenen Kopfes, auf den morschen, mit Moos und gelben Schwämmen bewachsenen Baumstumpf zu, auf dem die allmächtige Schneeeule thronte. Ambrosia senkte leicht ihren runden Kopf und wartete schweigend.

„Große allmächtige Schneeeule, Ihr Weiseste aller Eulen und gütige Herrscherin aller Vögel, ich, Marvin Carl Julius Krone, erweise Euch meine ehrfürchtige Verehrung.“ Marvin verbeugte sich artig.

„Ich danke Dir für Deine Ehrerbietung.“

Marvin schien es, als ob die Schneeeule leicht schmunzelte, aber das bildete er sich wohl nur ein.

„Wir hoffen sehr, dass Du die Nachfolge Deiner Mutter antrittst und uns helfen wirst, die abtrünnigen Raben, die alles daran setzen die Menschen und unsere Erde ins Verderben zu stürzen, zu bekämpfen und zu besiegen“, fuhr Ambrosia in ernstem Ton fort. „Willst Du dies tun?“

„Ja, das will ich“, antwortete Marvin mit leiser, aber fester Stimme.

„Aber dies ist keine leichte Aufgabe und ich würde es verstehen, wenn Du noch warten willst, bis Du zwölf bist. Doch die Zeit drängt. Die Erde kann die schlechte Behandlung, die sie von den Menschen erfährt, nicht mehr lange ertragen – wenn wir den üblen Einfluss der abtrünnigen Raben auf die Menschen nicht stoppen können, droht uns allen der Untergang. Verstehst Du die Bedeutung meiner Worte?“

„Ja, ich verstehe sie“, antwortete Marvin, wie Odin ihn unterwiesen hatte.

„Gut. Dann wollen wir mit der Einweihungszeremonie beginnen. Lasst die Bürgen bitte vortreten und einen Kreis um Marvin bilden.“

Odin flatterte nach vorne und stolperte fast über seine eigenen Beine, als er abbremste, um zum Stillstand zu kommen. „Allmächtige Schneeeule, ich bin mir nicht sicher, ob wir genügend Bürgen haben“, stammelte er, vor Aufregung nicht ganz dem Protokoll der offiziellen Anrede folgend.

„Das wäre schlimm. Wir benötigen drei Bürgen, die Marvins Mutter persönlich gekannt haben und bei Carlottas dritter Rabenweihe dabei waren. Findet sich denn in unserem Kreis heute niemand, der für den Jungen bürgen kann?"

„Viele, die vor zwanzig Jahren dabei waren, sind inzwischen vergiftet, erschossen oder in Fallen elend verendet", erbitterte sich Odin, an das Schicksal seiner eigenen Mutter denkend. Nach einem Moment Stille flog Sir Alexander Ravenstone nach vorn und ließ sich in einem eleganten Anflug auf Marvins Kopf nieder. „So wahrhaftig, wie ich hier stehe, ich kann für diesen Jungen bürgen."

Dann flogen zwei alte Greisenvögel mit weißen Federn um den Schnabel und die sich zum Verwechseln ähnlich sahen, aus einem der hinteren konzentrischen Kreise auf. Sie ließen sich wie selbstverständlich auf Marvins linker und rechter Schulter nieder.

„Es ist schon schlimm, aber es gibt in der Tat nicht mehr viele Rabenvögel wie Fridolin und mich, die ein angemessenes Alter erreichen", sagte der eine, der links saß.

‚Augustin hat leider Recht. Die meisten unserer Freunde sind tot", ergänzte der andere, der rechts saß.

„Gut, wir haben drei Bürgen", sagte Ambrosia erleichtert. „Sir Alexander, Fridolin und Augustin, seid ihr bereit, für diesen Jungen die Bürgschaft mit all ihren Pflichten zu übernehmen?", fragte sie streng.

„Ja, das sind wir", kam die Antwort im Chor.

„Und Du, Odin, mein langjähriger Freund, bist Du bereit, Marvin auf seiner spirituellen Reise zu begleiten und sein Schutzpatron zu sein?"
„Ja, das bin ich. Großes Rabenehrenwort." Odin streckte stolz seinen Schnabel in die Luft. „Marvin könnte in der Tat keinen besseren Schutzpatron haben als mich", fügte er eifrig hinzu.
Fridolin bog mokiert seinen Kopf in den Nacken. „„ Dass ich nicht lache. Nimm nur nicht den Schnabel zu voll, Odin, mein Junge. Deine Mutter war nicht gerade ein Musterbeispiel an Treue und Beschützertum."
„Halt den Schnabel, Fridolin", warf Augustin hastig ein. „Dich hat niemand nach Deiner Meinung gefragt."
Odin lief puterrot an (was man dank seines Federkleids nicht bemerkte) und explodierte beinahe vor Wut.
„Hmm." Ambrosia räusperte sich laut. „Falls alle Streitigkeiten jetzt bitte beendet werden können, möchte ich nun Marvin bitten, seine erste Rabenweihe zu empfangen. Normalerweise ist ein Mindestalter von zwölf Jahren erforderlich, aber da Carlotta nicht mehr unter uns weilt, sind wir in diesem Fall zu einer Ausnahme bereit, da der verantwortliche Elternteil, ehem, verhindert ist."
Marvin kniete andächtig vor der großen, allmächtigen Schneeeule nieder. Ambrosia breitete ihre enormen Schwingen aus, und begrub Marvin sowie die drei Bürgen und Odin, der vor Marvin auf dem Boden kauerte, unter ihrem schneeweißen Federnkleid. „Ich erkläre hiermit Marvin Carl Julius Krone zum Eingeweihten in unserem Kreis und heiße Marvin zur großen Versammlung für immer und ewig – solange die Sonne morgens aufgeht und abends wieder

untergeht - herzlich willkommen.“ Ambrosia sah Marvin freundlich aus ihren goldgelben Augen an. „Mögen die guten Mächte mit Dir sein und Dir Mut und Ausdauer geben, um die Aufgaben, die vor Dir liegen, zu erfüllen.“

Der tosende Beifall, der von dreihundert klappernden Schnäbeln und flatternden Flügelpaaren erzeugt wurde, war ohrenbetäubend. Marvin umklammerte den kleinen, aus Ebenholz geschnitzten Rabenvogel. Vor vielen Jahren musste seine Mutter hier ebenso gekniet haben, und die gleichen Worte gesprochen und gehört haben wie er heute, und dieser Gedanke erwärmte und tröstete ihn irgendwie.

„Hört, hört. Hast Du ein Glück, Junge. Raben-Legende hat es, damals wurden Menschen, die die Weihe nicht bestanden, zu Tode gehackt“, schrie Fridolin in Marvins Ohr.

„Das war ein Spaß.“ Fridolin quietschte vor Vergnügen, anscheinend amüsierte er sich königlich über seinen Witz.

„Aber Fridolin, das letzte Mal, als dies passierte, war vor zweihundertsechsundfünfzig Jahren, wenn ich mich nicht irre“, belehrte ihn Augustin. „Du mit Deinem Spatzenhirn bringst aber auch alles durcheinander.“

„Ja, ja, heute werden nur die Augen herausgepickt“, bestätigte Fridolin. „Nicht halb so viel Unterhaltung.“

Als er Marvins entsetzten Blick bemerkte, lachte er verlegen. „Nur ein Scherz, Kleiner. Du musst nicht alles wörtlich nehmen, was alte Rabenvögel so daher quatschen.“

Marvin lächelte zaghaft. „Ich muss mich erst noch an den Humor von Euch Vögeln gewöhnen.“

„Na, dazu wirst Du ja in den kommenden Wochen und Monaten viel Gelegenheit bekommen."

„Ich dachte, die großen Versammlungen finden nur zweimal pro Jahr statt?"

„Wer spricht denn hier von den großen Versammlungen? Hat Odin Dich etwa noch nicht in die alten Geheimnisse und Deine besondere Aufgabe eingeführt?"

„Ich glaube nicht."

„Tss, tss. Das sollte er aber. Du schwebst jetzt nämlich in ziemlicher Gefahr."

„Gefahr?" Marvins Stimme zitterte ein klein wenig. Er hatte wohl nicht recht verstanden, was die Geschehnisse der letzten Tage wirklich zu bedeuten hatten.

„Das soll dir Odin mal selbst erklären. Schönen Tag noch."

Augustin stieß Fridolin mit dem Flügel an und beide greisen Vögel erhoben sich schwerfällig in die Luft. Sie sahen jetzt wie zwei Schneebälle aus, die ein böser Riese in die Luft geschleudert hatte. Marvin hielt nach Odin Ausschau. Endlich fand er ihn und sie traten schweigend den Marsch nach Hause an. Marvin hing seinen Gedanken nach. Tausend Fragen schossen ihm durch den Kopf. Odin schien jedoch unwillig, sich zu unterhalten, so dass Marvin es schließlich aufgegeben hatte, ihm Löcher in den Bauch zu fragen.

Kapitel 4 – Das alte Versprechen

Freitag, 7. Juli

„Warum müssen wir eigentlich alle irgendwann sterben?"

Marvin kaute grüblerisch auf seinem mit Salamiwurst belegten Brötchen herum. Er und Odin aßen zusammen in Marvins Zimmer Frühstück. Marvins Vater war zur Universität gefahren, aber Marvin hatte ja Schulferien und war allein zu Hause geblieben. Plötzlich hatte es an sein Fenster geklopft und Odin war erschienen, um sich - frech wie er war – wohl selbst zum Frühstück einzuladen. Marvin nahm ihm das nicht übel, er freute sich über die Gesellschaft. Die Tage allein zu Hause konnten manchmal ziemlich lang und eintönig sein. Und heute war schließlich sein Geburtstag.

„Im Fall der Schweine ist das klar. Damit wir Salamibrötchen essen können."

Odin hockte auf einer dicken Salamischeibe, auf die er genüsslich einhackte, sehr darauf bedacht, sich nicht in seine eigenen Krallen zu picken.

„Nein, wirklich. Dies war eine ernsthafte Frage."

Odin blickte entrüstet auf. Sich beim Essen mit philosophischen Fragen zu beschäftigen, passte ihm ganz und gar nicht.

„Allmächtige Schneeeule! Müssen wir wirklich beim Essen ein so ernstes Thema besprechen? Und noch dazu an Deinem Geburtstag?"

„Absolut ja", erwiderte Marvin trotzig. „Es ist schließlich meine Mutter, die jetzt tot ist."

„Schon gut, schon gut. Ich weiß, wie Du Dich fühlst. Der Tod deiner Mutter war für uns alle ein schrecklicher Verlust. Jawohl."

„Was ist eigentlich passiert? Keiner spricht mit mir darüber. Alle sprechen immer nur von ihrem ‚tragischen Unfall'."

„Das wirst Du nur zu bald herausfinden, Marvin, aber alles zu seiner Zeit. Nicht umsonst hast Du das Erbe Deiner Mutter angetreten und bist ein Rabenstein-Junge."

„Es vergeht kein Tag, an dem ich nicht meine Mutter vermisse – so sehr, dass ich davon Bauchweh bekomme."

„Das Schicksal deiner und meiner Familie sind eng verknüpft, aber das weißt Du ja schon."

„Ich weiß eigentlich herzlich wenig, was meine Mutter und den Rat der Raben betrifft."

„Soll das etwa ein Vorwurf sein?"

Odin studierte Marvins Gesichtsausdruck mit schief gelegtem Kopf.

„Aber nein", beteuerte Marvin hastig. Ein beleidigter Odin war nicht gerade die Art von Gesellschaft, die er sich an seinem Geburtstag wünschte.

„Na gut." Odin hüpfte auf Marvins Schoß und machte es sich dort gemütlich.

„Deine ehrwürdige Mutter hat den Rabenvögeln einen großen Dienst erwiesen, und deshalb stehen wir in Deiner Schuld. Ich als Dein Schutzpatron – sowie die alten, engsten Freunde Deiner Mutter, ich denke da an Sir Alexander – werden Dich in das alte Wissen einweisen und Dich mit allen Regeln der Kunst vertraut machen."

„Kunst?"

Marvin musste an seinen Zeichenunterricht denken, eins seiner Lieblingsfächer.

„Die Kunst mit Deinem inneren spirituellen Wesen in Berührung zu kommen. Wenn Du erst einmal den Sinn des Lebens und des Sterbens begriffen hast, wird Dir dies Trost und Frieden geben. Glaube mir, Deine Mutter wacht über Dich – auch wenn Dir dies vielleicht nicht immer gegenwärtig ist."

„Ich hoffe, dass Du Recht hast." Marvin biss herzhaft in sein Salamibrötchen.

„Lektion Eins. Da Du damit angefangen hast. Was ist Deine Antwort auf die Frage nach dem Sinn des Sterbens?"

„Für mich gibt es keinen Sinn im Sterben. Ich wünschte jeder könnte ewig leben!", erwiderte Marvin trotzig.

„Für die Vögel gibt es schon einen Sinn. Denk nur mal an die Regenwürmer..." Odin legte seinen Kopf schief und betrachtete nachdenklich seine Krallenspitzen.

„Regenwürmer?" Marvin prustete vor Lachen.

„Ja, Regenwürmer – in keiner Weise belustigend, das. Es ist wirklich eine Schande, dass die Menschenkinder-Schulen keinen ordentlichen Ornithologie Unterricht lehren..."

Odin trat ungeduldig von einem Bein aufs andere.

„Wie schon jedes Vogelbaby weiß, dienen Regenwürmer den Vögeln als Nahrungsquelle und sind für die Aufzucht der Jungen unerlässlich. Wenn Vögel sterben, werden ihre Kadaver von Maden gefressen. Maden und Fliegen sind genau wie Regenwürmer nahrhaftes und vitaminreiches Vogelfutter. Der Rest der Kadaver wird von Bakterien zersetzt und zerfällt wieder zu Erde, die den Regenwürmern Nahrung gibt, und dann geht es wieder von vorne los - nur dadurch, dass die alten Vögel sterben, können junge Vögel erfolgreich aufgezogen werden und es gibt Nahrung und Wohlstand für alle. Geburt und Tod sind miteinander verwoben. Geburt ist immer auch so eine Art Wiedergeburt."

„Wie soll ich denn das verstehen?"

„Sir Alexander sagte mir, dass Du zum Beispiel die wundersam grünbraunen Augen und zerzausten, blonden Haare Deiner Mutter geerbt hast – er dachte die junge Carlotta säße da vor ihm in unserer großen Versammlung neulich..."

„Wirklich?"

„Natürlich mit dem Unterschied, dass Du ein Junge und kein Mädchen bist", fügte Odin hastig hinzu, um dem erwarteten Widerspruch von Marvin zuvorzukommen.

„Allmächtige Schneeeule!" ahmte Marvin Odin Zwei Sieben nach. „Das ist ja wirklich allerhand."

„Willst Du dich etwa über mich lustig machen? Das steht Dir aber schlecht." Beleidigt ließ Odin seinen langen Schnabel unter seinem flauschigen Bauchgefieder verschwinden.

„Ich spreche jetzt nicht mehr mit Dir. Was gebe ich mich überhaupt mit Dir ab? Wenn es nicht für das Versprechen meiner Mutter an Deine Mutter wäre..." grummelte es unverständlich unter seinem Bauch.

„Was?", fragte Marvin hoch interessiert, schlagartig wieder ernst. „Was hat es mit diesem Versprechen auf sich?"

„Nun ja, das ist eine lange Geschichte..."

Odin zögerte, und flatterte verlegen mit den Flügeln.
„Na komm schon. Du hast mir versprochen, mir alles über meine Mutter zu erzählen, was Du weißt."
„Alles zu seiner Zeit, alles zu seiner Zeit." Und damit streckte Odin seine Flügel bis in die Federspitzen aus und verschwand mit einem kehligen Krächzen durch das weit geöffnete Fenster in den sommerlichen Tag.
‚So was', dachte Marvin. Er rannte ans Fenster. Einfach kneifen gilt doch nicht. „Komm sofort wieder her, Odin!" rief er wütend in den Hof hinaus. Aber so sehr er auch seine Augen anstrengte, er konnte keine Spur von Odin entdecken. Marvin rümpfte enttäuscht seine Nase und blies laut Luft aus seinen Nasenlöchern. Dann machte er sich daran, die Überreste des Frühstücks und das benutzte Geschirr nach unten in die Küche zu bringen. Er vermisste seine Mutter mehr denn je. Obwohl viele Kinder in seiner Klasse bei nur einem Elternteil aufwuchsen, und Eltern oft ein zweites Mal verheiratet waren, hatten sie doch alle noch eine Mutter. Es schien alles so ungerecht.

„Also bitte, hier bin ich wieder", krächzte Odin. „Du wirst ja sonst keine Ruhe geben. Einfach so aus dem Fenster schreien, Manieren sind das."
„Du hast mich also gehört. Warum bist Du nicht gleich zurückgekommen?"
„Weil ich keine Lust habe, mich von Dir herumkommandieren zu lassen."
„Habe ich nicht das Recht, zu erfahren, was es mit dem Versprechen meiner Mutter auf sich hat?"
„Das hast Du schon. Hast Du vielleicht noch etwas zu essen da?"
„Du kommst also nur, wenn Du Hunger hast? Schöne Freundschaft ist das,

also wirklich", tadelte Marvin.
Odin und Marvin setzten sich auf den Kinderzimmerboden und machten es sich mit ein paar Kissen und Keksen gemütlich.
„Dann schieß mal los", forderte Marvin Odin auf.
„Seit Anbeginn der Zeit gingen einige auserwählte Menschen, die Priester oder Eingeweihten, und einige auserwählte Rabenvögel, eine heilige Bindung ein, um dafür zu sorgen, dass die spirituelle und die materielle Welt immer im Einklang stünden, so dass es allen Lebewesen auf der Erde für alle Zeit gut ginge. Die meisten dieser Bindungen bestehen schon seit mehr als hundert Generationen und Deine und meine Vorfahren leisteten auch diesen Schwur..."
„Heißt das, dass das Gelübde automatisch auf die Nachkommen übertragen wird?"
„Ja, Du und ich, wir sind beide davon gebunden. Und unsere Kinder auch wieder und so fort. Aber alle sieben Menschengenerationen muss das Bündnis zwischen den Rabenvogelfamilien und den Menschenfamilien erneuert werden."
Odin machte eine theatralische Pause. „Deine Mutter war die siebte Menschengeneration, und deshalb musste das Gelübde zwischen ihr und meiner Mutter Ottilie – als Carlotta sechzehn Jahre alt war – erneut abgelegt werden."
„War die Dohle Balthasar dabei?"
„Ja. Meine Mutter, Ottilie, und Deine Mutter, Carlotta, leisteten einander den Treueschwur auf einer der größten Rabenratsversammlungen der jüngeren

Geschichte. Über tausend Rabenvögel waren anwesend. Balthasar, Fridolin und Augustin waren die drei Bürgen. Den Vorsitz hatte Aurora, Ambrosias Mutter. Es muss ein großes Spektakel gewesen sein."

„Ich wäre bestimmt vor Angst gestorben."

„Deine Mutter war nervös, aber sie hielt sich wohl tapfer. Es war ja immerhin schon ihre zweite Rabenweihe."

„Und was geschah dann?"

„Dann passierte erst einmal nichts Besonderes. Bis Carlotta achtzehn Jahre alt war."

Odin glättete umständlich sein Gefieder, bevor er fortfuhr.

„Carlotta hatte sämtliche Literatur über die alten Mythen und Legenden der antiken Hochkulturen gelesen. Deine Mutter war schon immer ein aufgewecktes Kind."

„Und?"

„Carlotta fand einen Hinweis auf das Buch der Weisheit, das bis dahin - zusammen mit den sieben Siegeln - als verschollen galt. Viele dachten, das Buch basiere auf purem Aberglauben oder wenn es je existiert hätte, dass es längst zerstört worden wäre. Die Rabenvögel glaubten, das Buch wäre jenseits der Welt in einem parallelen Universum und kein Mensch noch Tier könnte es je wieder zurückbringen."

„Und meine Mutter glaubte das nicht?"

„Nein. Sie war überzeugt, dass sich das Buch noch auf der Erde befand, und machte sich wild entschlossen auf die Suche. Meine Mutter Ottilie begleitete sie."

„Ich habe noch nie von diesem Buch gehört."

„Solltest Du aber. Das Buch der Weisheit enthält das wahre Wissen, um eine lebenswerte Zukunft auf der Erde zu sichern. Aber schon vor geraumer Zeit haben die Menschen angefangen, dieses Wissen zu ignorieren. Mit katastrophalen Folgen für die Umwelt und das Leben auf der Erde."

„Und fanden meine Mutter und Deine Mutter das Buch?"

„Ja, Jahre später, nach vielen Abenteuern. Aber diese Geschichte erzähle ich Dir ein anderes Mal. Zu dieser Zeit wurde Ambrosia zum Vorsitz des Rates der Raben gewählt und sie übernahm auch die Aufgabe, das Buch der Weisheit zu hüten. Carlotta erfuhr großen Respekt unter allen Rabenvögeln für das Wiederfinden dieses Buchs. Leider fingen einige Raben an, als bekannt wurde, dass das Buch wirklich existierte, böse Pläne zu schmieden, um das Buch für immer zu vernichten und damit die Menschen und alles Leben auf der Erde weiter in den Abgrund zu stürzen."

„War das der Beginn der abtrünnigen Raben?"

„Ja. Und zur selben Zeit war uns allen klar, dass die sieben Siegel schnellstmöglich gefunden werden müssten, da nur mit ihnen das Buch der Weisheit aus der Ursprache in die modernen Sprachen übersetzt werden kann. Carlotta war ausersehen, diese Aufgabe zu übernehmen, aber die abtrünnigen Raben stellten ihr eine Falle. Deshalb legen alle große Hoffnung in Dich, das Erbe Deiner Mutter anzutreten und ihr Werk zu vollenden. Du bist dazu bestimmt, die sieben Siegel zu finden."

„Vielleicht will ich gar nicht?"

„Oh, Du musst aber!"

„Warum? Soll ich genauso sterben wie meine Mutter?"
„Es ist Deine Verpflichtung. Die Erbfolge muss eingehalten werden. Sonst kann es zur Katastrophe kommen. Wir dürfen nicht mit dem Schicksal spielen. Außerdem hast Du schon Dein Gelübde abgegeben, im Rat der Raben."
„Aber ich wusste da doch noch gar nichts..."
„Wir brauchen Dich aber. Du bist unsere einzige Hoffnung. Und ich stehe Dir bei."
Welch schöner Trost, dachte Marvin bekümmert. Er fragte sich, wie Odin ihm eine große Hilfe sein konnte. „Nun gut. Wir werden sehen."
„Wo ist eigentlich die geschnitzte Vogelfigur, die Du von Deiner Mutter geerbt hast?"
„Ich bewahre sie in der Schatulle auf, die auf dem Fenstersims steht. Warum?"
„Du musst gut auf sie aufpassen. Du wirst sie noch brauchen. Das Totem darf unter keinen Umständen beschädigt werden. Es gehörte nicht nur Deiner Mutter, sondern allen Rabensteins seit Generationen. Deshalb ist die Oberfläche so glatt und speckig. Es muss von Zeit zu Zeit mit Vogelfedernöl eingerieben werden, damit es nicht brüchig und spröde wird."
Odin blickte zum Fenster hin, um sich zu vergewissern, dass die Schatulle wirklich dastand.
„Krallenfuß und Donnerblitz!"
Mit einem schreckhaften Satz fiel Odin rücklings auf sein Hinterteil.
„Ich habe gerade einen schwarzen Schatten an Deinem Fenster gesehen! Das muss ein Späher der abtrünnigen Raben gewesen sein. Oh weh, oh weh!"

Odin versuchte sich unter Marvins Bettdecke zu verstecken, was Marvin zum Lachen brachte, da zwar Odins Kopf und Rumpf unter der Decke verschwunden waren, aber die Schwanzfedern lustig herausragten.
„Lach nicht“, brummte es missmutig unter der Decke hervor. „Geh lieber zum Fenster und schließ die Vorhänge. Es ist wirklich extrem unvorsichtig, die Schatulle mit dem Totem auf dem Fenstersims aufzubewahren.“
Marvin lief gehorsam zum Fenster und zog die Vorhänge vor. Durch einen Spalt spähte er nach draußen. Waren da wirklich Raben im Hof? Er konnte nichts entdecken. Vielleicht hatte sich Odin die Anwesenheit des abtrünnigen Raben ja auch nur eingebildet, er schien manchmal etwas hysterisch zu sein.
„Woher soll ich denn bitte schön wissen, dass die abtrünnigen Raben hinter mir und dem Totem her sind?“
„Deine Mutter hätte Dich eben besser einweihen sollen.“
„Du weißt genau, dass sie das nicht konnte.“
Tränen standen in Marvins Augen. Was bildete sich diese neunmalkluge Nebelkrähe eigentlich ein? Was für ein Recht hatte sie, unerbeten in seinem Leben aufzutauchen und alles durcheinander zu bringen?
„Ich dachte, Du sollst mir alles beibringen, was ich wissen muss. Toller Schutzpatron bist Du, also wirklich.“
Damit hatte er Odin mitten in sein empfindliches Gemüt getroffen, da schließlich weit und breit bekannt war, dass seine Mutter es nicht geschafft hatte, Carlottas Leben im Kampf gegen die abtrünnigen Raben zu schützen.
„Kannst Du mir vielleicht mal verraten, was es mit den abtrünnigen Raben wirklich auf sich hat?“ fragte Marvin verdrossen.

„Das war eigentlich für Lektion Zwei geplant. Da aber die abtrünnigen Raben schon hinter Dir her zu sein scheinen..."
„Wohl eher hinter Dir, meinst Du wohl?"
„Unterbrich mich bitte nicht bei einer so wichtigen Lektion. Wo waren wir? Ach ja, die abtrünnigen Raben sind hinter uns beiden her. Also eigentlich bekämpfen sie alle Eingeweihten und alle Vögel, die auf unserer Seite stehen."
„Ist Ambrosia die Anführerin unserer Seite, wie Du sie nennst?"
„Ich würde Ambrosia nicht gerade als eine Anführerin bezeichnen, da sie sich gewöhnlich nicht in Kämpfe einlässt. Aber Du hast Recht, sie steht den anständigen Rabenvögeln und den Eingeweihten mit Rat und Tat zur Seite. Sie will nur das eine, nämlich das Buch der Weisheit in das Bewusstsein der Menschheit zurückbringen, um das neue Zeitalter im Guten beginnen zu können."
Marvin brummte der Kopf.
„Ich bin mir nicht sicher, ob ich dies alles verstehe", seufzte er.
Odin vergewisserte sich mit einem scharfen Blick auf das Fenster, dass kein Licht durch den Vorhang fiel. Dann räusperte er sich, spreizte seine steifen Flügel und hüpfte auf Marvins Bett von einem Bein aufs andere.
„Die abtrünnigen Raben handeln aus egoistischen Motiven, wie Gier, Habsucht und Lust an der Macht. Sie denken, sie werden als Aasfresser davon profitieren, wenn die Erde von einer Katastrophe in die nächste stürzt.
Sie denken nur an die Sicherung ihres eigenen Überlebens, und nicht an die langfristige Zukunft dieser Erde und allen irdischen Lebens."

„Warum machen die Menschen dabei mit?"

„Die meisten Menschen haben ihre spirituellen Wurzeln verloren und sind nicht bereit, die Verantwortung, die mit dem Geschenk des Lebens einhergeht, mitzutragen. Viele ziehen ein bequemes und stumpfsinniges Leben im Luxus dem wahren Leben, das einem Unannehmlichkeiten, Entbehrungen und die Meisterung von Schwierigkeiten abverlangt, vor. Heutzutage gibt es daher kaum noch neue Partnerschaften. Und leider wollen die jungen Generationen den Schwur oft nicht mehr erneuern. Der Kreis der Eingeweihten wird immer kleiner und die Zahl der Familienbindungen immer weniger. Dies macht es für die Verbliebenen noch schwieriger, unsere uns selbst gestellte Aufgabe zu vollbringen..."

„Bin auch ich dazu auserkoren, den Menschen zu helfen, mit ihrem spirituellen Wesen in Berührung zu kommen?"

„Allerdings. Wie alle Eingeweihten, und viele Generationen in Deiner Familie zuvor bist Du ein Bindeglied zwischen der spirituellen und der materiellen Welt."

Odin räusperte sich. „Unsere Aufgabe wird es sein, die sieben verschollenen Siegel wieder zu beschaffen. Du bist der Siegelsucher, Marvin."

„Odin, träum ich dies etwa alles nur?"

Zum Beweis, dass dies kein Traum war, zwickte Odin beherzt in Marvins Zeigefinger.

„Autsch!", schrie Marvin verdutzt. „Lass das doch, Du dummer Vogel!"

„Dummer Vogel? Ich muss doch sehr bitten. Versprechen hin oder her, das lass ich mir nicht bieten. Du unverschämter Bengel."

Odin flatterte schimpfend auf das Fenstersims.

„Worauf wartest Du noch?“, krakeelte er. „Öffne das Fenster, aber Pronto.“ Und mit einem ‚Guten Tag noch‘ war Odin kurzerhand verschwunden. Marvin blickte verdattert in den Garten hinaus.

„Ich hab's doch nicht so gemeint“, flüsterte er bedrückt. „Komm doch wieder zurück.“

Schöner Geburtstag war das, also wirklich. Dann erinnerte er sich an das Geschenk seines Vaters. Er lief zur Eingangstür und bestieg sein nagelneues Fahrrad. Es war ein Mountain Bike mit Zehngangschaltung, Satteltaschen aus Goretex (darin hatte er seine neue Digitalkamera verstaut, die er von Tante Mathilde geschenkt bekommen hatte) und Tachometer. ‚Der Traum eines jeden Jungen‘, hatte im Werbekatalog gestanden. Aber Marvin hatte Träume, die nicht mit Geld zu kaufen waren.

Kapitel 5 – Der Umzug

Samstag, 15. Juli

„Wir ziehen um und damit basta!"

Die Stimme von Marvins Vater hatte einen zunehmend genervten Ton. Marvin und er hatten nun schon über eine halbe Stunde diskutiert und die Diskussion erhitzte sich langsam zu einem der seltenen Streits, die Marvin je mit seinem Vater ausgefochten hatte, und die er so hasste. Aber natürlich saß sein Vater hier am stärkeren Hebel.

„Ich will aber nicht. Dann laufe ich weg."

Marvin wollte auf gar keinen Fall umziehen. Er hatte Angst, den Kontakt zu Odin und den anderen Rabenvögeln zu verlieren. Schließlich war der Versammlungsort des Rabenrates nur zwei Wegstunden von seinem Wohnort entfernt. Was würde aber passieren, wenn sie jetzt nach Berlin umziehen würden?

„Das wirst Du nicht tun, Bürschchen. Übrigens bist Du gerade erst elf und was ich sage, wird gemacht. Verstanden?" Etwas sanfter fügte er hinzu:

„Ich habe auch schon die richtige Schule in Berlin für Dich gefunden. Du wirst nach den Sommerferien auf ein humanistisches Gymnasium gehen, und zur Abwechslung mal was Ordentliches lernen, wie Latein und Griechisch."

„Ach, habe ich bisher nichts Ordentliches gelernt? Wessen Schuld ist das denn?"

„Komm mal her." Liebevoll nahm Peter Krone seinen Sohn in seine Arme und zog ihn an sich. Er hasste Streitigkeiten genau so sehr wie Marvin.

„Ist schon gut, mein Kleiner. Ich möchte auch nicht so gerne umziehen, aber die Humboldt Universität in Berlin hat mir ganz unerwartet eine Sonderprofessur, nun ja Sabbatical, im Fach Klassische Antike angeboten, und dies ist für mich beruflich eine große Chance. Und Berlin wird Dir gefallen. Eine Traumstadt für heranwachsende Teenager, glaube mir."

„Das glaube ich ja, aber mir fällt es eben schwer den Ort zu verlassen, wo Mama aufgewachsen ist." Er dachte, und den Ort, wo Mama gestorben ist – aber das wollte er vor seinem Vater nicht aussprechen.

Marvin liebte die Kleinstadt Bonn, in der er seine Kindheit verbracht hatte. Die mittelalterlichen, wuchtigen Stadttore, das Münster mit seinem melancholischen Glockengeläute und das Schloss mit dem angrenzenden Hofgarten. Vor allem aber liebte er es, mit dem Fahrrad am Rhein entlang zu radeln oder Ausflüge ins Siebengebirge zu unternehmen. Er spielte eigentlich lieber auf seinem Computer als durch die Wälder zu streifen, aber er hatte die stundenlangen Wanderungen, die er noch vor einem Jahr mit seinen Eltern jedes Wochenende im Siebengebirge unternahm, heiß und innig geliebt. Seine Mutter war sehr naturverbunden gewesen, und hatte ihm viele Pflanzenarten gezeigt, die am Wegesrand wuchsen. Wie beeindruckt war er gewesen, wenn sie alle Blumen und Kräuter mit ihren wissenschaftlichen, lateinischen Namen zu bezeichnen wusste. Erstaunlicherweise konnte er sich die lateinischen Namen besser merken als die deutschen, was seine Mutter oft zum Lachen gebracht hatte.

Er fasste wieder ein bisschen Mut. Vielleicht würde ihm ja Latein in der neuen Schule leichtfallen. Und vielleicht würde es Odin ja schaffen, ihn auch in Berlin zu besuchen. Und ganz besonders freute er sich auf die Aussicht, neue Spielkameraden zu gewinnen. Vielleicht würde in der neuen Schule ja alles anders und besser werden, und er nicht mehr so einsam sein, wie das an seiner alten Schule seit dem Unfall seiner Mutter der Fall war. Er hoffte einen neuen Freund zu finden, dem er sich anvertrauen konnte. Seit dem Unfall seiner Mutter hatte Marvin in seiner bisherigen Schule kaum noch Freunde gehabt und fühlte sich dadurch nicht nur zu Hause, sondern auch in der Schule oft einsam und verlassen. Gerade jetzt, wo er einen guten Freund besonders nötig gehabt hätte. Die einen, mit denen er sich noch nie so gut verstanden hatte, hänselten ihn auf dem Schulhof und in den Pausen – immer dann, wenn kein Lehrer in Reichweite war. Sie höhnten Dinge wie ‚Oh seht mal, was für ein Muttersöhnchen. Ach nein, er hat ja gar keine Mutter mehr." Das traf und tat weh. Die anderen, mit denen er vorher eng befreundet zu sein glaubte, gingen einer nach dem anderen auf Distanz. Sie legten ihm gegenüber einer sonderbaren Scheu zu Tage – als ob die traurige Tatsache, keine Mutter mehr zu haben, ihn zu einem exotischen Sonderling machte. Manchmal fühlte sich Marvin schon elend zumute, aber er würde sich nicht klein kriegen lassen. Jetzt erst recht nicht. Er musste wirklich mit Odin reden, aber ein Blick auf den Kalender verriet ihm, dass wieder einmal Neumond war. Wie konnten derart wichtige Dinge immer zu Neumond passieren? Es war total verflixt.

Samstag, 22. Juli

Nach dem Abendessen verzog sich Marvin mit einem gegähnten ‚Gute Nacht, Papa. Ich bin heute wirklich total müde' treppaufwärts in Richtung Kinderzimmer, was Herr Krone zwar mit einem ungläubigen Blick quittierte, aber stumm zur Kenntnis nahm.

Marvin war dies recht, da er es nicht abwarten konnte, endlich allein zu sein. Als er den Fernseher im Wohnzimmer laufen hörte, schlich er sich aus dem Bett und holte die Rabenfeder aus der samtig blauen Schatulle. Dann öffnete er sein Fenster einen Spaltbreit. Er wollte Odin rufen, um ihm von dem bevorstehenden Umzug zu erzählen. Er hatte ein schlechtes Gewissen, da er seit fast zwei Wochen nicht mehr mit Odin gesprochen hatte. Erst war Odin an seinem Geburtstag beleidigt abgezogen, und er hatte wenig Lust verspürt, ihm hinterher zu rennen. Und dann war Neumond gewesen.

Marvin öffnete seine Augen und richtete sich jäh auf. Eine dunkle Schattengestalt hockte vor ihm auf der Bettdecke. Der dunkle Schatten stolperte rückwärts und fiel auf seinen Schwanz. Es war Odin!

„Autsch. Kannst Du nicht etwas langsamer aufwachen?"

Odin rettete sich laut mit den Flügeln schlagend auf den kleinen Nachttisch am Kopfende des Bettes.

„'Tschuldige", murmelte Marvin schläfrig. „Aber wieso hast Du nicht wie sonst ans Fenster geklopft, um mich zu wecken?"

„Zu riskant. Ich konnte nicht so lange warten. Ich habe schon seit gut einer Woche das ungute Gefühl von einem abtrünnigen Raben verfolgt zu werden."

Marvin glaubte in Odins Stimme den unausgesprochenen Vorwurf zu vernehmen, warum er, Marvin, ihn denn nicht schon mal früher ‚angerufen' hatte.

„Meinst Du, die abtrünnigen Raben wissen, wo ich wohne?"

„Ich hoffe nicht. Das wäre gefährlich. Für Dich und für mich."

„Papa und ich ziehen übrigens bald um. Nach Berlin. Ich werde dort nach den Sommerferien in die Schule gehen. Und Latein und Griechisch lernen!"

Marvin war selbst erstaunt, wie aufgeregt seine Worte klangen.

„Sonst noch Neuigkeiten?", fragte Odin spitz.

„Wieso?"

„Ich habe schon gedacht, Du erzählst mir überhaupt nicht mehr davon."

Marvin wusste, dass Odin beleidigt war, da er seinen Schnabel in sein Bauchkleid steckte.

„Ja aber, wusstest Du etwa von unserem Umzug?"

„Natürlich. Mal wieder so 'ne dumme Frage. Stell Dich doch nicht so naiv."

„Wie bitte? Wir ziehen um, weil meinem Vater eine Sonderprofessur an der Uni in Berlin angeboten wurde."

„Ja und nein. Ihr zieht um, damit Cornelius Kolk ein Auge auf Dich werfen kann."

„Was?"

„Es heißt wie bitte."

„Allmächtige Schneeeule", ahmte Marvin Odins Lieblingsausruf nach.

„Wovon sprichst Du?"

„Der Rat der Raben hat auf seiner letzten Sondersitzung beschlossen, dass es für Dich das Beste wäre, in der Nähe von Cornelius Kolk zu wohnen.
Er ist in der Lage, Dir alles beizubringen, was Du wissen musst. Von Mensch zu Mensch, gewissermaßen. Er ist einer der wenigen wahren Meister des alten Wissens."
„Wer ist denn dieser geheimnisvolle Cornelius Kolk?"
„Ein Latein- und Griechischlehrer am Sokrates-Gymnasium. Ein alter Freund von mir und auch von Deiner Mutter."
„Ist er ein Eingeweihter?"
„Ja. Er ist einer der wenigen verbliebenen Berührungspunkte, die die materielle und spirituelle Welt zusammenhalten können."
Odin schaute nervös auf die leuchtende Anzeige der Digitaluhr, die auf Marvins Schreibtisch stand.
„Allmächtige Schneeeule. Es ist schon zehn vor eins. Ich mach' mich lieber auf den Flug." Odin trippelte von einem Fuß auf den anderen.
„Ich habe nämlich auch Neuigkeiten..."
„Na los, sag's schon", ermunterte ihn Marvin. Offensichtlich brannte Odin darauf, ihm davon zu erzählen. Vielleicht hatte er sich deshalb so gekränkt gefühlt über die lange Funkstille zwischen ihnen.
„Ich – eh – habe eine neue Frau gefunden. Wunderbare Nebelkrähendame. Aus Russland zugezogen. Ihr Name ist Olga Schostakowa. Eine richtige Lady aus altem Zarenadel – ganz vornehme Familie."
„Oh, Odin Zwei Sieben. Das sind ja wundervolle Neuigkeiten. Herzlichen Glückwunsch." Marvin drückte Odin einen Kuss auf den Schnabel, was Odin

erröten ließ, aber dies war - wie immer in diesen seltenen Fällen - unter seinem dichten Federnkleid verborgen.
„Wir wollen in drei Wochen heiraten – bevor die Mauser eingesetzt hat. Du bist natürlich herzlich zu unserer Hochzeit eingeladen."
„Ich komme gern. Zum Glück ziehen wir nicht bis Mitte August nach Berlin um."
„Olga wird schon ungeduldig auf mich warten."
„Warte mal."
Marvin dachte gerade daran, wie weit es doch von Bonn nach Berlin war.
„Wie können wir eigentlich in Kontakt bleiben, wenn ich in Berlin bin? Das ist doch schrecklich weit weg von hier."
„Genau sechseinhalb Autostunden oder zwölf Flugstunden."
„Eben. Heißt das, wir werden uns nicht mehr so oft sehen können?"
„Du scheinst dies ja nicht so sehr zu vermissen, hmm?"
„Zieh mich doch bitte nicht ständig auf. Ich wollte mal vernünftig mit Dir reden."
„Tun wir doch."
„Also, wie lautet die Antwort auf meine Frage?"
„Translokation."
„Translokation?" Marvin glaubte, nicht richtig verstanden zu haben.
„Ich kann zu Dir nicht nur mittels gewöhnlichen Flugs kommen, sondern auch mit Hilfe der Translokation. Und Du kannst so auch zu mir kommen."
„Und wie soll das gehen?"

„Deine geschnitzte Vogelfigur ist der Schlüssel und das Mittel zur Translokation. Du kannst Dich an jeden beliebigen Ort im Universum translokieren lassen. Allerdings landest Du nicht in der physischen, oder materiellen Welt, sondern in der spirituellen Welt. Aber Du wirst keinen Unterschied bemerken. Bis auf einen."

„Und der wäre?" Marvin konnte die Spannung nicht länger ertragen. Dies klang alles so fantastisch, aber auch wahnsinnig faszinierend.

Odin warf erneut einen Blick auf die Digitaluhr.

„Bedaure, aber ich muss fort. Sonst reißt Olga mir alle Federn aus, wenn ich heimkomme. Vielleicht kannst Du mich morgen wieder rufen, dann kann ich Dir alles erklären."

Und mit ein paar unbeholfenen Hüpfern um die Bücher, die sich auf dem Kinderzimmerboden in wilden Haufen stapelten, herum und darüber hinweg, landete Odin mit einem Satz auf dem Fenstersims und entschwand in die dunkle, sternenlose Nacht.

Dienstag, 25. Juli

„Du musst ganz tief einatmen und die Luft anhalten."

Odin schüttelte ungeduldig seinen gefiederten Kopf, und hüpfte mit steifen Beinen von der Bettkante auf Marvins bunt gestreiftes Kopfkissen, wo seine langen Krallen sofort Risse in den Bezug schlissen.

„Pass doch auf, Odin. Mein Bett sieht bald aus wie ein von Mäusen und Ratten zerfressenes Lager."

Offensichtlich perlte Marvins Kritik an Odin frisch geöltem Federkleid ab, da er Marvins Worte nicht zu beachten schien.

„Tss, tss. Ich fürchte Du hast nicht das fliegerische Talent Deiner Mutter geerbt."

„Was heißt hier fliegerisches Talent?"

Marvin schnappte nach Luft. Seine Lungen brannten und sein Kopf schmerzte. Sie hatten jetzt schon über eine Stunde auf Marvins Bett gesessen und das Luftanhalten im Schneidersitz geübt. Wie gestern und vorgestern.

„Du musst Dich entspannen, fallen lassen, nur so kommst Du in den spirituellen Zustand des Traumfliegens."

„Wie kann ich mich bitte schön entspannen, wenn ich keine Luft mehr kriege und mit dem Ersticken kämpfe?", fragte Marvin entnervt.

Der schreckliche Verdacht, dass er vielleicht doch nicht auserkoren war, und niemals würde im Traum fliegen können, ließ ein Gefühl der Hoffnungslosigkeit in ihm aufsteigen. Vielleicht musste man ja auch einfach zwölf Jahre alt sein, und er war doch gerade erst elf. Diese betrüblichen Gedanken hatten zur Folge, dass er sich nur noch mehr verkrampfte. Er hielt die kleine schwarze Ebenholzfigur so fest umklammert, dass seine Fingerknöchel weiß hervortraten.

„Mist. Ich kann's einfach nicht", schimpfte Marvin. „Ich bin eine totale Niete, zu Nichts zu gebrauchen."

„Das würde ich nun nicht sagen." Odin guckte mitfühlend. „Ich glaube, es gab nur einen oder zwei Eingeweihte in der Geschichte, die tatsächlich nicht zum Traumfliegen und zur Translokation fähig waren. Aber das ist lange her."

„Vielleicht bin ich jetzt der dritte?" fragte Marvin verzweifelt.

„Allmächtige Schneeeule, alle Rabenvögel setzen große Hoffnung in Dich. Lass mal den Schnabel nicht hängen und versuch's noch einmal."

„Okay." Marvin starrte auf das bunt gestreifte Kopfkissen, auf dem ein paar flauschige Federn lustig durcheinander wirbelten, als Odin aufgeregt auf und ab hüpfte. Zu Odins Verdruss steckte er mitten in seiner Mauser (verfrüht, und denkbar ungünstig für seine bevorstehende Hochzeitsfeier), und verlor scharenweise hellgraue Federn aus seinem struppigen Federnkleid, selbst dann, wenn er nur ein und ausatmete.

Dann holte Marvin tief Luft, und ihm wurde dunkel vor Augen. Er fühlte einen plötzlichen Schwindel. Es schien, er hatte seinen Körper verlassen. Er sah sich selbst wie reglos auf dem Bett sitzen und sein Zimmer immer kleiner werden. Odin war verschwunden, nur die ausgefallenen Federn, die jetzt zu kleinen Punkten zusammengeschrumpft waren, lagen noch auf seinem bonbongroßen Kopfkissen.

Marvin fühlte den Wind in seinen Haaren (oder waren es jetzt Federn?) als er schwerelos dahinschwebte. Er flog. Neben sich konnte er Odin flattern hören, ihre Flügelspitzen berührten sich beinahe. Marvin wünschte sich, dass Odin ein bisschen mehr Abstand halten würde. Odin schwatze munter drauflos, währenddessen Marvin bemüht war sein Gleichgewicht zu halten und nur geradeaus zu gucken. Auf keinen Fall nach unten sehen, sagte er sich wieder und wieder, wie ein Mantra. Auf keinen Fall nach unten sehen. Den geschnitzten Rabenvogel hielt er fest in seinen Krallen, was das Fliegen noch erschwerte.

„Allmächtige Schneeeule! Du fliegst ja ganz außerordentlich. Fast so gut wie ein Nebelkrähenjunges, das gerade das Nest zum ersten Mal verlassen hat."

„Ich kann froh sein, wenn ich mir keine Knochen breche und heil wieder auf die Erde komme", krächzte es. Es dauerte eine Sekunde, bis Marvin klar wurde, dass er gerade diese Worte gesprochen hatte.

„Flieg mir einfach hinterher", rief Odin, als er in einen halben Sturzflug überging.

„Einfach ist nun wirklich ein bisschen übertrieben. Ist Kunstflug nicht etwas für Fortgeschrittene?", piepste es kläglich aus Marvins Schnabel.

Als Odin schon mehr als hundert Meter unter ihm war, machte es Marvin Odin nach und legte seine Flügel dicht an seinen Körper. Er schoss an Odin vorbei wie eine Rakete, die auf den Boden gerichtet war, und landete als erster auf der Uferböschung. Marvin landete mit dem Schnabel zuerst und dachte schon, er hätte sich seine Nase gebrochen – aber sein Schnabel hatte sich glücklicherweise nur in eine Schlammpfütze gebohrt.

„Lass mich Dich mal genauer betrachten. Sieh an, sieh an." Odin stolzierte um Marvin herum.

„Wie sehe ich denn aus?", fragte Marvin alarmiert.

„Gut siehst Du aus – bis auf Deinen matschbeschmierten Schnabel."

„Was meinst Du mit gut?", fragte Marvin verblüfft.

„Sei mal nicht so eitel. Vielleicht kannst Du dich im Bach an einer geeigneten Stelle im Wasser spiegeln."

Odin hüpfte die Uferböschung hinab und Marvin folgte unbeholfen.
„Du siehst anders aus, als ich erwartet hatte. Ein junger Turmfalke, sieh an. Ich hätte eher auf Zaunkönig oder Rotkehlchen getippt. Wie man sich täuschen kann."
„Wie kommt es denn, dass jeder eine andere Vogelgestalt annimmt?"
„Nun ja, jeder nimmt die Vogelgestalt an, die seinen Persönlichkeitsmerkmalen und seinen Talenten entspricht. Kann man sich nicht aussuchen. Genauso wenig wie im wahren Leben." Odin seufzte nachdenklich. „Deine ehrenwerte Mutter war übrigens eine wunderschöne, anmutige Ringeltaube – in perfektem Einklang mit ihrem sanften, liebenswerten und klugen Charakter."
Marvin fragte sich, welche Vogelart sein Vater wohl in seiner wahren spirituellen Gestalt verkörpern würde. Einen Hahn (eitel und streitlustig)? Oder wohl eher einen Storch (aufopfernd und kinderlieb)? Er war heilfroh, dass er selbst keine flugunfähige Vogelart wie Pinguin, Strauß, Emu, oder Kiwi verkörperte. Bei der Vorstellung, er müsste überallhin watscheln, musste er kichern.
Als in diesem Moment auch noch eine der winzigen Mauserfedern an Odins Schnabel vorbeiflog, und Odin laut niesen musste, konnte Marvin vor Lachen kaum das Gleichgewicht auf seinen dünnen Vogelbeinen halten.
„Warte nur, bis Du in die Mauser kommst, mein Freund. Das ist gar nicht zum Lachen." Odin pickte blitzschnell mit seinem Schnabel einen Regenwurm aus dem feuchten Uferschlamm und schluckte ihn genüsslich herunter. Marvin

merkte, dass auch er hungrig war, wusste aber nicht, wie er es anstellen sollte, sich etwas zu essen zu besorgen.

„Der Überlieferung zufolge war Merlin auch ein Turmfalke", nahm Odin den Faden wieder auf. „Du bist da in erstklassiger Gesellschaft."

„Merlin?"

„Allmächtige Schneeeule. Willst Du etwa sagen, Du kennst Merlin nicht?"

„Merlin, den Zauberer?"

„Pah, Merlin war nicht wirklich ein Zauberer. Er war einer der ranghöchsten Eingeweihten aller Zeiten, und stand dem Rat der Raben jahrelang als Berater zur Seite. Gewöhnliche Menschen mögen geglaubt haben, es handele sich um einen Zauberer, aber das ist Unsinn – es gibt keine Zauberer oder Hexen, Drachen oder Zwerge, merk Dir das. Diese Fabelwesen sind alle der menschlichen Fantasie entsprungen."

Odin hob seinen rechten Flügel und fuchtelte belehrend mit seiner längsten Flügelfeder vor Marvins Schnabel herum.

„Merlin war ein Druide von langer Tradition, der Berater von König Arthur im guten alten England des Mittelalters und ein wahrer Meister der spirituellen Translokation."

„Wirklich wahr?"

„Aber natürlich. Merlin konnte sogar ohne Totem allein mit Hilfe seiner Konzentration spirituelle Reisen unternehmen."

„Wow. Kann man denn überall hin translokieren, wohin man will?"

„Im Prinzip schon. Man muss aber ein geistiges Bild von seinem Reiseziel vor Augen haben. Am besten geht's mit einem Foto."

Odin kratzte sich nachdenklich mit seiner Kralle am Bauch.

„Wir müssen auch wieder zurück. Schließe Deine Augen und halte Dich an meinen Schwanzflügeln fest. Versuche Dir Dein Bett in Deinem Zimmer vors Auge zu rufen.“

Marvin tat, was Odin gesagt hatte und ihm wurde schwindlig. Als er seine Augen wieder öffnete, fand er sich auf seinem Bett wieder. Er streckte seine steifen Glieder.

„Ist das Traumfliegen eigentlich gefährlich – wenn alles doch nur in Gedanken passiert?“ Marvin hatte plötzlich eine böse Ahnung, was das Schicksal seiner Mutter betraf.

„Nun ja. Dein Aufenthalt in der spirituellen Welt ist in gewisser Weise ein Traum, aber eben doch nicht. Alles, was Dir im Traumflug in Vogelgestalt widerfährt, hat eine direkte, leibhaftige Auswirkung auf Deine Menschengestalt.“ Odin putzte sich hingebungsvoll sein Gefieder, bevor er fortfuhr.

„Und wenn Du Dein Totem verlierst, kann es schwer sein, wieder aus dem Traumflug zu erwachen.“

„Ist das meiner Mutter passiert?“

„Das ist eine lange Geschichte...“

„Bitte, erzähle mir alles, was Du weißt“, drängte Marvin.

„So viel steht fest. Deine Mutter ist als Heldin gestorben, und ja, sie war im Traumflug, als es passiert ist. Aber nicht, weil sie ihr Totem verloren hätte. Dafür war Deine Mutter viel zu klug.“

„Also was war es dann?“

„Deine Mutter und meine Mutter kämpften Seite an Seite gegen eine Bande von abtrünnigen Raben..." Odin spreizte ungeduldig seine Flügel. „Ich muss jetzt wirklich los, tut mir leid, Kleiner. Einen schönen Tag noch."
Marvin öffnete widerstrebend das Kinderzimmerfenster, um Odin hinauszulassen. Er hätte gern noch mehr erfahren, aber wusste, dass es keinen Zweck hatte, Odin zu drängen. Als Odin sich flatternd davon machte, hörte Marvin noch seine ins Bauchgefieder gebrummelten Krächzlaute.
„Tss, tss. Keine Geduld hat die Jugend heutzutage."
Marvin setzte sich auf sein Bett und dachte nach. Das waren ja ungeheure Neuigkeiten. Er wusste jetzt endlich, dass es sich bei dem Tod seiner Mutter nicht um einen tragischen Unfall gehandelt hatte. Seine Mutter war im Kampf gegen die abtrünnigen Raben im Traumflug gestorben. Dies war kein Trost, aber immerhin hatte ihr Tod einen Sinn gehabt. Und er musste jetzt wohl oder übel in ihre Fußstapfen treten, um ihre Aufgabe zu Ende zu bringen. Marvin hoffte, er würde ein würdiger Nachfolger sein. Das Traumfliegen war ihm immer noch ein wenig unheimlich. Aber er würde es wohl meistern müssen. Er schien keine Wahl zu haben. Genau wie der Umzug eine beschlossene Sache war. Die Leute von der Umzugsfirma würden in wenigen Tagen kommen. Marvin hatte das Gefühl alle wichtigen Entscheidungen in seinem Leben wurden von anderen getroffen, nur nicht von ihm selbst.

2. Teil: Die Traumzeit

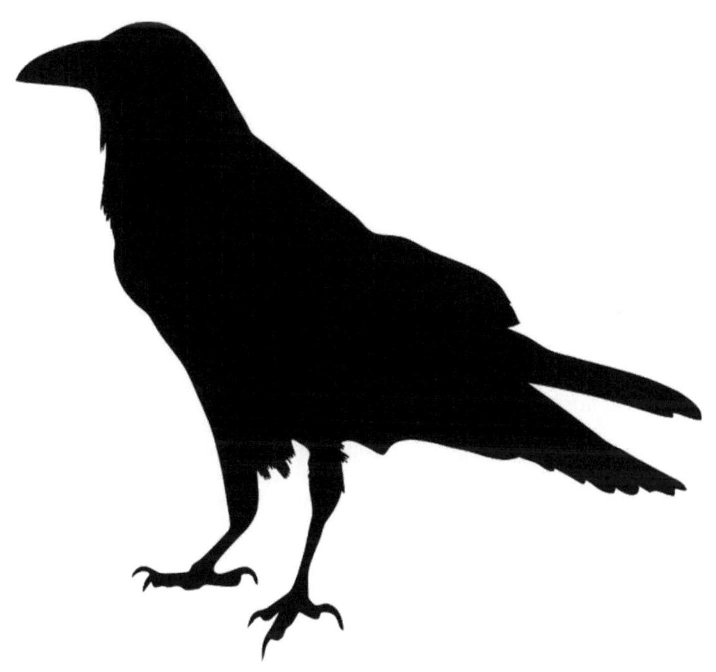

Kapitel 6 – Cornelius Kolk

Montag, 21. August

„So, so. Du bist also Marvin Carl Julius Krone."

Der Schuldirektor – Herr Ignatius Geißbart - warf Marvin einen prüfenden, aber nicht unfreundlichen Blick zu. Marvin versank tiefer in seinen Sessel. Ihm hatte vor dem ersten Schultag gegraut, aber es war nicht ganz so schrecklich, wie er es sich vorgestellt hatte. Er spähte nach Herrn Kolk, der ihn zum Direktorzimmer heraufgeführt hatte und ruhig neben dem Feigenbaum am Fenster stand, wo er auf den Schulhof hinunterschaute. Marvin brannte darauf, Cornelius Kolk näher kennen zu lernen. Aber jetzt durchschnitt die hohe, dünne Stimme von Ignatius Geißbart die Stille im Raum.

„Unsere akademischen Standards sind sehr hoch. Du hast Glück gehabt, dass Du auf dem Sokrates-Gymnasium aufgenommen wurdest."

Der Schuldirektor blätterte in seinen Unterlagen, die auf seinem alten, aus Eiche gefertigten Schreibtisch lagen.

„Wie ich sehe, hattest Du ziemlich gute Noten in Sachkunde und Geschichte. Aber im Englischen hapert es wohl ein bisschen, was? Nun ja. Englisch gibt's auf unserer Schule eh erst ab der Quinta."

Der Schuldirektor nahm seine Lesebrille ab und blickte Marvin aufmunternd an.

„Ich setze große Hoffnungen in deine schulischen Leistungen, Marvin. Geschichte unterrichte ich übrigens selbst."

„Herr Oberstudienrat Cornelius Kolk", Ignatius Geißbart räusperte sich und bewegte seinen Kopf in Richtung Fenster, so dass seine birnenförmige Nase auf Cornelius zeigte, „unterrichtet Deine Klasse in Latein."

Ignatius Geißbart stand auf und streckte Marvin seine rechte Hand entgegen. Marvin rutschte unbeholfen vom Stuhl.

„Vielen Dank, Herr Direktor. Ich werde mir größte Mühe geben, Ihre Erwartungen zu erfüllen."

„So ist's recht, mein Junge. Bis zum nächsten Mal in meiner Amtsstube."

Der Schuldirektor setzte seine Brille auf, und ließ sich wieder in seinen Schreibtischsessel fallen.

„Komm, Marvin, ich bringe Dich in Dein Klassenzimmer."

Herr Kolk machte eine einladende Bewegung mit seiner Hand, und Marvin folgte ihm. Sie machten einen ausgedehnten Rundgang durch die vielen Gänge des alten Schulgebäudes.

„Möchtest Du noch einmal kurz in mein Studierzimmer kommen?", fragte Cornelius. „Bevor es zur ersten Stunde läutet?"

„Ja, gern."

„Mein Zimmer befindet sich direkt neben der Schulbibliothek. Ich habe mir im Keller der Schule mein eigenes Reich geschaffen."

Sie liefen die zwei Stockwerke vom Direktorenzimmer in den Keller hinunter. Als sie das Archiv betraten, veränderte sich die Luft schlagartig. Ein feiner

Pflaumenduft mit einem Hauch von Vanille mischte sich mit dem typischen Geruch alter Bücher.

„Es duftet angenehm hier unten. Ich mag Bücher, müssen Sie wissen."

„Ich mag Bücher auch, besonders alte", schmunzelte Oberstudienrat Kolk. ‚Setz Dich doch bitte."

Marvin nahm in einem gemütlichen Sessel mit geschwungener Rückenlehne und breiten Armlehnen Platz.

„Kommt dieser angenehme Geruch von den alten Büchern?", wollte Marvin wissen.

„Oh, nein. Das ist mein Pfeifentabak – sehr aromatisch – beste Qualität, importiert aus der Türkei. Hier unten kann ich ungestört Pfeife rauchen. Das Rauchen ist sonst in der Schule verboten, aber hier stört es niemanden."

„Verstehe."

Marvin sah sich interessiert um. Dicht aneinander geschmiegte Bücherregale waren bis oben hin mit Büchern, Ordnern, Heften, Karten und einigen Computer CDs vollgestopft. Marvin hoffte, die Regale würden unter ihrer schweren Last nicht umkippen.

„Sie sind also auch ein Eingeweihter?" Marvin sah Herrn Kolk unverwandt an. Seine Neugierde hatte schließlich die Oberhand gewonnen.

„Ja, ich bin auch ein Eingeweihter", nickte Cornelius ernst. „Es gibt nicht mehr viele von uns. Unsere Aufgabe ist mit der Zeit immer gefährlicher geworden, und wird in den nächsten Jahren noch schwieriger werden."

Cornelius zog bedächtig an seiner Pfeife, bevor er mit leiser Stimme fortfuhr.

„Ich habe Deine Mutter gut gekannt. Carlotta war ein hübsches, aufgewecktes Mädchen." Cornelius seufzte. „Das mit Deiner Mutter tut mir aufrichtig leid."

„Die Raben haben mir gesagt, dass ich die sieben Siegel suchen muss." Marvin versuchte, unbeschwert zu klingen.

„Musst Du das? Ich dachte, dies wäre freiwillig."

„Ja, schon. Ich will es aus freien Stücken tun. Wenn es der Erde hilft, gerettet zu werden."

„Haben die Raben dir dies gesagt?"

„Nein, aber die Allmächtige Schneeeule."

„Du hast Ambrosia getroffen?", fragte Cornelius überrascht.

„Auf meiner Rabenweihe."

„Oh ja, natürlich. Wie geht es ihr?"

„Ich denke, gut. Sie sieht fantastisch aus. Ich habe noch nie einen schöneren Vogel gesehen."

„Ja, sie hat ein Prachtgefieder. Und sie ist sehr weise. Und sehr alt. Leider."

Herr Kolk hatte sich seine Pfeife angezündet und zog seufzend an ihrem Schaft. Dann ließ er kleine Rauchwölkchen aus seinem Mund entweichen, die lustig durcheinander wirbelnd zur Archivdecke empor segelten.

„Es stehen uns in der Tat schwierige Zeiten bevor. Ich bin aber froh, dass Du jetzt hier bist. Dann können wir uns gegenseitig helfen."

Marvin fand es sehr sympathisch, dass Herr Kolk gesagt hatte, sie könnten sich gegenseitig helfen. Also war er wohl kein allzu kleiner Junge mehr, sondern zu etwas so Wichtigem, wie die Welt zu retten, von Nutzen.

„Du kannst mich übrigens Cornelius nennen. Jedenfalls, wenn wir allein sind. Nicht gerade im Klassenzimmer, okay?"

„Okay. Danke."

Die Pausenglocke läutete schrill. Oberstudienrat Cornelius Kolk und Marvin sprangen auf und stießen mit den Köpfen zusammen.

„Au!", riefen beide gleichzeitig und lachten. „Wir müssen ins Klassenzimmer."

Sie eilten die Treppen – zwei Stufen auf einmal nehmend - herauf, ins Klassenzimmer der Sexta im zweiten Obergeschoss links. Marvin setzte sich neben ein blasses, schmales Mädchen, auf den einzigen freien Platz – in der vordersten Reihe. „Auch das noch, jetzt muss ich wohl immer vorne sitzen", schnaufte er leise, immer noch außer Atem.

„Guten Morgen, miteinander. Ich bin Herr Oberstudienrat Kolk und werde Euch in Latein unterrichten. Wir haben jeden Montag-, Mittwoch- und Freitagmorgen in der ersten Stunde Latein."

Manche Kinder stöhnten. Latein, und das ausgerechnet in der ersten Stunde?

„Morgenstund' hat Gold im Mund, wie das Sprichwort sagt", fuhr Herr Kolk munter fort, die Einsprüche ignorierend. „Ich bin mir sicher, ihr kennt schon einige lateinische Ausdrücke aus dem alltäglichen Sprachgebrauch. Na, wer möchte anfangen?"

„Inkognito?", meldete sich das schmale Mädchen zu Wort, das neben Marvin saß.

„Richtig, Amelie. Das heißt unerkannt."

„Alibi?", fragte ein dicker Junge mit Brille aus der hintersten Reihe.

„Gewiss. Das heißt direkt übersetzt anderswo. Ihr seht, Latein ist ein Kinderspiel."

So ging es für weitere vierzig Minuten, und dann war fünf Minuten Pause. Marvin mochte Herrn Kolk auf Anhieb. Er nahm sich vor, Cornelius nach der letzten Stunde einen weiteren Besuch im Archiv zu erstatten. Das Klingeln der Pausenglocke war noch nicht verklungen, da stand Marvin schon vor Cornelius' Studierzimmer.

„Tritt herein, und bring Glück herein", lachte Cornelius freundlich. „So schnell hätte ich dich gar nicht wieder hier unten erwartet. Möchtest Du eine Tasse Tee?"

„Sehr gern. Können Sie mir bitte mehr über das Traumfliegen erzählen? Odin, mein Freund die Nebelkrähe, hat es mir beigebracht, aber ich verstehe immer noch nicht so recht, was eigentlich passiert, wenn ich das Totem benutze."

„Das Traumfliegen mit Hilfe der Totems ist nur eine der Möglichkeiten, Zugang zur spirituellen Welt zu erhalten. Die spirituelle Welt ist die wahre Welt, die Welt der Wahrhaftigkeit."

„Was meinen Sie damit? Ist nicht die wirkliche Welt auch wahr?"

„Ja und nein. In der spirituellen Welt wird Gedanke Tat."

„Und in der wirklichen Welt nicht?", fragte Marvin verwirrt.

„In der wirklichen Welt – wie Du sie nennst – werden viele Gedanken gedacht, aber nicht immer die wahren Gedanken in die Tat umgesetzt. Die Menschen sind sich in ihrem Handeln nicht immer selbst treu." Cornelius Kolk seufzte, dann setzte er seine Pfeife in Brand und blies kleine Rauchwölkchen gegen die niedrige Decke.

„Menschen gehen vielerlei Gedanken durch den Kopf, aber welche Gedanken sie ausführen, ist zumeist von kurzfristigem Denken bestimmt, und davon wie sie ihre eigenen Bedürfnisse am ehesten und am schnellsten stillen können."

„Und das ist schlecht?"

„Ja. Alle Lebewesen müssen ihrem Herzen und ihrem Verstand treu sein. Glücklich ist, wer sich von seiner inneren Stimme leiten lässt, aber die wenigsten tun es. Die meisten Menschen lassen sich nur zu gerne blenden. Von Hass und Neid, Angst und Mutlosigkeit, Selbstüberschätzung und Enttäuschung. Dies führt dazu, dass Entscheidungen getroffen werden, die letztendlich die Welt zerstören werden."

„Und in der spirituellen Welt?"

„Dort handelt jedes Lebewesen stets, wie es seiner wirklichen Natur entspricht, und jeder zeigt seine wahre Gestalt."

„So ist meine wahre Gestalt die eines Turmfalken?"

„Du translokierst als Turmfalke?" Cornelius sah erstaunt auf. „Dann hat Dein innerstes Wesen Merkmale, die in der Welt der Vögel durch einen Turmfalken in idealer Weise verkörpert werden, ja."

„Wie kommt es dann, dass es trotzdem gute und böse Dinge in der spirituellen Welt gibt, wenn sie so perfekt ist?"

„Das ist die wahre Natur der Welt. Sie kann nur durch Gegensätze existieren. Es gibt kein wahres Bewusstsein und keine wahre Erkenntnis – ja kein Leben - ohne Gegensätze. Die Welt ist perfekt so wie sie ist."

„Wirklich?"

„Wie wüsstest Du wo etwas anfängt, wenn es nicht auch ein Ende hätte? Was wäre der Tag ohne die Nacht? Das Licht ohne die Dunkelheit? Das eine kann nicht ohne das andere sein. Und wenn es keine Gegensätze gäbe, gäbe es auch kein Leben und kein Universum, keine Sterne und keine Planeten. Nicht mich und nicht dich. Und es kann auch keine spirituelle Welt ohne die materielle geben. Aber Frieden und Harmonie wird es nur geben, wenn die spirituelle und die materielle Welt wieder zu einem Ganzen zusammenfinden."

Cornelius lehnte sich entspannt in seinem Sessel zurück.

„Dieses Wissen ist zum Beispiel im Prinzip des Ying und Yang verkörpert. Und die ersten Menschen haben vom Baum der Erkenntnis gegessen, um Gut und Böse voneinander unterscheiden zu können."

„Aber war dies nicht eine Sünde?"

„Ich glaube, es war von Gott gewollt. Gott weiß, dass ohne Erkenntnis kein wahres Leben möglich ist, und wollte den Menschen die freie Entscheidung lassen, immer das Richtige zu tun. Sonst wären sie ja bloß Marionetten, ohne freien Willen."

Cornelius lächelte bitter. „Aber die Menschen haben schnell vergessen, auf ihre innere Stimme der Vernunft, der Verantwortung und des Verstandes mit dem Herzen zu hören. Sie werden ständig abgelenkt und suchen die Ablenkung, wo sie nur können, um sich nicht mit ihrem wahren Inneren auseinander setzen zu müssen und um ihr Gewissen zum Schweigen zu bringen. Selbsterkenntnis können viele heute nicht mehr ertragen. Oder sie wollen es nicht auf sich nehmen, den beschwerlichen Pfad zur Selbstfindung zu betreten und die innere Wandlung zu vollziehen."

Marvin rutschte auf seinem Sessel hin und her. Cornelius' Ausführungen schienen ihm viel zu philosophisch. Er wollte nichts sehnlicher als endlich etwas unternehmen.

„Nehmen Sie an der nächsten Versammlung der Raben teil? Ambrosia hat eine Sondersitzung einberufen, um mich und Odin auf die Suche nach den Sieben Siegeln zu schicken."

„Das habe ich allerdings vor."

„Vielleicht können wir gemeinsam gehen?"

„Gehen?" Ein Lächeln umspielte die sanft geschwungenen Lippen von Cornelius.

„Meinst Du vielleicht fliegen?"

„Klar, fliegen ist mir auch lieber."

„Perfekt. Wenn Du willst, können wir von meinem Studierzimmer aus translokieren."

„Ich werde Odin bitten, auch hierher zu kommen."

In diesem Moment klingelte die Pausenglocke, um die nächste Unterrichtsstunde anzukündigen. Marvin sprang auf.

„Marvin?" Cornelius legte freundschaftlich seine Hand auf Marvins schmale Jungenschulter. „Pass gut auf Dich auf, okay? Wenn Du in der Zwischenzeit Fragen hast oder Hilfe brauchst, sag mir bitte Bescheid."

„Danke."

„Keine Ursache."

Cornelius blickte Marvin nachdenklich hinterher, als der die Stufen zum zweiten Stock wie jeder andere Junge herauf hastete. Er war aber kein gewöhnlicher Junge.

Freitag 25. August

„Ihr müsst ohne mich zur Versammlung. Etwas Dringendes, das ich nicht aufschieben kann, ist dazwischengekommen. Tut mir leid."

Sie saßen in der Studierstube von Cornelius nach Schulschluss. Es war ungewöhnlich für Marvin, seinen Lateinlehrer so zerknirscht vorzufinden.

„Ich hoffe, es ist nichts Schlimmes?" fragte Marvin voller Mitgefühl.

„Nein, aber etwas Ernstes, das nicht aufgeschoben werden kann."

„Sei doch nicht immer so neugierig." tadelte Odin seinen Freund.

„Ist schon gut. Mir sind wissbegierige Schüler lieber als solche, denen man alles aus der Nase ziehen muss."

„Igitt, igitt. Aus der Nase ziehen? Etwa Nasenschleim?" Odins Federn sträubten sich vor Ekel.

„Ist nur ein geflügeltes Wort. Bedeutet sprech-unlustige Menschen zum Reden zu animieren."

„Aber Menschen sprechen doch normalerweise durch den Mund, und nicht durch die Nase?" Odin war verwirrt.

„Egal. Zerbrich Dir nicht Dein kleines Nebelkrähenköpfchen über so etwas Banales."

„Ich muss doch bitten. Nebelkrähenköpfchen. Also so etwas. Keinen Respekt vor dem Alter hat die Jugend, tss, tss."

Marvin sah auf seine Armbanduhr.

„Odin, wir müssen los. Sonst kommen wir noch zu spät."

Marvin machte es sich im samtenen Armlehnensessel bequem und holte sein Totem hervor. Cornelius kam neugierig näher.

„Darf ich das Totem einmal sehen?"

„Natürlich. Hier."

„Ja, das ist Carlottas. Ich erinnere mich."

Als Cornelius Marvins wehmütigen Blick bemerkte, entschuldigte er sich hastig.

„Tut mir leid, Marvin. Ich wollte dich nicht an den Tod deiner Mutter erinnern."

„Schon gut. Ich denke sowieso ständig an sie."

„Viel Glück euch beiden. Ich bin gespannt auf Neuigkeiten von Ambrosia."

„Auf Wiedersehen. Hals- und Flügelbruch", krächzte Odin in dem Versuch, ein menschliches Sprichwort zu gebrauchen. Marvin musste wider Willen lachen.

„Wie soll ich mich konzentrieren?", fragte er, „wenn Du mich so zum Lachen bringst?"

„Schon gut. Hast du das Foto von der Waldlichtung?"

„Ja, hier auf meinem Schoß." Marvin starrte auf das Foto, das er nach der letzten Versammlung mit seiner neuen Digitalkamera, die er von seiner Tante Mathilde zum Geburtstag geschenkt bekommen hatte, gemacht hatte. Odins Schwanzfedern berührten das Totem, das Marvin in seinen Händen hielt und das zart pulsierte.

Endlich verschwamm das Studierzimmer von Cornelius im Keller des Sokrates-Gymnasiums vor seinen Augen. Als er die Augen wieder öffnete, standen Odin und er auf derselben Waldlichtung, auf der Marvin die allmächtige Schneeeule vor zwei Monaten zum ersten Mal getroffen hatte. Ein sanfter Wind wehte. Einige der Buchen hatten gelblich verfärbte Blätter, jetzt schon, Ende August. Der Herbst war nicht mehr weit, dachte Marvin.

Es war das erste Mal, dass er als Turmfalke zur Versammlung erschien. Und seine zweite Versammlung überhaupt. Ambrosia hatte kurz entschlossen eine Sondersitzung einberufen, als sie von Odins Verdacht einer Verfolgung durch die abtrünnigen Raben gehört hatte. Die Suche nach den sieben Siegeln durfte um keine Minute mehr aufgeschoben werden. Die Menschen verstrickten sich immer tiefer in ihrem Streben nach Macht, Reichtum und Einfluss, ohne an die Konsequenzen für das Überleben der Erde zu denken.

Als sie ankamen, war Ambrosia noch nicht da, und alle plapperten angeregt durcheinander. Marvin nutzte die Gelegenheit, um Odin nach seiner Namensgebung zu befragen. Ein Thema, das ihn schon lange beschäftigt hatte.

„Odin, warum ist der Name Odin eigentlich so beliebt bei den Rabenvogeleltern?"

„Der nordischen Sage zufolge ist Odin der höchste und mächtigste Gott aller Götter. Vergleichbar mit dem römischen Jupiter oder dem griechischen Zeus. Vielleicht auch mit dem ägyptischen Sonnengott, Ra."

„Und? Vergöttern Rabeneltern ihre Kinder?"

„Nein, nein. Odin hatte zwei Raben, Hugin und Munin. Sie waren seine wertvollsten Berater. Sie flogen jeden Morgen in die Welt hinaus und kehrten abends zu Odin zurück, um ihm alle Neuigkeiten zu berichten. Der eine, Hugin, ist Gedanke, der andere, Munin, ist Gedächtnis."

„Dann verstehe ich wenigstens, warum Du nicht Munin heißt."

„Ach tatsächlich?", brummelte Odin trotzig. „Manche glauben übrigens, Odins weise Berater waren Rabenkrähen."

„Aber Du bist doch eine Nebelkrähe?"

„Ach, hör schon auf." Warum musste Marvin immer auf diesen wunden Punkt zurückkommen?

Endlich erschien Ambrosia. Sie sah müde und erschöpft aus. Einige ihrer schneeweißen Federn ragten kreuz und quer aus dem Gefieder, und gaben ihrem Federnkleid ein ungewohnt struppiges Aussehen.

„Ich heiße Euch alle herzlich willkommen. Entschuldigt bitte die Verspätung. Lasst uns beginnen."

Die Rabenvögel hatten sich in konzentrischen Kreisen rund um den mächtigen, hohlen Baumstumpf, auf dem Ambrosia thronte, niedergelassen, ganz ähnlich wie das letzte Mal als Marvin noch in Menschengestalt an der Versammlung teilgenommen hatte. Als Odin erklärt hatte, dass Marvins spirituelle Gestalt ein Turmfalke war, wurde er zwar neugierig betrachtet, aber durchaus freundlich willkommen geheißen.

„Wir wollen heute Marvin und Odin auf ihrer Suche nach den sieben Siegeln viel Glück wünschen. Ich kann nur so viel sagen, dass ich glaube, Merlin, der Weise, der den Baum des Lebens bewohnt, könnte Euch helfen heraus zu finden, wo ihr die Siegel suchen müsst."

„Wisst ihr auch, um welch wichtige Aufgabe es geht? Odin, hast Du Marvin in alles eingeweiht?"
„Ja, große allmächtige Schneeeule. Marvin weiß, dass wir die sieben Siegel suchen müssen, um den Urtext des Buches der Weisheit zu entschlüsseln und den Menschen zu helfen, wieder mit ihrem spirituellen Wesen in Einklang zu stehen."
„Sehr gut. Wie recht Du hast, Odin." sagte die Schneeeule sanft.
Odin plusterte stolz sein Gefieder auf.
„Findet sich in unseren Reihen jemand, der die Aufgabe des Siegelübersetzens übernehmen kann, wenn die Siegel gefunden sind?"
Ambrosia suchte mit ihren Augen die Reihen der versammelten Rabenvögel ab. Sie hielt nach Cornelius Ausschau, konnte ihn aber nirgendwo in der Menge entdecken. „Nun?"
Marvin flatterte in die Luft, um Ambrosias Aufmerksamkeit zu erhaschen.
„Ja, Marvin?"
„Cornelius lässt sich vielmals entschuldigen. Er war verhindert, heute hier zu erscheinen, aber Ich weiß, dass er sich bereit erklärt hat, die alten Texte zu übersetzen."
„Gut, gut", sagte Ambrosia erleichtert. „Sind alle hier Versammelten damit einverstanden, dass Cornelius diese wichtige Aufgabe übernimmt?"
Die Anwesenden bekundeten ihre Zustimmung durch lautes Gekrächze.
„Wunderbar." Ambrosia wandte sich wieder an Marvin und Odin. „Es wird ein beschwerlicher Weg, aber ich habe volles Vertrauen, dass Du, Marvin, Carlottas Sohn und Du, Odin, Ottilies Sohn, diese Aufgabe bewältigen werdet.

Ihr seid unsere letzte Hoffnung." Ambrosia breitete ihre mächtigen Schwingen aus. „Gehet hin in Frieden und mit unser aller Segen."

Damit war die Versammlung beendet. Ambrosia flatterte über die Köpfe der Versammelten hinweg und verschwand zwischen den Bäumen. Sir Alexander flatterte auf Marvin und Odin zu.

„Ich wollte Euch beiden noch einmal persönlich viel Glück wünschen. Wenn ihr meine Hilfe braucht, wendet euch bitte an mich. Ich bin jederzeit für dich da, Marvin. Und für Dich natürlich auch, Odin."

„Danke, Sir Alexander. Ihr seid zu gütig."

Dann translokierten sich Marvin und Odin zurück zum Sokrates-Gymnasium. Marvin streckte seine steifen Glieder, als er im Sessel aufwachte. Odin saß zusammengekauert auf einer der Armlehnen.

„Odin, hat Ambrosia mit Merlin dem Weisen den Merlin aus den alten Sagen gemeint?"

„Nein, nein. Merlin ist ein Greifvogel. Ein komischer, alter Kauz. Aber Ambrosia hält große Stücke auf ihn."

„Und was hat Ambrosia mit dem Baum des Lebens gemeint?"

„Du kennst nicht den Baum des Lebens? Was lernt ihr Menschenkinder bloß in der Schule, wenn ich fragen darf?"

„Viele Dinge."

„Aber wohl nicht die wichtigen Dinge." Odin schüttelte missbilligend den Kopf. „Der Baum des Lebens hält die Erde und den Himmel zusammen. Er spendet das ewige Leben, und verbindet unsere Welt mit dem Universum. Er leitet die Geschicke auf unserer Erde."

„Ich habe noch nie davon gehört."

„Du wirst ihn sehen. Er ist in der Tat gar nicht zu übersehen, wenn man erst einmal da ist. Seine Baumkrone ragt bis in die Wolken. Wir fliegen hin."

„Klasse. Wann fliegen wir los?"

„Nicht so stürmisch. Ich dachte so an Übermorgen. Hast Du da nicht eine Freistunde? Eine Stunde dürfte reichen."

„Abgemacht." Marvin schlang seinen Schulranzen über die Schulter, sprang die Schultreppe herauf und raste mit seinem Fahrrad nach Hause. Er wollte im Internet nach dem Baum des Lebens suchen. Vielleicht konnte er Odin mit seinem durch moderne Medien erworbenen, menschlichen Wissen doch noch beeindrucken.

Kapitel 7 – Der Baum des Lebens

Dienstag, 29. August

Die Pausenglocke klingelte. Alle rannten so schnell sie konnten auf den Schulhof. Marvin rannte so schnell er konnte die vier Stockwerke hinunter zum Studierzimmer von Cornelius Kolk. Außer Atem klopfte er an die Tür.

„Komm bitte herein", ertönte Cornelius gedämpfte Stimme.

„Cornelius, ich habe eine Freistunde und wollte fragen, ob ich sie nutzen kann, um einen Ausflug in die Traumzeit zu machen."

„Odin ist schon hier und hat mir alles berichtet. Setz Dich."

Cornelius streckte seinen Arm aus und machte eine einladende Bewegung zu seinem samtbezogenen Armsessel, auf dessen Armlehne Odin hockte.

„Ihr wollt also zum Baum des Lebens?"

„Ja. Ambrosia, ich meine die Allmächtige Schneeeule, hat gesagt, wir sollten Merlin, den Weisen aufsuchen, der den Baum des Lebens bewohnt. Er würde wissen, wo die sieben Siegel aufbewahrt sind."

„Ah, so ist das. Nun gut. Ihr könnt gerne mein Studierzimmer zur Translokation benutzen. Wenn ich will, kann ich verschwiegen wie ein Rabe sein." Cornelius schmunzelte. „Hat Ambrosia euch auch verraten, dass sie höchstpersönlich die Hüterin vom Buch der Weisheit ist? Ambrosia kennt den Text übrigens auswendig."

„Warum brauchen wir dann die sieben Siegel?", fragte Marvin verwirrt.

„Das Buch der Weisheit ist ohne die Siegel unzugänglich für normal Sterbliche, da es in der Ursprache verfasst ist. Eine Sprache, die keiner mehr beherrscht. Die sieben Siegel erlauben es, den Urtext in moderne Sprachen zu übersetzen."

„Wie können wir zum Baum des Lebens gelangen? Ich habe keinerlei Vorstellung, auf die ich mich für die Translokation konzentrieren könnte." fragte Marvin ratlos.

„Wir müssen ein geeignetes Bild vom Baum des Lebens finden." antwortete Cornelius.

„Ich war schon mal dort", krächzte Odin stolz.

„Kannst Du mich dann mitnehmen?"

„So einfach geht das leider nicht. Ich fürchte, ich habe den Weg dorthin vergessen."

„Oh, Odin. Du musst wirklich an Deinem Gedächtnis arbeiten."

„Ist doch nicht meine Schuld. Ich war damals noch ein kleiner Junge."

Cornelius war inzwischen aufgestanden, und lief zielstrebig an den Bücherregalen entlang. Er blieb stehen und griff nach einem in Leder gebundenes Buch, dessen Seiten vom Alter vergilbt waren. In goldenen Lettern stand auf dem Einschlag: ‚Die nordische Mythen- und Sagenwelt" von Prof. Dr. Gavin Falk.

„Ich glaube, dieses Buch enthält eine ziemlich wahrheitsgetreue Abbildung von Yggdrasil, wie der Baum des Lebens in den nordischen Sagen genannt wird. Es wurde vor langer Zeit gezeichnet und kann zur Translokation benutzt werden."

„War der Autor dieses Buches ein Eingeweihter?"

„Ja. Einer der wahren Meister des letzten Jahrhunderts. Ich habe das Privileg genossen, bei ihm studieren zu dürfen."

Cornelius lächelte versonnen. Dann riss er sich aus seinen Gedanken.

„Jetzt aber los, ihr zwei. Ihr müsst in einer Stunde wieder hier sein."

-

Marvin und Odin sahen unter sich nichts als die blaue See.

„Wir müssen uns verirrt haben", krächzte Marvin zutiefst enttäuscht.

„Hier ist nichts als Wasser. Vielleicht sind wir an irgendeinem Meer gelandet. Was machen wir jetzt?"

„Keine Panik. Lass die Flügel nicht so schnell hängen. Das müsste der ewige See der Unendlichkeit sein."

„Oh, toll. Wenn der See wirklich unendlich ist, kommen wir hier nie weg und müssen irgendwann ertrinken, wenn wir zu erschöpft sind, um weiter zu fliegen."

Marvin konnte sich nicht damit abfinden, dass seine Flugkondition so gering war. Warum musste seine Seele ausgerechnet einen Turmfalken verkörpern? Klar hatte es auch seine Vorteile (wie eine ungewöhnlich gute Sehschärfe), aber zum Langstreckenfliegen war er wahrlich nicht berufen.

Marvin spähte angestrengt nach unten. Vielleicht gab es ja Inseln in diesem See. Und tatsächlich. Er sah einen winzigen Punkt in der Mitte des blauen Teppichs.

„Odin, ich seh' was. Mach Dich klar zum Sturzflug."

„Bist Du verrückt, ein Sturzflug aus diesem Schwindel erregenden Höhe? Ich will mich noch nicht vom Leben verabschieden."

„Nein, wirklich. Vertrau mir. Da unten ist eine Insel." Marvin legte seine Flügel eng an seinen Körper und schoss mit dem Schnabel voran in die Tiefe. Er genoss inzwischen diese Sturzflüge.

„Warte. Ich komme", schrie Odin, dem der Wind durchs Gefieder fuhr. Odin ließ jedes Mal Federn, wenn er auf Marvins Geheiß einen Sturzflug wagte, und er hasste diese Flugkunststücke zutiefst. Marvin landete sanft auf einer kleinen Anhöhe. Die ganze Insel war mit kniehohem Gras bedeckt, und hunderte verschiedener, bunter Wiesenblumen verströmten einen lieblichen Duft. Bienen summten fröhlich, und es erschien Marvin dies war der friedlichste und idyllischste Ort, an dem er sich je befunden hatte.

Odin klatschte wenige Sekunden später neben ihm auf. Er rieb sich seinen Steiß. „Autsch. Diese Sturzflüge bedeuten noch einmal das Ende von mir", stöhnte er. Als Odin sich wieder erholt hatte und mit seinem Schnabel sein arg zerzaustes Federnkleid geglättet hatte, sah er sich um. „Hmm. Ein schönes Plätzchen für ein Picknick – außer dass es keine Bäume zu geben scheint, die uns Schatten spenden könnten. Schade, dass wir nichts zu essen dabeihaben."

„Für ein Picknick haben wir doch gar keine Zeit. Lass uns lieber den Baum des Lebens suchen." Marvin suchte den Horizont ab. Ganz in der Ferne, auf der anderen Seite der Insel sah er einen dünnen Strich, schmal wie ein Streichholz, der hoch in den Himmel ragte.

„Komm, wir fliegen da hinüber." Marvin stupste Odin aufmunternd mit seinem Schnabel an. Sie flogen in gerader Linie auf das Streichholz zu. Als sie näherkamen, sahen sie, dass es sich tatsächlich um einen Baum handelte. Aber was für ein Baum – seine dunkelgrüne Baumkrone ragte bis in den Himmel und seine Äste erstreckten sich majestätisch zu beiden Seiten, weiter als selbst Turmfalkenaugen sehen konnten. Die Äste waren dicht verzweigt. Dicke Wurzeln ließen erahnen, wie tief sich das Wurzelwerk in das Erdreich erstrecken musste.

„Sieh mal, da sitzt ein Kauz in dem Baum. Vielleicht kann er uns sagen, ob dies der Baum des Lebens ist."

„Selbst ein blindes Huhn könnte erkennen, dass es sich um einen Uhu, und nicht um einen Kauz handelt." Odin schüttelte missbilligend ob der Unwissenheit seines Schützlings den Kopf. Dann murmelte er in seinen Schnabel. „Keinen anständigen Unterricht mehr heutzutage... ...müsste Ornithologie als Pflichtfach einführen...muss unbedingt Cornelius darauf aufmerksam machen..." Schließlich wandte sich Odin wieder an Marvin. „Und Du brauchst diesen, ehem, Uhu, nicht zu fragen. Das ist der Baum des Lebens. Ich erkenne ihn wieder. Wer einmal hier war, vergisst diesen Anblick nicht."

„Ach ja, aber den Weg dahin schon?", neckte Marvin.

„Halt bloß Deinen Schnabel und lass mich mit dem Uhu reden. Du verquasselst Dich sonst nur", sagte Odin erregt. Sie flogen näher an den Baum heran, und ließen sich auf einer seiner riesigen Wurzeln, die aus dem Erdreich herausragten, nieder. Gerade unterhalb des Astes, auf dem der Uhu saß.

„Guten Tag, der Herr. Ein schöner Tag heute, nicht wahr?" Odin verbeugte sich höflich.

„Jeder Tag, an dem die Sonne auf- und wieder untergeht, ist ein schöner Tag", antwortete der Uhu.

„Wir suchen Merlin, den Weisen. Können Sie uns vielleicht helfen?"

„Was möchtet ihr denn von Merlin?", fragte der Uhu interessiert.

Odin plusterte gewichtig sein Gefieder auf. „Wir sind die Gesandten des Rabenrates."

„Verstehe. Nun, hier seid ihr richtig. Ich, Merlin, und Yggdrasil heißen Euch willkommen."

„Wer ist denn Yggdrasil?", fragte Odin verwirrt.

„So heißt der Baum des Lebens in der nordischen Sage. Aber diese Leben spendende Esche hat noch viele Namen. Jedes Volk hat ihr einen eigenen Namen gegeben. Die Israeliten nennen diesen Baum Ez Chajim."

„Wir heißen Odin, und Marvin, sehr angenehm", ergriff Odin das Wort.

„Hat es Marvin die Sprache verschlagen, dass er nicht für sich selbst sprechen kann?" fragte Merlin verwundert.

„Nein, nein." stotterte Odin verlegen. ‚Aber er ist zum ersten Mal hier, ich schon zum zweiten."

„Nun, die Jungen sind manchmal weiser als die Alten", bemerkte Merlin kühl.

„Ich bin stolz darauf, Deine Bekanntschaft machen zu dürfen, Merlin", meldete sich Marvin zu Wort, Odins Rat zum Trotz.

„Was führt Euch zu mir?", fragte Merlin und plusterte sein Gefieder behaglich auf. Er mochte unterhaltsame Gesellschaft. In diesen Tagen kamen nur selten Besucher zum Baum des Lebens.
„Wir sind von Ambrosia beauftragt worden, die sieben Siegel für das Buch der Weisheit zu suchen..." erklärte Marvin, da Odin schmollend seinen Schnabel in sein Gefieder gesteckt hatte.
„Oh, wie geht es Ambrosia? Ich hoffe, ihr geht es gut auf ihre alten Tage – wir sind gute Freunde. Aber entschuldige, dass ich Dich unterbrochen habe. Fahr bitte fort."
„Ambrosia sagte uns, nur die Entschlüsselung des Buchs der Weisheit kann die Welt vor dem Untergang bewahren."
„Stimmt, und stimmt auch wieder nicht," sagte Merlin nachdenklich.
„Wie meinst Du das?", fragte Marvin besorgt.
„Die Welt, so wie wir sie kennen, muss untergehen, damit eine neue Welt geboren werden kann. Alle zwölftausend Jahre wird der Kreislauf des Lebens erneuert. Ob wir das wollen oder nicht."
„Und wie kann dann das Buch der Weisheit helfen, die Welt zu retten?"
„Vor langer, langer Zeit sprachen alle Menschen die gleiche Sprache, die Ursprache. Das Buch der Weisheit ist in der Ursprache geschrieben, und die Menschen verstanden, was es sagte. Aber sie wollten nicht darauf hören, was geschrieben stand. Das Buch kann nur den retten, der gerettet werden will."
„Wann wurde die Welt zuletzt erneuert?"
„Vor knapp zwölftausend Jahren fand die letzte Erneuerung der Welt statt, und die nächste steht kurz bevor. Aber wo war ich?" Merlin drehte seinen

Kopf. „Richtig. Für die ersten achttausend Jahre verstanden alle Menschen die Ursprache, und konnten das Buch der Weisheit lesen. Aber vor viertausend Jahren drohte das Wissen der Ursprache verloren zu gehen. Die Menschen versuchten nämlich einen Turm zu bauen, der höher ragen sollte als der Baum des Lebens. Darüber entbrannte ein heftiger Streit, denn alle wollten die ersten sein. Und dieser Streit drohte die Völker zu entzweien und die Sprachen endgültig zu verwirren."

„Sprichst Du vom Turmbau zu Babel?" Marvin ging ein Licht auf.

„Ja, so wird dieses Ereignis in der Bibel genannt, wenn ich mich nicht irre. Und ich irre mich in der Tat selten." Merlin setzte ein selbstzufriedenes Lächeln auf.

„Und was geschah dann?"

„Die Priesterschaften der auseinanderstrebenden Kulturen fertigten die sieben Siegel an, um die Überlieferung der Ursprache auf alle Zeit sicherzustellen. Die Menschen sollten jedoch erst wieder in der Lage sein, das Buch der Weisheit zu entziffern, wenn sie friedlich genug miteinander leben würden, um alle sieben Siegel wieder zusammenzubringen."

„Was passierte dann mit den Siegeln?"

„Die sieben Siegel wurden in den ältesten, heiligen Stätten der Erde aufbewahrt. Du musst wissen, diese antiken Stätten bilden einzigartige Berührungspunkte zwischen der spirituellen und der physischen Welt. Tiere der verschiedensten Art wurden damals beauftragt die Siegel zu hüten und falls nötig zu erneuern. Die Rabenvögel übernahmen die Aufgabe, das überlieferte Wissen im Buch der Weisheit für die Menschheit zu bewahren.

Diese Pflicht wurde von Generation zu Generation vererbt und endet erst, wenn der Siegelsucher die Siegel wieder zusammenführt."

„Bin ich etwa dieser geheimnisvolle Siegelsucher? Bin ich ein Nachkomme einer solchen Priesterfamilie?"

„Nur ein Nachkomme der alten Priesterfamilien kann die Siegel finden und erfolgreich zusammenbringen. Die allmächtige Schneeeule scheint fest daran zu glauben, dass Du diese Aufgabe vollbringen kannst. Du etwa nicht?"

„Ich weiß es nicht. Es ist ein Geschenk, aber gleichzeitig eine Bürde. Und meine Mutter ist bei dem Versuch, diese Aufgabe zu erfüllen, ums Leben gekommen."

„Wir haben alle das ewige Leben."

„Aber die Menschen sterben doch?"

„Ja und nein. Jeder Mensch und jede Seele sind für ewig ein Teil des Ganzen. Denn nichts Neues entsteht. Alles ist die eine Energie, die ständig in Bewegung und in Umwandlung begriffen ist. Jedes Teil des Ganzen enthält alles Wissen dieser Welt – wie ein Samenkorn schon den Bauplan für die erwachsene Pflanze enthält. Alles wandelt sich, aber bleibt doch immer bestehen. Die Energie des Universums verteilt sich nur ständig um, bis irgendwann alles wieder so ist wie es am Anfang mal war. Nur können sich die meisten Menschen nicht an die Vergangenheit erinnern. Ihr Bewusstsein lebt nur im hier und jetzt. Sie haben vergessen, wie sie in die spirituelle Welt reisen können. Und deshalb fürchten sie den Tod, der in Wahrheit doch nur eine Umwandlung ist, eine Transformation von Energie, die zur Wiedergeburt führt."

„Können alle Menschen – wenn sie sich nur erinnern wie – in die spirituelle Welt reisen?"
„Ja, alle Menschen können es, aber viele haben vergessen wie. Die alten Priesterfamilien, die mit den Rabenvögeln befreundet waren, hatten besondere Gaben, um sich den Zutritt zur spirituellen Welt zu erleichtern."
„Wie dieses hier?" Marvin zog sein geschnitztes Vogeltotem unter seinem rechten Flügel hervor und streckte es Merlin zur Begutachtung entgegen.
„Hmm. Lass mich mal gucken, was Du da hast." Merlin nahm das Totem in seine linke Kralle, die er nahe an sein Gesicht führte, um es aus allen Richtungen zu beäugen. Je älter er wurde, desto kurzsichtiger wurde er.
„Das ist in der Tat eines der alten Totems. Ich habe lange keines mehr gesehen. Deine Mutter hat es Dir anvertraut?"
„Nun ja...", druckste Marvin herum. Noch ehe er zu Ende sprechen konnte, fiel ihm Odin schon ins Wort. „Seine Mutter hat es ihm wohl oder übel vermacht. Obwohl Marvin erst elf ist."
„Das kann ich Merlin auch selbst sagen", brauste Marvin auf. „Das heißt, wenn und wann ich will."
„Na siehst Du, da tust Du's schon wieder. Immer musst Du Deinen Schnabel so voll nehmen. Du kommst Dir wohl wahnsinnig wichtig vor", tadelte Odin.
Dies erzürnte Marvin nur noch mehr. „Wer nimmt denn hier seinen Schnabel so voll?"
„Na, na. Wer wird sich denn zu Füßen, ehem zu den Wurzeln, des Lebensbaums derart in die Federn kriegen, hmm?"
„Verzeihung, Herr Merlin", sagte Marvin zerknirscht.

„Das Totem ist sehr wertvoll, aber ich nehme an, das hast Du schon herausgefunden, nicht wahr?"
„Nun, ohne das Totem wäre ich nicht hier." Und mit einem Seitenblick auf Odin fügte Marvin versöhnlich hinzu, „Und ohne das Totem hätte ich nie einen so guten Freund wie Odin gefunden."
„Nun, dies sind schon freundlichere Worte." Merlin nickte wohlwollend. „Habt ihr alles erfahren, was ihr wissen wolltet?"
„Nur noch eine Frage..."
„Ja?"
„Du sagtest, die menschliche Seele lebt ewig fort und dass die heiligen Stätten Berührungspunkte zwischen der spirituellen und der physischen Welt sind."
„Du hast gut aufgepasst."
„Ist es vielleicht möglich, meine Mutter hier anzutreffen?"
„Ich fürchte, dies mag nicht so gehen, wie Du dir das vorstellst."
Merlin schaute mitfühlend in Marvins hoffnungsvolle Augen. „Aber Du kannst einmal in den ewigen See der Unendlichkeit gucken – vielleicht siehst Du ja etwas."
Merlin drehte sich um und brach mit seinem Schnabel vorsichtig zwei grüne Blätterstängel vom Baum des Lebens ab.
„Ihr habt eine beschwerliche Aufgabe vor Euch, und ich möchte Euch noch etwas mit auf den Weg geben, was Euch helfen mag – ein ganz persönliches Geschenk von Merlin."
Merlin überreichte jeweils eines der Blätter an Odin und an Marvin.

„Die Blätter sind wirksamer, wenn sie von ganz oben aus der Baumkrone stammen, aber diese hier haben auch noch viel Kraft. Hebt sie gut auf. Sie werden nicht verwelken – jedenfalls nicht bis zum Anbruch des Neuen Zeitalters. Gute Reise, ihr zwei."

Odin und Marvin flogen über die Insel in Richtung Süden, aus der sie gekommen waren. Am Ufer des ewigen Sees der Unendlichkeit hielten sie an.

„Ich möchte kurz in das Wasser blicken." bat Marvin Odin.

„Kein Problem."

Marvin hüpfte zur Böschung hinunter und trippelte ins Wasser. Zarte Kreise bildeten sich, die auf den See hinausliefen. Als die Wasseroberfläche wieder ruhig und klar war, sah er sein Spiegelbild. Ein ansehnlicher junger Turmfalke blickte ihm entgegen. Dann sah er plötzlich sein menschliches Spiegelbild. Dann wurde sein Spiegelbild undeutlich, und er sah die Umrisse einer Ringeltaube aus der Tiefe auftauchen, die sich langsam in das Antlitz seiner Mutter verwandelte, genauso, wie er es in Erinnerung behalten hatte.

„Mama?"

„Marvin, mein Junge. Wie hübsch Du aussiehst." Seine Mutter blickte ihn stolz an.

„Ich vermisse Dich so sehr."

„Ich vermisse Dich auch, mein Schatz. Und Papa."

„Kannst Du nicht wieder zu uns kommen?"

„Ich glaube nicht. Ich bin jetzt hier. Es ist wirklich paradiesisch hier, und die Zeit vergeht sehr schnell. Ich freue mich, dass Du mein Vermächtnis weiterführst. Damit hat sich meine Aufgabe im Leben auf wunderbare Weise

erfüllt. Sei bitte nicht traurig. Wenn Du mich brauchst, kannst Du jederzeit hierher zurückkommen. Und ich werde immer für Dich da sein."
„Ich weiß, Mama." Marvin verschwieg, wie sehr es ihn schmerzte, seine Mama nicht mehr singen zu hören und von ihr gekuschelt zu werden. Das war schwer zuzugeben, im Alter von elf Jahren.
„Hast Du mit Merlin gesprochen? Er ist wirklich weise."
„Ja, und ich habe einen Schutzpatron. Eine Nebelkrähe, die Odin heißt. Ottilies Sohn."
„Wie schön für Dich. Ich liebe Dich, Marvin, aber jetzt muss ich fort."
„Geh nicht fort", flüsterte Marvin, aber seine Mutter schien ihn nicht gehört zu haben. Carlotta drückte einen Kuss auf die Wasseroberfläche und Marvin machte es ihr nach – wo sein Schnabel die Wasseroberfläche berührt hatte, zogen seichte Wellen ihre Kreise. Erst jetzt merkte Marvin, dass Odin wie wild an seinen Schwanzflügeln zerrte. „Marvin, reiß Dich von Deinem Spiegelbild los – wie eitel kann ein Menschenjunge denn sein? Wir müssen dringend los. Die nächste Stunde fängt an. Die Pausenklingel hat schon geläutet."
Marvin hüpfte widerwillig einen Schritt zurück. Gern hätte er noch länger mit seiner Mutter gesprochen. Er nahm sein Totem in den Schnabel, klemmte das Blatt von Yggdrasil unter seinen Flügel und konzentrierte sich auf das Studierzimmer von Cornelius Kolk. Marvin sprang von dem gemütlichen Armsessel mit einem Satz auf. Nächste Stunde war Mathe, und er wollte wahrlich nicht zu spät zum Unterricht erscheinen. Als er zum Fenster blickte, sah er gerade noch Odins Schwanzfedern um die Ecke huschen. Das grüne Blatt, das Merlin ihm geschenkt hatte, fühlte er in seiner Hosentasche. Nach

Schulschluss schwang sich Marvin auf sein neues Fahrrad und radelte mit Turbogeschwindigkeit nach Hause. Das grüne Blatt vom Baum des Lebens, das Merlin der Weise ihm geschenkt hatte, fand einen sicheren Platz in seiner Schatulle.

Kapitel 8 - Das erste Siegel im Tower von London

Samstag, 2. September

Marvin sah als erster unter sich die konzentrischen Halbkreise der Überreste von Stonehenge, einst (und vielleicht immer noch) eine der heiligsten und mysteriösesten Stätten Europas, liegen. Seine scharfen Turmfalkenaugen konnten alle Details der uralten Steinanlage erkennen. Er konnte weitaus besser sehen als Odin, der mit zunehmendem Alter einen Katarakt entwickelt hatte, und dessen Sehkraft dadurch stark nachgelassen hatte.

„Schau nur, da unten liegt Stonehenge. Wir haben's geschafft!", rief Marvin freudig und kämpfte tapfer gegen den Wind an, der in den letzten beiden Stunden stark zugenommen hatte. Er ermüdete leicht und war mal wieder ein wenig neidisch auf Odin, dem als ausgeprägtem Zugvogel die Fähigkeit zum langen Fliegen schon ins Nest gelegt worden war.

„Freu Dich nicht zu früh. Noch haben wir das Siegel nicht gefunden."

Eigentlich wollten sie ja von zu Hause direkt nach Stonehenge translokieren, wie Cornelius ihnen geraten hatte, aber sie hatten sich glatt verflogen, da sich keiner von ihnen in England besonders gut auskannte. Hätten sie doch nur Sir Alexander um Hilfe gebeten. Anstatt nach Stonehenge zu kommen, waren sie erst in Avesbury gelandet, wo auch eine uralte heilige Steindenkmalstätte lag, aber eben nicht Stonehenge.

„Wir müssen jetzt runter, ich geh in den Sturzflug", schrie Marvin mit zuversichtlicher Stimme. Elegant ließ er sich vom Himmel herabfallen, indem er seine Flügel eng an seinen Rumpf anlegte. Odin rauschte mit flatternden Federn hinter ihm her.

„Nicht so schnell, warte doch auf mich."

Sie landeten inmitten von Stonehenge auf einer breiten und glatten Steinplatte.

„Dies muss der Altar sein", krächzte Marvin aufgeregt. „Darüber habe ich was im Internet gelesen."

„Hmm. Vielleicht sollten wir lieber im Gras rasten", schlug Odin vor.

„Was hast Du denn? Man könnte meinen, Du hast Angst."

„Ob ich Angst habe oder nicht ist immer noch meine Sache, bitte schön. Und schließlich ist es meine Aufgabe für unsere Sicherheit zu sorgen. Ich bin schließlich Dein Schutzpatron." Odin sah sich nervös um.

„Ich mache mir Sorgen, dass wir von einem Pack der abtrünnigen Raben erspäht werden könnten, wenn wir hier mitten auf den Steinen thronen, weithin für jedermann sichtbar."

„Wir müssen uns doch nicht verstecken – im Gegenteil, wir müssen suchen. Das Siegel nämlich."

„Allmächtige Schneeeule. Und mit so einem vorlauten Bengel, ich meine Turmfalken, muss ich mich abgeben. Wenn es nicht für das Versprechen meiner ehrwürdigen Mutter wäre..."

„Schon gut, schon gut. Du hast ja Recht. Mein Papa sagt immer, Vorsicht ist besser als Nachsicht." Marvin hopste vom Altar herunter und guckte sich neugierig um. „Odin, hast Du eine Idee, wo wir mit der Siegelsuche beginnen sollten?"

Aber bevor Odin antworten konnte, kam ein dunkler Schatten hinter einer der Steinstelen derart unerwartet hervorgeschossen, dass Odin mit einem Aufschrei zusammenzuckte.

„He, ihr zwei da. Ihr seid nicht von hier, das kann ich doch sofort sehen. Was macht ihr hier? Dies ist mein Revier, das Hoheitsgebiet der einmaligen, einzigartigen Vanity Glitter."

Eine Elster mit einem eitel aufgeplusterten Federkleid, das in der Sonne glänzte, kam hoch erhobenen Hauptes herbeistolziert.

„Wollen Sie, dass wir einen Herzinfarkt kriegen? Was ist denn das für ein Benehmen, uns so zu erschrecken", schimpfte Odin, innerlich erleichtert, dass es sich nur um eine Elster handelte, die zwar ekelhaft arrogant, aber ansonsten harmlos zu sein schien.

„Und ich dachte immer, die Engländer sind so höflich und bescheiden", sagte Marvin keck und verbeugte sich in gespielter Höflichkeit, so dass sein scharfer kurzer Schnabel fast den Boden berührte.

„Darf ich vorstellen. Marvin Carl Julius Krone. Und mein Freund heißt Odin Zwei Sie...ich meine Odin Augustus der Siebenundzwanzigste."

„Aha. Immerhin kenne ich jetzt eure Namen. In diesen unsicheren Zeiten kann der Anblick einer Nebelkrähe, die friedlich mit einem Turmfalken zusammenhockt, schon Argwohn und Misstrauen erregen. Ihr müsst schon verstehen." Die Elster hatte einen merklich freundlicheren Ton angeschlagen.

„Ach was", krächzte Odin mürrisch, dem der Schreck immer noch in den Federn saß. „Ich dachte Argwohn und Misstrauen liegt Ihrer Gattung sozusagen im Blut, komme was wolle und wer wolle, in diesem Fall."
„Nun ja, darüber ließe sich streiten. Aber als gewissermaßen Verwandte – wenn auch entfernt – lasst uns lieber Frieden schließen. Was führt Euch denn nun in unsere Lande, meine Lieben?"
Marvin sah Hilfe suchend Odin an. Daran, wie er auf solch eine Frage antworten sollte, hatte er nicht gedacht.
„Nun, wir sind hier sozusagen in geheimer Mission", flüsterte Odin verschwörerisch.
„Wir suchen etwas – etwas Besonderes", ergänzte Marvin gedankenverloren.
„Suchen etwas? Ich bin Spezialistin im Auffinden von Gegenständen, besonders glänzenden – und ich kenne mich hier ein bisschen aus, in aller Bescheidenheit."
Odin stupste prompt Marvin mit seinem Schnabel an – sei doch vorsichtig, was Du zu wildfremden Vögeln sagst, nicht jeder muss wissen, dass wir auf der Suche nach den sieben Siegeln sind, sollte das wohl heißen.
„Kommt, ich führe Euch mal hier herum und weihe Euch in die Geheimnisse von Stonehenge ein...ihr könntet in der Tat keinen besseren Fremdenführer als mich finden."
„Gute Idee, Vanity. Wir machen gerne eine Tour durch Stonehenge. Wir wollten uns hier sowieso ein bisschen näher umschauen." Odin warf Marvin einen vielsagenden Blick zu. Vanity berichtete stolz von den Anfängen Stonehenges vor über 4500 Jahren. Als sie über den Trilithen flogen, der das

Eingangstor zum inneren Steinkreis bildete, wurde Marvin plötzlich schwindlig. Er fiel beinahe vom Himmel und landete auf dem Bogenstein des Trilithen. Ihm war schwarz vor Augen, und er kämpfte gegen die aufsteigende Ohnmacht an.

„He, Marvin. Was ist denn los mit Dir? War wohl zu viel des Fliegens heute, was?" Besorgt ließ sich Odin neben Marvin nieder.

Als Vanity sich umguckte und bemerkte, dass Marvin und Odin ihr nicht mehr folgten, flog sie eine Schleife. Als sie die zwei dunklen Punkte auf dem Torbogen erspäht hatte, kam sie eilig zu ihnen herab geflogen.

„Was ist denn los, Kleiner? Geht's Dir nicht gut?"

„Ist schon wieder besser. Mir war ganz plötzlich schlecht, ich weiß nicht warum."

Marvin, der die letzten paar Minuten mit geschlossenen Augen dagesessen hatte, öffnete erst sein rechtes, dann sein linkes Auge und blinzelte geblendet von den grellen Strahlen der Sonne. Hier oben auf dem Trilithen gab es nicht den Hauch von einem Schatten, aber eine prima Aussicht auf die gesamte Stonehenge Anlage. Marvin hatte einen merkwürdigen Wachtraum gehabt, von dem Moment da er schwindlig aus dem Himmel herabgestürzt war, aber er wusste ihn nicht zu deuten. Er glaubte, die Stimme seiner Mutter gehört zu haben, aber es war kein Mensch in seinem Traum, nur viele Vögel, Raben, so an die fünfzehn vielleicht. Als sich der Nebel vor seinem geistigen Auge lichtete, sah er eine runde, gläserne Scheibe von vielleicht dreißig Zentimeter Durchmesser, über die sich die Raben beugten und auf der irgendwelche feingliedrigen Schriftzeichen eingraviert waren, die Marvin an nordische

Runen erinnerten. Eine Schneeeule (war es die allmächtige Schneeeule?) fuhr schließlich zwischen die versammelte Menge, die ehrfürchtig Platz machte, und trug die Scheibe in ihren Fängen fort – sie flog mit der glänzenden Scheibe auf eine steinerne Stele und versenkte sie dann in einer runden Vertiefung in einer großen Steinplatte, die quer auf zwei weiteren Stelen lagerte, einen Torbogen formend. Dann wurde die Steinkammer mit einem abgeflachten, runden Stein verschlossen, und mit Rabenkot – gespendet von der versammelten Vogelschar - zugeklebt. Marvin konnte nicht alles genau beobachten, aber er fühlte wie ihn eine mächtige Kraft, die ihn erzittern ließ, durchfuhr. Die Stimme seiner Mutter schien ihm etwas zuzuflüstern, aber er konnte nicht alles verstehen, was sie sagte, da die Raben anfingen, mit lautstarkem Gekrächze davon zu fliegen.

„Mein lieber Marvin, willkommen an der ältesten heiligen Stätte in Europa, gleichwohl für Tiere und Menschen. Ich kann Dich hier erreichen, da dies ein Ort von außerordentlicher spiritueller Kraft ist. Vor Urzeiten wurden die Raben dazu ausersehen, das erste Siegel des Buches der Weisheit zu beschützen, und Du wirst der Finder sein. Ich liebe Dich, mein kleiner Engel. Hab Mut und Zuversicht und gib den Kampf nicht auf. Ich werde Dich immer beschützen."

Marvin schüttelte sein Federnkleid und der Traum verblasste in seinem Bewusstsein so schnell wie er gekommen war. Odin schlug vor, den Rundgang zu Fuß fortzusetzen, in Rücksicht auf Marvins labilen Zustand.

„Ist schon okay, ich fliege lieber, ehrlich", beteuerte Marvin, dem die ganze Aufmerksamkeit peinlich war. Bestärkt von den geheimnisvollen Worten

seiner Mutter und seinem Turmfalken-Instinkt folgend, beschloss er, sich Vanity anzuvertrauen.
„Hmm. Vanity, hast Du schon einmal etwas vom Buch der Weisheit und den sieben Siegeln gehört?"
„Aber natürlich. Die Allmächtige Schneeeule ist die Hüterin dieses wertvollsten, weisesten und ältesten aller Bücher, das jemals geschrieben wurde, seit Anbeginn dieser Welt."
„Genau. Und wir sind auf der Suche nach den verschollenen Siegeln. Sonderauftrag der Allmächtigen Schneeeule."
„Wow. Ich kann's nicht fassen." Vanity schlug einen ehrfürchtigen Ton an. „Dann seid ihr die zwei Gesandten – und Du, Marvin, bist in Wirklichkeit ein Menschenkind, nicht wahr?"
„Woher weißt Du denn das alles?"
„Nun ja, Neuigkeiten breiten sich schnell aus bei den Rabenvögeln, was denkt ihr denn? Mein Cousin und mein Onkel waren auf der großen Versammlung. Ich war verhindert. Ich hatte einen wichtigen Termin anderswo."
Es musste ja nicht jeder wissen, aber sie hatte einen Friseurtermin beim königlichen Coiffeur, der extra aus Paris eingereist war und der der Elsterkönigin zweimal im Jahr persönlich die Federn wusch, färbte, schnitt, und föhnte.
„Kannst Du uns helfen?"
Vanity guckte verlegen auf ihre manikürten Krallen und wippte mit ihrem langen Schwanz auf und ab. „Nun ja, das ist nämlich so. Das Siegel ist nicht mehr hier - es soll schon vor einigen hundert Jahren in den Tower von London

verlegt worden sein – aus Sicherheitsgründen. Ich fürchte, ihr habt den langen Weg hierher umsonst gemacht."

Enttäuscht guckten sich Marvin und Odin an. Das hatten sie nicht erwartet.

„Da kann man wohl nichts machen. Vielen Dank für Deine Auskunft, Vanity."

Marvin holte tief Luft, und blies die Luft energisch aus seinen Nasenlöchern.

„Ich denke, wir müssen so schnell wie möglich weiter. Auf, Odin, lass uns fliegen. Wir haben keine Zeit zu verlieren."

„Wartet mal, nicht so schnell. Vielleicht kann ich euch auf eurem Flug begleiten? Ich habe ein paar Verwandte in London, die ich ganz gern besuchen würde. Und ich kann euch den Weg zum Tower zeigen. Wie wär's?"

„Woher wissen wir, ob wir Dir trauen können? Vielleicht bist Du ja mit den abtrünnigen Raben verbündet und das Ganze ist eine Falle?", krächzte Odin.

„Ach komm schon, Odin Zwei Sieben. Frech gewagt, ist halb gewonnen."

Marvin fing an, nervös an seinen Krallen zu knabbern.

„Hmm. Wie gewonnen so zerronnen, kenn' ich auch irgendwo her. "

Durch die ortskundige Elster kamen sie schnell voran und bald sahen sie den Tower von London unter sich. Die Siegelwächter-Raben erwarteten sie schon und übergaben Marvin und Odin feierlich das Siegel, eine gläserne Scheibe, in die wie in seinem Traum nordische Runen eingeritzt waren. Aber Marvin jubelte zu früh. Als sie sich gerade verabschieden wollten, wurden sie von den abtrünnigen Raben überrascht. Marvin kreiste über dem Tower, und versuchte verzweifelte Flugmanöver, um die Angreifer abzuschütteln. Er hatte die Scheibe fest mit seinen Krallen umschlungen, aber fürchtete jeden Moment, sie loszulassen. Die Raben versuchten, ihn in der Luft zu attackieren.

Entweder würde die Scheibe an den Steinmauern der Tower Gebäude zerschellen oder die Raben würden ihm die fallende Scheibe entreißen. Als er ein besonders gewagtes Flugmanöver machte, um einem Dreiertrupp auszuweichen, fiel die gleißende Sonne auf die gläserne Scheibe. Marvin fühlte einen jähen Schmerz in seinen Augen. Er war geblendet. Er sah nur noch weiße Schleier und taumelte in einer Spirale abwärts.

„Odin, ich kann nichts mehr sehen", schrie Marvin verzweifelt. „Ich wurde von der Sonne geblendet."

„Komm hier herüber", rief Odin, der nach einem geeigneten Giebelvorsprung Ausschau gehalten hatte, wo sie sich besser verteidigen konnten. Odin flog auf Marvin zu und stützte ihn von unten ab.

„Okay, danke."

Marvin konnte vor Schmerz und Erschöpfung nicht mehr klar denken. Er wollte nur eins, irgendwo landen und darauf warten, dass er wieder sehen konnte.

Mit wenigen kraftvollen Flügelschlägen landete er neben Odin auf dem Dach eines sehr alten Hauses. „Ich bin blind! Es ist alles schwarz um mich her."

„Keine Panik. Hier ist ein Unterschlupf. Vielleicht können wir da das Siegel verstecken."

Marvin schob das Siegel mit seinem Schnabel vor sich her, in die Richtung aus der Odins Stimme kam. Odin zerrte es von der anderen Seite in die kleine Nische.

„Wenn wir uns nebeneinanderstellen, können wir die Raben vielleicht abwehren."

„Wir müssen mit Schnäbeln und Krallen und allem was wir haben, kämpfen." Die Raben kamen in kleinen Trupps und griffen erbarmungslos an. Als sie merkten, dass Marvin nicht sehen konnte, verfielen sie in Jubelgekrächze.

„Es ist wirklich jammerschade, dass uns die treuen Tower-Raben hier oben nicht zu Hilfe kommen können, mit ihren gestutzten Flügeln", keuchte Odin. „Lange können wir dem Angriff der abtrünnigen Raben nicht standhalten. Das steht fest." Marvin fühlte sich als totaler Versager. Jetzt hatten sie gerade mal das erste Siegel entdeckt, nur um es gleich wieder an die abtrünnigen Raben zu verlieren. Er sah keinen Ausweg aus ihrer Situation. Seine Flügel bluteten und viele Federn standen kreuz und quer. Sein Schnabel war abgewetzt, und sein Bauch hatte eine wunde Stelle. Seine Krallen waren abgebrochen, und er fühlte sich elend. Alles war schwarz um ihn, und sein Kopf schmerzte.

„Odin, glaubst Du, wir sterben hier?"

„Nein, das werden wir nicht." Odin fühlte, wie ein Déjà-vu Besitz von ihm ergriff. Er dachte daran, wie seine Mutter Ottilie und Carlotta in einer ganz ähnlichen Situation die Opfer der Gewalt der abtrünnigen Raben geworden waren. Er schüttelte die Vorstellung ab, dass ein ähnliches Schicksal auch ihnen zu teil werden sollte. „Auf gar keinen Fall sterben wir hier. Hast Du Dein Totem noch?"

„Ja."

„Gut. Ich halte hier am Eingang der Nische die Stellung. Du hüpfst hinein und konzentrierst Dich auf Dein Zimmer zu Hause, so dass Du mit dem Siegel translokieren kannst, okay?"

„Aber das ist doch total feige. Wir müssen kämpfen."

„Allmächtige Schneeeule! Wir haben jetzt wahrlich keine Zeit zum Diskutieren. Tu bitte, was ich Dir sage!", herrschte Odin ihn an.

„Und was wird mit Dir? Ich gehe nicht allein. Nie und nimmer!"

„Brauchst Du auch nicht. Vertrau mir. Ich komme wenige Sekunden später nach. Leg einfach die Rabenfeder unter Dein Kopfkissen, sobald Du zu Hause bist. Das macht das Translokieren für mich einfacher. Schnell, beeile Dich."

Odin teilte mit seinem Schnabel nach allen Seiten Hiebe aus, aber die Raben waren in der Überzahl, und viel größer und kräftiger als er. Sein einziger Vorteil war, dass sein schmaler Körper in der Nische steckte, so dass er bis auf seinen Schnabel und seine Krallen wenig Angriffsfläche bot. Die Raben konnten jedenfalls nicht landen. Marvin fühlte unter seinem rechten Flügel nach dem Totem, nahm es vorsichtig in seinen Schnabel, hielt das gläserne Siegel in seinen Krallen und konzentrierte sich auf sein Schlafzimmer zu Hause. Es klappte. Die Geräusche der spirituellen Welt wurden leiser und er sah wie vor seinem geistigen Auge sein Bett auftauchte. Gut, dass sie fast jeden Abend die Translokation geübt hatten. Als Marvin fühlte, dass er in seinem Bett lag, öffnete er die Augen. Es war stockdunkel. War er etwa immer noch blind? Seine Haut hatte Schürfwunden und Kratzer, seine Zehen waren wund und sein Brustkorb schmerzte. Aber er fühlte eine runde, flache Scheibe am Fußende des Bettes, die sich kühl und glatt anfühlte. Das Siegel. Er hatte es geschafft. Aber wo war Odin? Er tastete sich vorwärts, um zum Fenstersims zu gelangen. Er musste so schnell wie möglich die Rabenfeder unter das Kopfkissen legen. Er kroch auf allen vieren zwischen seinen Bücherstapeln hindurch in die Richtung, in der er das Fenster vermutete. Er stemmte sich hoch und fühlte mit nervösen Fingern nach der Schatulle. Dann kroch er wieder zum Bett zurück. Er legte die Rabenfeder unter das Kopfkissen und sank erschöpft in die Kissen. In diesem Moment flatterte es neben seinem Ohr und er fühlte einen leichten Windhauch auf seiner Stirn. Eine Feder streifte kitzelnd seine Wange. „Odin, bist Du das?" Marvin griff mit beiden Händen in die Dunkelheit.

„Ja, das war verdammt knapp. Warum hast Du denn so lange gebraucht?"

Marvin erwiderte nichts.

„Marvin, kannst Du etwa immer noch nichts sehen?"

„Nein."

„Oh."

„Wie spät ist es?"

Odin blickte auf die Digitaluhr, die vertraut auf dem Nachttisch stand.

„Es ist fünf Uhr morgens. Du kannst noch ein bisschen schlafen. Ich hoffe morgen früh kannst Du wieder sehen."

„Das hoffe ich auch. Wir müssen das Siegel zu Cornelius in die Schule bringen. Hier ist es vielleicht nicht sicher."

„Ich glaube nicht, dass die abtrünnigen Raben uns hierher folgen können. Jedenfalls nicht bei geschlossenem Fenster und zugezogenen Vorhängen."

„Ich hoffe, Du hast Recht."

„Du warst sehr tapfer heute", stellte Odin fest.

„Hmm. Ich schäme mich, dass wir so feige abgehauen sind. Meine Mutter hätte bestimmt weitergekämpft."

„Sie hat weitergekämpft. Vor knapp über einem Jahr."

„Sie hat ihr Leben riskiert, um die Welt zu retten. Ist das nicht heldenhaft? Ich wünschte, ich könnte genauso mutig sein."

„Es würde uns aber nichts nützen, wenn Du jetzt stirbst, Marvin. Du musst auch an Deinen Vater, ja die gesamte Menschheit denken. Nicht nur an Deinen Stolz und Deine Eitelkeit."

„Du denkst es ist egoistisch, sich für den Kampf gegen die abtrünnigen Raben aufzuopfern?"

„Das hängt von Deinem Motiv ab. Deine Mutter war ganz und gar nicht egoistisch. Sie ist in eine Falle getappt und wurde schändlich ermordet. Für sie gab es keinen Fluchtweg. Das ist etwas Anderes."

„Du meinst, wir haben heute mit unserer Flucht die richtige Wahl getroffen?"

„Absolut. Mut zu haben bedeutet nicht immer das Waghalsige zu tun. Manchmal muss man den Mut haben, das Vernünftige zu tun. Selbst wenn man dann Gefahr läuft, als feige zu gelten."

„Denkst Du, dass ich feige bin?"

„Ja, allmächtige Schneeeule, hörst Du denn gar nicht zu? Ich habe Dir doch schon gesagt, wie tapfer Du heute warst", seufzte Odin. „Weiterkämpfen zu wollen, wenn der Kampf aussichtslos ist, ist töricht. Das ist falscher Mut und führt nicht zum Sieg. Wer außer Dir, dem jüngsten und begabtesten Eingeweihten, sollte sonst die sieben Siegel finden?"

„Cornelius Kolk vielleicht?"

„Nein, Cornelius ist nicht Sucher, sondern Übersetzer. Kannst Du dir das nicht selbst zusammenreimen? Du bist doch sonst nicht auf den Schnabel gefallen."

„Bin ich schon. Auf meinem ersten Flug als Turmfalke, erinnerst Du dich noch?"

Marvin musste lachen, und Odin fiel mit gedämpftem Gekrächze in das Gelächter ein. „Bis morgen. Ich treffe Dich bei Cornelius." Odin flatterte müde aus dem Fenster und ließ sich auf einem der Lindenbäume nieder. Er ließ Olga ungern nachts allein, aber seine Kräfte reichten nicht mehr, um nach Hause zu fliegen. Gut, dass er und Olga sich entschlossen hatten, nach Berlin umzuziehen – obwohl es ihre Hochzeitspläne völlig durcheinandergebracht hatte.

Kapitel 9 – Würmer, Maden, Fliegen, Mäuse

Mittwoch, 6. September

Odin und Olga waren nach drei anstrengenden Flugtagen (ihr Umzugsgepäck erschwerte den Flug, so dass sie pro Tag nur vier Flugstunden schafften) am Flughafen Tegel angekommen. Sie waren von Bonn über Göttingen und Braunschweig geflogen, wo sie entfernte Verwandte Odins besucht und einen Ruhetag eingelegt hatten. Odin hatte sich den Flughafen als Ankunftsziel ausgesucht, da er Flugzeuge liebte. Dass Menschen in der Lage waren, Flugmaschinen zu bauen, faszinierte ihn, obwohl er nicht ganz verstand, wieso Flugzeugflügel keine Federn hatten, sondern aus so genannten Faserverbundwerkstoffen oder Leichtmetalllegierungen gebaut waren.

Am Flughafen machten sie an einer Currywurstbude Rast, die ein umgebauter, ehemaliger S-Bahn-Waggon war. An dem Kiosk stand ‚Berlins abgefahrenste Currywurst'. Das klang beinahe so wie ‚Berlins abgeflogenste Curry Wurst" und das fand Odin lustig. Olga zog sogleich die Blicke von mehreren männlichen Rabenkrähen auf sich, wie sie stolz und mit perfekt frisierten, glänzenden Federn daher trippelte.

„Na, Kleene, wo kommste denn her? Zu Besuch in Berlin, wa?"

Odin trat beschützend vor Olga. „Die Dame ist in meiner Begleitung. Und wir ziehen nach Berlin um. Gerade eingetroffen."

„„Na, wenn dat so is. Ick hätte schwören können, ihr seid auf Durchreise. So'ne klasse Frau." Die Berliner Krähe wandte sich nun direkt an Olga. „Schade, dass Sie schon verjeben sind."
„Wir werden in zwei Wochen heiraten", sagte Odin steif, um alle Zweifel auszuräumen.
„Mensch, wat sachste nu. Glückwunsch, die Dame und der Herr Jemahl."
Die struppig aussehende Nebelkrähe verbeugte sich in gespielter Höflichkeit.
„Ich lade sie gern zu unserer Hochzeit ein. Olga, mein Name, sehr angenehm", mischte sich Olga ins Gespräch und streckte der Nebelkrähe ihren rechten Flügel hin. Ihr gefiel die natürliche und direkte Art der Berliner Nebelkrähe.
„Donnerwetter. Auf einer Hochzeit war ick schon seit Jahren nich' mehr. Zu freundlich. Ick bin übrijens Stulle."
„Stulle? Welch ein ungewöhnlicher Name", flötete Olga.
„Stulle ist een janz jewöhnliches Butterbrot."
Odin zupfte ungeduldig an Olgas Schwanzfedern. „Komm bitte weiter, Olga. Wir müssen uns noch ein Quartier für die Nacht suchen."
„Lass doch, Odin, vielleicht kann uns Stulle ja weiterhelfen?"
„Aber gerne. Ick kenne alle juten Quartiere in der Stadt."
Und zu Odin gewandt, fügte er hinzu: „Wat darf's denn sein? Janz wat Feines, oder mehr Mittelklasse? Ick hab' da so een paar Jeheimtipps."
„Mittelklasse klingt gut. Morgen werden wir uns dann nach einer richtigen Bleibe umsehen."
„Wisste wat? Warum kommt ihr nicht zu mir und meiner Familie nach Hause in unsere jute Stube? Wenn's nur für eene Nacht is"?"

„Sehr gern", erwiderte Olga erfreut. Sie war neugierig auf Stulles Familie und freute sich, schnell Freunde in dieser großen, fremden, und irgendwie beängstigenden Stadt zu machen.

„Auf gar keinen Fall", murrte Odin.

„Na wat denn nu? Also entscheiden müsst ihr euch."

„Ja."

„Nein."

„Odin, tu's mir zuliebe." Olga sah Odin verliebt aus ihren großen runden Augen an. Sie wusste, Odin konnte ihrem Blick nur schwer widerstehen.

„Also gut. Für eine Nacht. Wir nehmen ihre Gastfreundschaft dankbar an, Herr Stulle."

„Nur Stulle, nicht Herr Stulle. Kommt mit. Es ist nicht weit von hier."

Mit Beunruhigung stellte Marvin fest, dass der Tag der Hochzeit von Odin und Olga rasant näher rückte – obwohl durch den Umzug nach Berlin die Hochzeit um drei Wochen verschoben worden war. Er war sich immer noch nicht sicher, was er Odin und Olga schenken sollte. Genau in vier Tagen, am 10. September, wollten sich Odin und Olga vermählen. Seit Odin um Olgas Flügel angehalten hatte (was laut Odins romantischer Erzählung vor ungefähr sechs Wochen auf einem blühenden Rosenbusch bei Vollmond und unter Nachtigall Gesang geschehen war), hatte Odin von nichts anderem mehr gesprochen. Marvin hatte Odin noch nie so fröhlich, aber auch noch nie so nervös gesehen. Jeden Tag stolzierte er vor dem langen Spiegel, der an Marvins Kleiderschranktür hing (Marvin hatte sich neue Möbel von Ikea aussuchen dürfen, als sie nach Berlin umgezogen waren), auf und ab und betrachtete eingehend sein Gefieder. Unglücklicherweise hatte seine Mauser früher als erwartet eingesetzt (auf einen außergewöhnlich heißen Juli folgte ein verregneter, kalter August) und er war zutiefst besorgt über jedes noch so kleine Federchen, das er verlor.

„Wie sehe ich aus? Na?", fragte Odin schon zum fünften Mal in den letzten drei Minuten, als er wieder einmal unermüdlich vor dem Spiegel auf und ab trippelte.

„Wie ein eitler Bräutigam", lachte Marvin. „Bist Du Dir sicher, dass Du kein Elsternblut in Deinen Genen hast?"

Er fand es äußerst amüsant, wie sich Odin aufführte. Olga hatte ihm ganz offensichtlich total den Kopf verdreht.

„Elsternblut! Ich muss schon bitten. Ich möchte nur Olga gefallen."

„Olga mag Dich so wie Du bist."

„Du hast gut reden. Du kennst sie ja noch nicht einmal."

„So oft wie Du von ihr in den letzten Wochen gesprochen hast, glaube ich, keiner kann sie besser kennen." Mit einem Blick auf Odin, fügte Marvin schnell hinzu „Außer Dir natürlich."

„Hmm. Das sagst Du nur, um mich zu beruhigen."

„Sei doch nicht so hysterisch. Ich glaube nicht, dass Olga ein zerzaustes Nervenbündel besonders attraktiv findet, da gebe ich Dir Recht."

„Was? Zerzaustes Nervenbündel nennst Du mich? Das ist ja wohl die größte Unverschämtheit, die ich seit langem aus Deinem vorlauten Schnabel gehört habe. Pass auf, Bürschchen. Schutzpatron und altes Versprechen hin oder her."

„Reg Dich doch wieder ab, Odin. Ich kann ja verstehen, dass Du aufgeregt bist. Du bist jedenfalls mit oder ohne Mauser eine sehr stattliche Nebelkrähe."

„Ich habe immerhin ein bisschen Rabenkrähe im Blut. Von meiner Großmutter väterlicherseits." Odin seufzte. „Vielleicht steht Olga mehr auf Rabenkrähen?"

„Dann hätte sie wohl nicht Dich ausgesucht, oder?"

Odin, der gehofft hatte, Marvin würde eine etwas andere Antwort geben, im Sinne von, ‚Odin, Dein Federnkleid ist kaum von einer Rabenkrähe zu unterscheiden, Ehrenwort', war nun sichtlich erschüttert. Er verlor gleich drei Federn auf einmal, die traurig auf dem flauschigen Bettvorleger landeten.

„Siehst Du, was passiert, wenn ich mich aufrege?", jammerte er. Er warf erneut - zutiefst beunruhigt - einen Blick in den Spiegel. „Habe ich hier etwa eine kahle Stelle an meinem Bauch?" Odins Krächzen war mittlerweile in ein hysterisches Kreischen übergegangen.

„Still, Du weckst sonst meinen Vater auf."

„Ich geh ja schon. Ich dachte, ich könnte mit Deinem Mitgefühl rechnen, aber nein. Vielleicht hast Du ja auch noch nicht das rechte Alter, um mich zu verstehen. Ich vergesse manchmal, dass Du erst elf bist, ein Kind, was menschliche Maßstäbe anbetrifft." Odins Krächzen reduzierte sich auf ein selbstmitleidiges Flüstern. Odin flatterte mühsam vom Boden hoch, hüpfte aufs Fenstersims und zwängte sich durch das halb geöffnete Fenster, wo er prompt ein paar weitere Federn hinterließ. Marvin beobachtete, wie eine von

Odins Federn sanft auf dem Deckel, der mit blauem Samt überzogenen Schmuckschatulle seiner Mutter landete. Marvin hatte plötzlich eine glänzende Idee. Er wusste jetzt, was er Odin zur Hochzeit schenken würde: Einen Handspiegel, den er und Olga in ihrem Nest anbringen konnten.

Marvin hatte den Wecker auf sechs Uhr morgens gestellt. Die Hochzeit sollte in Berlin-Dahlem stattfinden, auf dem Friedhof der alten Dorfkirche. Der zehnte September war ein Sonntag und wie so oft in letzter Zeit hatte es in der Nacht geregnet, und die Luft war ungewöhnlich kalt. Noch bevor der Alarm eine Chance gehabt hatte, zu schrillen, drückte Marvin energisch auf die ‚Aus' Taste seiner Digitaluhr, die 05:59 anzeigte. Er stand leise auf und schlich auf Zehenspitzen zum Fenster, um die geschnitzte Holzfigur aus der versteckten Kammer in der Schmuckschatulle zu entnehmen. Als er aus dem Fenster schaute, sah er wie die Morgendämmerung hereinbrach. Die Wolkendecke, die seit Tagen hartnäckig über Berlin gehangen hatte, schien sich endlich lichten zu wollen, und es versprach ein sonniger Tag zu werden. In Marvins Bewusstsein formte sich eine leise Melodie. Als ihm bewusst wurde, dass er die ‚Vogelhochzeit' vor sich hin summte, musste er unwillkürlich lächeln. Er freute sich tierisch auf Odins Hochzeit, war es doch das erste Mal, dass einer seiner Freunde heiratete. Die meisten seiner Bekannten waren eben entweder schon lange verheiratete Erwachsene oder zehn- und elfjährige Teenies. Die Hochzeit war für halb sieben früh geplant, und er würde locker wieder um acht Uhr von seinem spirituellen Ausflug zurück sein. Sein Vater würde nichts Ungewöhnliches bemerken, da sie beide am Wochenende nie vor halb neun aufstanden. Marvin setzte sich im

Schneidersitz auf sein Bett, nahm das Totem aus Ebenholz in seine rechte, und den in buntes Geschenkpapier eingewickelten pinkfarbenen Puppenhandspiegel in seine linke Hand, und schloss seine Augen. Er holte tief Luft, und hielt dann den Atem an, wie Odin es so viele Male mit ihm geübt hatte. Er konzentrierte sich aufs ‚Fallenlassen', wie Odin es nannte, und wartete auf die Leere in seinem Kopf, die es ihm ermöglichen würde, in seinen spirituellen Körper zu schlüpfen.

Odin, Olga und die meisten Vogelgäste waren schon in Dahlem versammelt. Sie saßen auf den alten Eichen im Dahlemer Dorfkirchenfriedhof und krächzten munter durcheinander. Marvin fand den Gedanken, eine Hochzeit ausgerechnet auf einem Friedhof zu feiern etwas befremdlich, aber Odin hatte ihm versichert, dass für Rabenvögel Friedhofe (schließlich waren es Menschenfriedhöfe) beliebte Aufenthaltsorte waren. Insbesondere in großen Städten bildeten die Naturoasen der großzügig angelegten Park- und Gartenanlagen der Friedhöfe willkommene Rückzugs- und Wohnmöglichkeiten – und es gab reichlich Futter, was für Rabenvögel immer ein ausschlaggebendes Argument war. Marvin flog suchend einmal im Kreis über die Anlage, da er hoffte, Odin und Olga noch vor der Zeremonie begrüßen zu können. Dann sah er Odin und Olga auf einem Blumenbeet hocken. Olga hatte eine rote Rose im Schnabel, und Odin trug in seinem Schnabel zwei glänzend polierte Bierkronen.

„Hallo, ihr zwei. Prächtig seht ihr aus." Marvin wandte sich an Olga. „Odin hat mir schon so viel von Dir erzählt. Ich freue mich sehr, an diesem besonderen Tag Deine Bekanntschaft zu machen." Marvin verneigte sich und überreichte sein eingewickeltes Geschenk an Olga, in dem er es vor ihr auf das Blumenbeet legte.

„Marvin, vielen Dank. Auch ich habe schon viel von Dir gehört. Und nur Gutes", ergänzte Olga, vielleicht ein wenig zu eifrig.

„Komm schon, Junge. Warum fliegst Du nicht zu Sir Alexander herüber? Du kannst Dich vielleicht mit ihm unterhalten, während Olga und ich noch die letzten Vorbereitungen erledigen."

„Sei doch nicht so unhöflich zu Marvin", sagte Olga vorwurfsvoll und piekste Odin mit ihrem Schnabel in seinen empfindlichen Nacken.

„Autsch, lass das doch bitte, Ollie. Marvin versteht mich schon."

Odin knirschte mit seinem Schnabel.

„Keine Angst, ich lass Euch wieder allein." Marvin versuchte eine ernste Miene beizubehalten. Odin hatte Olga doch tatsächlich Olli genannt – und Olga hatte nicht widersprochen, dachte er amüsiert. Marvin flog wieder hoch in den Himmel hinauf, um Sir Alexander ausfindig zu machen. Dies war nicht einfach, da mehr und mehr Vögel sich auf dem Friedhof eingefunden hatten und wild durcheinanderflogen, flatterten, hüpften und stolzierten. Marvin hatte bis dahin nicht gewusst, wie viele Verwandte, Bekannte und Freunde Odin hatte. Er nahm an, dass auch viele Bekannte aus Olgas High Society Kreisen aus Russland zum Hochzeitsempfang angereist waren. Aber für einen Turmfalken war das Spähen ein geübter Sport, und nach kurzer Zeit sichtete Marvin Sir Alexander. Er saß auf einem Mülleimer, und unterhielt sich angeregt mit einer Rabenkrähe, die an seiner Seite winzig aussah, und lustlos auf einer halbverfaulten Bananenschale herumstocherte.

„Ich hoffe, wir werden einen ordentlichen Hochzeitsschmaus bekommen", knurrte die Rabenkrähe unmutig. „Ich könnte ganz allein das Buffet aufessen, so einen Hunger habe ich."
„Olga kommt aus einer sehr betuchten Familie, ich bin mir sicher uns erwartet ein Festessen, an das wir uns noch lange erinnern werden", erwiderte Sir Alexander, mit einem schalkhaften Zwinkern in die Richtung von Marvin, der gerade das letzte freie Plätzchen auf dem Mülleimer eingenommen hatte.
„Marvin, welch Freude Dich hier zu sehen, mein Guter. Wie geht's zu Hause?"
„Alles okay, danke. Ich konnte mir doch nicht Odins Hochzeit entgehen lassen."
„Wohl wahr", mischte sich die Rabenkrähe ein. ‚Ich bin Odins Cousin. Beo, mein Name, sehr angenehm. Meine Schwester Bea quatscht da drüben mit einigen ihrer Freundinnen." Beo streckte seinen linken Flügel in Richtung Kapelle aus. „Du scheinst ein Freund von Odin zu sein?"
„Ja, kann man so sagen", gab Marvin zurück. Er hatte schon von Odins Cousins gehört. Sie waren allesamt Rabenkrähen, sehr zu Odins Verdruss, aber wenn man Odin glauben konnte, nicht viel wert, was ihre Charaktere betraf. Eitel und arrogant, nannte sie Odin mit jedem Atemzug. Aber Marvin war sich nicht so sicher, ob diese Äußerungen nicht einzig Odins Neid auf durch und durch schwarze Federn zuzuschreiben waren, dass er so schlecht von der Familie seiner Tante redete.
Marvins Gedanken wurden jäh von einem hellen Scheppern unterbrochen.
„Darf ich zur Eröffnung der Feier um Ruhe bitten!", krächzte es. Eine pechschwarze Rabenkrähe mit einer weißen Brustpartie hüpfte auf einer

zerbeulten, verrosteten Gießkanne auf und ab, in den Krallen das Ende eines Gartenschlauchs. Odins und Olgas Familienmitglieder hatten sich ordentlich in zwei Reihen aufgereiht und begannen den Hochzeitsmarsch zu krächzen. Odin und Olga schien der Höllenlärm nichts auszumachen. Im Gegenteil, sie stolzierten nebeneinanderher den Gang hinunter, auf die Gießkanne zu.
„Heute ist wahrlich ein besonderer Tag", setzte die weißgefleckte Rabenkrähe feierlich an. „Ich habe die besondere Ehre, Odin Augustus und Olga Schostakowa in unserem Kreis zu vermählen." Die Rabenkrähe verbeugte sich vor dem Paar.
„Olga Schostakowa aus russischem Adel möchtest Du Odin Augustus den Siebenundzwanzigsten zum Gemahl nehmen?"
„Ja, ich will." Olga drückte Odin zur Bekräftigung einen innigen Kuss auf den Schnabel, der Odin von den Krallenspitzen bis zum Schopf erröten ließ, was aber zumindest aus der zweiten Reihe nicht zu bemerken war.
„Odin Augustus der Siebenundzwanzigste, möchtest Du Olga Schostakowa zur Gemahlin nehmen?"
„Ja, ich will." Odins Brust plusterte sich auf vor Stolz und Glück, und seine Schwanzfedern wippten selig auf und ab.
„Dann erkläre ich Euch hiermit zu einem Paar." Odin und Olga rieben verliebt ihre Schnäbel aneinander. Eine struppig aussehende Krähe überreichte ihnen mit einer tiefen Verbeugung die Bierkronen, die als Ringe dienten. „So wahr ich Stulle bin, der beste Freund von Olga und Odin in Berlin, lasst uns alle das Brautpaar hochleben. Hipp, hipp, hurra."

Die Menge flatterte mit tosendem Jubelgekrächz durcheinander. Odin schlug mit seinem Schnabel auf einen der Mülltonnendeckel.
„Lasst uns mit dem Festmahl beginnen. Wohl bekomm's und guten Appetit."
Die versammelte Vogelschar hatte nur auf diese Aufforderung gewartet und sofort begann das fröhliche und muntere Schmausen. Die Verwandten von Olga hatten exquisite Spezialitäten aus Russland eingeflogen, wie sibirische Rattenschwänze. Odins Lieblingsspeisen wie Madenkuchen (mit Honig überzogene Maden) und gekochte Schinkenröllchen befanden sich neben ganzen Scharen von luftgetrockneten Regenwürmern.
„Na, Marvin, was hättest Du denn gern?", fragte ihn Bea, die am Buffet mithalf, die vielen Hochzeitsgäste angemessen zu versorgen.
„Eh, nun...", stammelte Marvin, dem beim Anblick dieser Speisen der Schnabel wie zugeklebt schien. Er konnte sich beim besten Willen nicht an eine Vogeldiät gewöhnen. Schlimmer noch, die für Rabenvögel ausgesprochenen Leckerbissen von verrottetem Fleisch waren für Turmfalken, die kein Aas, sondern nur Frischfleisch fraßen, natürlicherweise nicht sehr bekömmlich.
„Ich schaue mich erst noch ein wenig um, Bea. Danke für Deine Fürsorge."
Als er sich gerade vom Buffet davonstehlen wollte, kam Odin herbeigeflattert.
„Ich hoffe, Du lässt Dir unsere Spezialitäten schmecken, mein Freund. Alles beste Qualität." Odin reckte sich auf seine Krallenspitzen und flüsterte verschwörerisch in Marvins Ohr. „Merk Dir das für später, Junge. Es lohnt sich eine Frau aus wohlhabender Familie zu heiraten."

Odin winkte Olga liebevoll mit seinem rechten Flügel herbei. Marvin wollte am liebsten in der Erde versinken. Er hatte offensichtlich unterschätzt, wie sehr die Hochzeit Odin den Kopf verdrehen würde. „Olga, Odin, vielen Dank für Eure Gastfreundschaft, aber ich glaube, ich muss bald nach Hause aufbrechen."

„Ja, aber Du kannst doch jetzt noch nicht gehen. Schöne Freundschaft ist das, also wirklich."

„Aber Odin, Marvins Vater wird sicher schon auf ihn warten. Mach es doch dem Jungen nicht so schwer." Olga stupste Odin vorwurfsvoll an und warf Marvin einen verständnisvollen Blick zu. „Ich kann noch einen Moment hierbleiben. Aber ich beginne zu verstehen, warum Odin so hingerissen von Dir ist."

Olga blickte Marvin kokett an. „Was für ein reizender Junge Du bist. Odin kann sich wahrhaft glücklich schätzen, Deiner Familie zu dienen."

„Was heißt hier glücklich schätzen?", ereiferte sich Odin. „Wenn ich Marvin nicht ab und zu die Flügel stutzen würde, würde gar nichts aus dem Jungen werden. Jawohl." Marvin flatterte lachend davon, blieb aber doch noch auf der Versammlung, bis Odin und Olga sich eine halbe Stunde später in die Luft schwangen, um ihre dreitägige Hochzeitsreise in Prag anzutreten. Odin war nicht beglückt gewesen, als er erfahren hatte, dass er und Marvin schon nächsten Mittwoch nach Nordamerika translokieren sollten, um das zweite Siegel zu suchen. Aber Cornelius hatte zur Eile gedrängt. Es schien, die abtrünnigen Raben waren ihnen dicht auf den Fersen, wie der unerwartete Überfall in London, dem sie nur um Schnabelbreite entkommen waren, gezeigt hatte. Sie mussten unbedingt den abtrünnigen Raben zuvorkommen. Hochzeit hin, Hochzeit her.

Kapitel 10 - Das zweite Siegel in den Black Hills

Mittwoch, 13. September

Marvin und Odin flogen geradeaus, geradewegs auf die Black Hills zu. Als sie am Mount Rushmore ankamen, legten sie eine kurze Verschnaufpause ein, um die in den Felsen gehauenen Häupter ehemaliger Präsidenten der Vereinigten Staaten von Amerika zu bestaunen. Marvin setzte sich auf eine der Gedenktafeln und las über die Entstehung des Denkmals. Dass Menschen für andere Menschen solch ein monumentales Denkmal errichteten - jedes Gesicht der vier Präsidenten, George Washington, Thomas Jefferson, Abraham Lincoln, und Theodore Roosevelt, war an die zwanzig Meter lang, und es hatte vierzehn Jahre gedauert, bis die Skulpturen fertig gestellt waren – erstaunte ihn. Als ob die ehemaligen Präsidenten der Vereinigten Staaten Götter gewesen wären. Nach ihrer wohlverdienten Rast flogen sie weiter zum Devils Tower. Der über dreihundert Meter hohe Felskegel aus Basaltgestein ragte mächtig aus der weiten Ebene heraus, und war aus der Vogelperspektive – insbesondere für einen scharfsichtigen Turmfalken - nicht zu verfehlen. Cornelius hatte vermutet, dass das zweite Siegel in den Black Hills versteckt sein könnte, da die Black Hills seit alters her in der Mythologie und Religion der Prärieindianer einen heiligen Platz einnahmen. Der Legende der Sioux zufolge waren die Black Hills die ‚Geburtsstätte' der ersten Menschen auf Erden und der Devils Tower (von den einheimischen

Indianerstämmen Bärenfelsen genannt) hatte vor langer Zeit zwei kleine Indianerjungen vor der Verfolgung durch einen riesigen Grizzly Bären gerettet. Als sie auf einem Basaltfelsen hoch oben auf dem Devils Tower Rast machten, brummte es plötzlich hinter ihnen.

„Wer seid ihr denn?", fragte eine polternde Stimme. Der Schatten eines riesigen Bären fiel auf sie.

„Wir sind die Gesandten der Allmächtigen Schneeeule", erwiderte Marvin. „Wir sind beauftragt worden, das zweite Siegel zu suchen."

„So, so. Ist das wahr?" Der Grizzlybär wiegte bedächtig seinen breiten Kopf hin und her, sein Maul halb geöffnet, so dass seine imposanten Fang- und Reißzähne sichtbar waren. „Tonka Mato hatte schon lange keinen Besuch mehr von der Schneeeule."

„Du kennst also Ambrosia?", hakte Marvin nach.

„Ja, Tonka kennt Ambrosia gut."

Odin fragte sich, warum der Grizzly immer von Tonka sprach. Wer war denn Tonka?

„Ich bin übrigens Marvin."

Marvin mochte den Grizzly auf Anhieb. Er schien nicht viele Freunde zu haben.

„Und ich bin Odin Augustus der Siebenundzwanzigste."

„Das ist aber ein langer Name. Kann ich Dich auch Odin nennen?"

„Nun ja, ich habe mich inzwischen daran gewöhnt von meinen Freunden kurzerhand Odin genannt zu werden."

Odin stupste Marvin freundschaftlich in die Seite.

„Freut mich, Euch kennen zu lernen. Ihr seid echt nette Kerle, ihr beiden komischen Vögel. Das ist wohl wahr."

„Weißt Du vielleicht, wo wir das Siegel suchen müssen?"

„Tonka weiß das. Tonka Mato ist der Hüter des zweiten Siegels."

„Wer, bitte schön, ist Tonka?", Odin war sichtlich verwirrt.

„Ich glaube das ist er. Tonka." Marvin zeigte mit seinem Schnabel in Richtung Grizzly.

„Ach so. Warum sagt er es dann nicht?"

„Hat er doch." Marvin musste lachen.

„Sprechen Grizzlybären immer von sich in der dritten Person?"

Tonka schüttelte traurig seinen Kopf. „Das kommt davon, wenn man lange mit sich alleine ist. Wenn Tonka einsam ist, spreche ich mit mir selbst."

„Dann haben wir wohl großes Glück, Dich so schnell gefunden zu haben. Wir mussten gar nicht lange suchen."

„Dafür musste Tonka ziemlich lange warten."

„Wir haben, bevor wir hierher kamen, noch Mount Rushmore besucht." Marvin steckte schuldbewusst seinen Schnabel in sein Bauchgefieder. Er hatte sich diese Geste bei Odin abgeguckt.

„Ist das wahr? Nun ja, ich nehme nicht an, ihr habt Euch dort ganze zweiunddreißig Jahre, zwei Monate, drei Tage und zwei Nächte aufgehalten?"

„Nein. Ich bin doch überhaupt erst elf Jahre alt."

Tonka musste lachen. „So lange hüte ich nämlich schon das Siegel."

„Ach so", sagte Marvin erleichtert. „Mount Rushmore ist ein beeindruckendes Denkmal – ein wahres Wunder."

„Ich halte es für eine wahre Schande", brummte Tonka.

„Wieso das denn?"

„Das Land, auf dem die Präsidenten in den Stein gehauen sind, gehört eigentlich den Lakota Sioux Indianern."

„Wirklich?"

„Wirklich. Die Black Hills sind eine heilige Stätte für die Dakota. Und die Weißen – so genannten zivilisierten Menschen - haben ungefragt den Felsen gesprengt und behauen."

„Das ist nicht gut."

„Nein, das ist wohl wahr."

„Warum haben die Indianer nicht Einspruch erhoben?"

„Haben sie schon. Als ich noch ein kleines Bärenjunges war. Aber das hat die Leute nicht interessiert."

„Das ist gemein."

„Nicht nur gemein. Äußerst riskant und dumm. Die Felsen hier behüten schließlich alte – für die Menschen wichtige - Geheimnisse, wie zum Beispiel das Siegel."

„Also ist das Siegel hier in der Nähe?"

„Ja. Kommt mit, ich zeige Euch, wo ihr das Siegel finden werdet. Es wurde Gott sei Dank von den vielen Sprengungen verschont."

Odin und Marvin flatterten auf die breiten Schultern des Grizzly Bären, und ließen sich von ihm tragen. Tonka stapfte gleichmütig über Felsen und Gestrüpp. So liefen sie für eine knappe halbe Stunde, bis Tonka vor einem Busch stehen blieb.

„Das Siegel ist übrigens aus Feuerstein, also Quarz, und hat unter diesem Berg seit langer Zeit geruht. Ihr müsst in die Felsspalte kriechen, die hinter dem Busch versteckt liegt, dann findet ihr es", brummte Tonka.

„Bist Du dir sicher, dass das Siegel noch da ist?"

„Für wen hältst Du mich?", grollte Tonka und bleckte seine Zähne, so dass Odin und Marvin unwillkürlich einen Schritt zurückhüpften.

„Tonka hat manches Mal Kopf und Kragen riskiert, um diese Felsspalte Tag und Nacht seit ungezählten Jahren zu bewachen."

„Hast Du niemals das Verlangen verspürt, das Siegel in Deinen Pranken zu halten oder es wenigstens zu sehen?"

„Nein. Tonka ist nur der Wächter, nicht der Gesandte. Nun geht schon los, die Spalte ragt tief in den Felsen hinein."

„Komm, Odin." Marvin hüpfte in die schmale Felsspalte hinein, gefolgt von Odin. Die Spalte führte tief in den Berg, und es dauerte lange, bis sich ihre Augen an die Dunkelheit gewöhnt hatten. Marvin fühlte sich an seine Erblindung erinnert, die er erlitten hatte, als er das diamantene Siegel aus dem Tower in London gegen die abtrünnigen Raben verteidigt hatte. Die Luft wurde zunehmend stickig und feucht, und es roch erdig und muffig. Marvin tastete sich mit seinem Schnabel voran, die Flügel so eng wie möglich an seinen schmalen Körper gepresst. Er versuchte seinen Schnabel als eine Art Antenne zu benutzen, wie ein Käfer seine Fühler, oder eine Katze ihre Schnurrhaare, aber war nicht besonders erfolgreich damit. Es gab viele scharfe Felsvorsprünge, an denen man sich empfindlich stoßen konnte. Nach einer halben Stunde, in der es ständig bergab ging, verbreiterte sich der Spalt, und der Blick auf eine kleine Höhle wurde frei. Von oben fiel ein wenig Licht durch einen schmalen, zylindrischen Luftschacht herein, der vielleicht einen Durchmesser von dreißig Zentimetern hatte. Am hintersten Ende der Höhle, dessen Boden nass und glitschig war, sah Marvin im schwachen Lichtschein eine kleine Ausbuchtung in der Felswand liegen. Ansonsten waren die Wände kahl und unverziert. Sehr zu Marvin Enttäuschung gab es auch keine herabhängenden Stalaktiten oder vom Boden emporwachsenden Stalagmiten.

„Da liegt irgendetwas in der Dunkelheit." Marvin hüpfte neugierig voran. In der Ausbuchtung, die wie ein kleiner Schrein aussah, lag etwas Rundes, eine flache Scheibe aus Stein, von ungefähr dreißig Zentimeter Durchmesser. „Odin, schau mal, was ich gefunden habe."

Odin kam neugierig herbei getrippelt. „Allmächtige Schneeeule! Eine runde Scheibe."

„Scheiben sind doch immer rund", lachte Marvin, und sein Lachen hallte in der Höhle wider.

„Lach Du nur. Ich glaube, wir haben das Siegel gefunden."

„Das soll das Siegel sein?"

„Vielleicht." Odin trat heran und berührte den flachen Stein mit seiner Schnabelspitze.

„Da sind eingeritzte Schriftzeichen drauf. Dies ist bestimmt das Siegel."

„Dreh doch mal den Stein um", forderte Marvin Odin auf.

Odin hob den Stein vorsichtig mit seinem Schnabel hoch, so dass Marvin einen Blick auf die Unterseite werfen konnte. ‚Die Unterseite ist mit Metall beschlagen."

„Wir müssen die Scheibe hier heraustragen. Glaubst Du, wir schaffen das?"

Marvin sah sich prüfend um. ‚Es scheint keinen Ausgang zu geben, als den Felsspalt, durch den wir hereingekommen sind. Der Luftschacht ist zu eng zum Fliegen."

„Also müssen wir immer bergauf, mit einem schweren Stein im Flügelgepäck. Ein Rucksack käme jetzt sehr gelegen."

„Können wir nicht von hier translokieren?"

„Das klappt nicht in steinernen Höhlen. Da funktioniert die gedankliche Funkverbindung nicht. Ich habe ja äußerst ungern Recht, aber leider müssen wir durch die Spalte wieder raus. Mit dem Siegel."

„Oh nein, nein, nein." Ein schriller Schrei echote durch den Raum und eine riesige Fledermaus flatterte auf sie zu. Marvin duckte sich und breitete seine Flügel schützend über dem Stein aus.

„Der Stein gehört mir...gehört mir...hört mir", echote die pfeifende Stimme.

„Was?"

„Wer seid ihr denn, ihr Eindringlinge...linge...inge?"

„Wir sind die Gesandten der Allmächtigen Schneeeule, und beauftragt das zweite Siegel zum Buch der Weisheit zu bringen."

„Du sprichst in Rätseln, geschnäbeltes Flügeltier."

„Ich bin ein Turmfalke, Marvin ist mein Name."

„Und Dein gefiederter Freund? Sieht aus wie ein Rabenkind, das in einen Mehlsack gefallen ist, ha, ha."

„Dass ich nicht lache." Odin blitzte die Fledermaus wütend an.

„Dein so genannter Stein ist das Siegel, das wir suchen", versuchte Marvin das Gespräch wieder auf ihr eigentliches Vorhaben zu lenken.

„Ach, nein."

„Ich fürchte ja."

„Falls das stimmt, kannst Du mich fürchten lernen."

„Dich? Ein kleines gehäutetes Flügeltier?"

„Wartet ab, bis meine Freunde hier sind." Die Fledermaus stieß einen hohen, undulierenden Pfiff aus. Der Grizzly Bär, der am Eingang der Felsspalte nach Geräuschen von Odin und Marvin lauschte, konnte deutlich einen periodisch an- und abschwellenden Pfeifton hören, wusste aber nicht, was das zu bedeuten hatte.

„Marvin, duck Dich!", schrie Odin in Panik.

Die Luft verdunkelte sich schlagartig, als eine dichte Wolke von fliegenden, flatternden, pfeifenden Fledermäusen sie umkreiste. Die Fledermäuse versuchten Marvin und Odin im Flug kleine Bisswunden zuzufügen, um sie von dem Stein wegzutreiben.

„Wir müssen zurück zur Felsspalte", krächzte Odin.

„Nicht ohne das Siegel", erklärte Marvin. Entschlossen griff er nach der Steinplatte und zog sie hinter sich her. Er kam nur langsam voran, da das steinerne Siegel mehr wog als er selbst. Odin drehte sich um und half Marvin das Siegel in die schmale Felsspalte zu zerren. Sie hinterließen eine schmale Blutspur, so sehr hatten die Fledermäuse ihnen zugesetzt.

„Wie sollen wir das bis zum Ausgang durchhalten? Können wir die Wahnsinnigen irgendwie aufhalten?"

„Vielleicht mit einem Lied?"

„Mit einem Lied?"

„Fledermäuse lieben Musik. Musik bringt sie dazu in einen Flugtanz zu verfallen. So wie Schmetterlinge dies manchmal tun – hast Du das noch nie gesehen?"

Odins Gesicht nahm einen abwesenden, verträumten Ausdruck an.

„Nein, ich bin eben kein Tagträumer so wie Du."

„Ach ja, wer träumt hier eigentlich von uns beiden? Wenn überhaupt?"

„Schon gut. Wo bekommen wir die Musik her?"

„Weiß ich nicht. Versuch doch mal zu singen."

„Wenn überhaupt bist Du doch ein Singvogel. Können Turmfalken überhaupt singen?"

„Wie wär's mit ‚Oh, Du lieber Augustin'?"

„Gut, ich fang an."

Ihr gekrächztes Lied hallte schaurig von den nackten Felswänden wider. Die Fledermäuse erstarrten für kurze Zeit, dann fingen sie an wunderbar symmetrische Flugmuster zu fliegen, die perfekt aufeinander abgestimmt waren.

„Das gibt's doch gar nicht." Marvin rieb sich mit seinen Flügeln die Augen.

„Klar. Manchmal funktioniert die Gedankenübertragung doch in Höhlen – so von geflügeltem zu geflügeltem Tier."

„Was willst Du damit sagen?"

„Ich habe den Fledermäusen suggeriert, dass sie ein Tanzensemble sind."

„Ich dachte, Fledermäuse tanzen immer zu Musik?"

„Quatsch. Ist wissenschaftlich völlig unbewiesen."

„Du führst mich schon die ganze Zeit am Schnabel herum, Odin."

„Ich muss doch auch mal etwas Spaß haben."

„Immerhin sind wir die Fledermäuse los. Wir haben's gleich geschafft."

Sie krochen aus der Felsspalte ins grelle Tageslicht. Marvin musste unwillkürlich seine empfindlichen Augen schließen. Marvin griff das Siegel mit seinen Krallen und flatterte voran.

„Wohin fliegen wir jetzt?"

„Am besten finden wir ein geschütztes Plätzchen, und translokieren uns."

Dann geschah es. Odin stieß mit Marvin zusammen, als er in der Luft gerüttelt hatte, um auf Odin zu warten. Das Siegel entglitt seinen Krallen und fiel wie ein Stein vom Himmel. Marvin flog im Sturzflug hinterher, aber er konnte das steinerne Siegel nicht im freien Fall abfangen. Marvin sah wie das Siegel zwischen zwei Zelten verschwand. Als er näher kam, sah er, dass das Siegel in ein Lagerfeuer gefallen war. Um das Feuer saßen zwei Waldhüter, die sich angeregt unterhielten.

„Oh nein", stöhnte Marvin verzweifelt. Wie sollten sie jetzt bloß das Siegel wiederbekommen? Dann hörte er, wie es im Unterholz knackte.

Er beobachtete wie eine riesige Fleischmasse mit dunkelbraunem Fell sich aus dem Gestrüpp herausarbeitete und langsam auf das Feuer zu bewegte.
„Tonka, nein!", dachte Marvin, von einer schrecklichen Vorahnung befallen.
Tonka brüllte laut und stellte sich auf seine Hinterbeine. Er hatte gesehen, wie das Siegel vom Himmel gefallen war, und wollte Marvin und Odin helfen, es wieder zu bekommen. Als die Waldhüter den Grizzly sahen, standen sie auf, und wichen langsam zurück, zu den Zelten. Dort knieten sie nieder, einer langte ins Zelt und holte eine Schusswaffe hervor.
„Tonka, lauf weg!", schrie Marvin.
Aber Tonka war blind vor Zorn. Er versuchte mit seiner Tatze, das Siegel aus dem Feuer zu klauben. Als er sich seine Tatze verbrannte, brüllte er laut auf und drehte sich zu den Zelten um. Vielleicht gab es hier irgendwo Wasser, wo er seine versengte Tatze kühlen konnte? Die Waldhüter fühlten sich jetzt ernsthaft bedroht, und einer von ihnen legte an und drückte mehrmals ab. Es geschah in wenigen Sekunden. Tonka sank getroffen in sich zusammen und blieb reglos auf seiner Seite liegen. Eine Blutlache bildete sich unter seinem schweren Körper, die sich beängstigend schnell über den von Tannennadeln bedeckten Boden ausbreitete.
„Tonka!", rief Marvin voller Angst. Er flog auf Tonkas Brust.
„Du musst das Siegel aus dem Feuer holen, Marvin. Schnell, beeil Dich."
„Tonka, steh bitte auf", flehte Marvin.
„Es ist sinnlos weiter zu kämpfen. Die Menschen nehmen uns unseren Lebensraum weg – Meter um Meter. Seit der Ankunft der weißen Siedler wurden wir, die Bären, als Eindringlinge behandelt. Dabei sind wir – im

Gegensatz zu den Menschen - schon seit Jahrtausenden hier. Aber wir werden es nicht mehr lange sein. Das ist wohl wahr."
„Steh auf und lauf weg. Du darfst nicht sterben."
„Tonka hat seine Aufgabe erfüllt. Nun erfüllt ihr eure. Dann kann Tonka in Ruhe sterben", erwiderte Tonka.
„Bitte gib nicht auf."
„Bitte kümmere Dich um das Siegel. Nicht um mich. Das ist das Wichtigste. Tonka verlässt diese Erde in Frieden."
„Okay, ich verspreche Dir, ich werde das Siegel wohlbehalten nach Hause bringen." Marvin hatte Tränen in den Augen. Tonka schloss befriedigt seine schweren, dicht bewimperten Lider, zum letzten Mal in diesem Leben. Marvin flog zum mittlerweile halb verloschenen Lagerfeuer. Er packte das Siegel mit seinen Krallen und zog es aus der Asche. Das Siegel war glühend heiß, so dass er es wieder losließ. Die Luft stank nach verbrannter Haut und versengtem Horn. Odin, der sich endlich von seinem Schreck erholt hatte und alles aus der Luft beobachtet hatte, kam herangeflogen.
„Autsch. Krallenblitz und Donnervogel." Odin hatte sich seine Schnabelspitze versengt, als er sich neugierig herunterbeugte, um das Siegel zu begutachten.
„Das Ding ist höllisch heiß. Wie glühende Kohlen." Marvin konnte vor Schmerz kaum sprechen. „Was machen wir jetzt bloß?"
Die Waldhüter kamen zaghaft näher, um den Grizzlybären, der sich seit einigen Minuten nicht mehr geregt hatte, zu untersuchen. Ohne lange zu überlegen, packte Marvin erneut den glühenden Stein mit seinen Krallen und flog so schnell er nur konnte hoch herauf in den Himmel. Seine Krallen

brannten wie Feuer, und Rauch stieg von seinen versengten Krallenspitzen auf. Er versuchte so gut es ging den Schmerz zu ignorieren, und an sein Versprechen, das er Tonka gegeben hatte, zu denken.

„Können wir nicht zurück translokieren?"

„Du schon."

„Wieso nicht Du?"

„Ich habe in der Mauser alle meine Schwanzfedern verloren, und die neuen sind noch nicht lang genug. Meine Federn müssen erst ausgewachsen sein und von Deinem Totem berührt werden."

„Auch das noch."

„Marvin, Du musst so schnell wie möglich translokieren. Sieh nur Deine Krallen an", jammerte Odin.

Marvins Krallen machten in der Tat einen jämmerlichen Eindruck.

„Also gut. Wirst Du nach Hause fliegen können?"

„Ja. Wird aber wohl mindestens zwei Wochen dauern. Ich werde über Neufundland, Grönland und Island fliegen. Wie die transatlantischen Fluggesellschaften", scherzte Odin. Marvin holte sein Totem unter seinem Gefieder hervor und konzentrierte sich auf sein Schlafzimmer. Als er erwachte, betastete er seine Zehen. Sie schmerzten fürchterlich, seine Nägel waren halb verkohlt und die Haut an seinen Fußsohlen sah wie verbrüht aus. Er zog seine Sandalen an und humpelte den ganzen Weg zur Schule. Er quälte sich die Stufen zu Cornelius' Studierzimmer hinunter. Cornelius verarztete ihn mit Wundsalbe und legte ihm einen dicken Verband um seine Füße.

„Das wird schon wieder. Ich weiß, das ist verdammt schmerzhaft."

„Nicht so schlimm. Immerhin haben wir das Siegel gerettet."

„Du bist ein großartiger Siegelfinder. Deine Mutter würde stolz auf Dich sein."

Marvin behielt diese Worte in Erinnerung, als er nach der Schule wieder nach Hause humpelte. Sein Vater sagte nichts, sah Marvin nur fragend an, als er seine verbundenen Füße bemerkte.

„Ich habe mir in der Schule heißen Tee über die Zehen geschüttet. Dummes Missgeschick, wirklich. Pech, dass ich Sandalen trug."

„Ja, wirklich dumm. Möchtest Du zum Arzt gehen?"

„Ist schon gut. Mein Lateinlehrer hat mich verarztet."

Sein Vater wunderte sich, aber er entschloss sich, nicht weiter nachzuhaken. Offensichtlich war es Marvin unangenehm, über das Thema zu sprechen. Und ein Junge musste seine Geheimnisse haben.

Jeden Tag legte Marvin die schwarze Rabenfeder unter sein Kopfkissen, aber Odin kam nicht. Marvin kreuzte jeden verstrichenen Tag seit seiner Rückkehr in seinem Wandkalender aus, und hoffte Odin würde bald wohlbehalten heimkehren. Am sechsten Tag, als Marvins Zehen fast verheilt waren, kam Odin mit matten Flügelschlägen durch das geöffnete Fenster geflogen und blieb erschöpft auf dem Kinderzimmerboden liegen.

Kapitel 11 – Die Macht des Neumonds

Freitag, 22. September

Marvin stand am geöffneten Fenster und atmete die erfrischend kühle Abendluft ein. Die Sterne glänzten am klaren Himmel so hell wie lange nicht mehr. Marvin bewunderte die Konstellationen des Großen Wagens und der Plejaden im Sternbild Orion. Der Mond war nicht sichtbar. Der Mond war nicht sichtbar. Marvin durchfuhr ein furchtbarer Schreck. Heute war ja Neumond. Überstürzt rannte er zu seinem Bett, so dass er auf seinem Vorleger ausrutschte und hart mit seinem Knie an der Bettkante aufschlug. Aber er missachtete den dumpfen, pochenden Schmerz und streckte seine Arme vor. Er riss das Kopfkissen von seinem Platz und griff hastig nach der Rabenfeder. Er hoffte, dass er mit seiner Gedankenlosigkeit kein Unglück heraufbeschworen hatte. Ob er wohl – wenn er sich stark konzentrierte – Odin in Gedanken erreichen konnte? Vielleicht gab es ja so etwas wie einen Anrufbeantworter in der telepathischen Kommunikation. Sein Blick fiel auf seine Digitaluhr – halb zehn. Noch viel Zeit bis Mitternacht. Vielleicht war es ja noch nicht zu spät gewesen.

Odin klopfte fünf Minuten später an die weit geöffnete Fensterscheibe.

„Ich an Deiner Stelle würde nicht mein Fenster sperrangelweit offenstehen lassen, wenn es Neumond ist und wenn ich so unvorsichtig gewesen wäre, die Feder zu benutzen."

Odin flatterte vom Fenstersims auf den Kinderzimmerboden. Marvin rannte erschrocken zum Fenster, um es mit einem lauten Knall zu schließen.
„Solch einen Lärm zu machen ist auch ziemlich unvernünftig – ist Dein Vater nicht zu Hause?"
„Doch, doch. Ich hab´ vorhin einfach vergessen, dass heute Neumond ist."
„Tss, tss. Auch junges Blut kann vergesslich sein."
Odin genoss ganz offensichtlich die seltene Situation, in der Marvin eine Dummheit begonnen hatte.
„Wird jetzt etwas Schlimmes passieren?"
„Weiß ich auch nicht. Neumond ist jedenfalls keine gute Zeit. Mit jedem Neumondzyklus gewinnen die abtrünnigen Raben an Macht."
„Warum eigentlich darf man die Feder bei Neumond nicht benutzen?"
„Wenn die Feder bei Neumond benutzt wird, können andere Rabenvögel – auch die mit bösen Absichten - den Ruf mit anhören. So kann der so gerufene Vogel leicht von abtrünnigen Raben überrumpelt und manipuliert werden. Diese armen Vögel werden so oft selbst zu abtrünnigen Raben. Halb freiwillig, halb gezwungen. Es ist wie eine Versklavung des freien Willens."
„Aber das ist ja schrecklich." Marvin erschauerte, als er sich vorstellte, in welche Gefahr er Odin durch seine Unachtsamkeit gebracht hatte. „Warum hat der Neumond solch einen schlimmen Effekt?"
„Wenn Neumond ist, fällt vom Mond praktisch kein Sonnenlicht auf die Erde – außer dem bisschen Licht, das von den anderen Planeten in unserem Sonnensystem abgestrahlt wird, wie zum Beispiel Mars und Venus – und das ist zu schwach, um die bösen Mächte in Schach zu halten."

„Warum?"
„Weiß ich auch nicht so genau. Jedenfalls verfallen Menschen bei Neumond leichter in Depressionen und werden von Selbstzweifeln geplagt. Das nutzen die abtrünnigen Raben aus, da die Menschen in dieser Gemütsverfassung sehr leicht durch negative Gedanken zu manipulieren sind."
Odin sah mit schiefem Blick zum Fenster hin. Es war so pechschwarz draußen, dass er nichts erkennen konnte. „Ich glaube übrigens, ich bin verfolgt worden. Vielleicht sollten wir lieber die Vorhänge zuziehen."
Marvin stand gehorsam auf und ging zum Fenster. Dann setzte er sich auf sein Bett und legte bekümmert seinen Kopf in die Hände.
„Was habe ich da angerichtet? Ich bin wirklich zu Nichts zu gebrauchen. Du wärst besser ohne mich dran."
„Siehst Du. Die dunklen Mächte arbeiten jetzt auch schon an dir."
Marvin musste wider Willen lachen.
„Die Verwundbarkeit der Menschen bei Neumond ist eine uralte Tatsache. Du kannst nichts dafür und im Moment auch nichts dagegen tun. Allerdings ist vom Gebrauch der schwarzen Feder aus genannten Gründen streng abzuraten."
„Ich werde dies nie wieder vergessen." Marvin hob wie zum Schwur die Hände.
„Hoch und heilig versprochen."
„Ich denke, ich bleibe noch ein kleines Weilchen hier. Vielleicht hält draußen ein abtrünniger Rabe nach mir Ausschau. Hast Du zufällig noch ein paar Kekse?"

Marvin, der von Schuldgefühlen geplagt wurde, hastete zu seinem Schreibtisch, wo seine Keksdose stand.

„Hier. Nimm so viel Du willst."

„Lecker, lecker."

Odin hatte sich auf den Rand der Keksdose gesetzt, und fiel mit gesundem Appetit über die Kekse her.

Marvin entschuldigte sich, legte sich in sein Bett und zog die Decke über den Kopf. Er wollte einfach nur in Ruhe nachdenken. Odin schien bei weitem weniger nervös oder verängstigt zu sein als er selbst. Vielleicht waren Vögel für die negativen Gedanken der bösen Mächte weniger empfänglich als Menschen.

Eine halbe Stunde später schlich Marvin mit Odin auf dem Arm die Treppe hinunter. Er ließ Odin durch die Haustür ins Freie, nachdem er sich vergewissert hatte, dass kein Rabe zur Straße hin in den Bäumen vor ihrem Wohnhaus hockte. Er wollte es lieber nicht riskieren, Odin vom Fenstersims nach Hause fliegen zu lassen. Es konnte ja sein, dass ein abtrünniger Rabe vor dem Fenster wachte, um Odin abzufangen. Und diese Schuld wollte Marvin nicht auf sich laden. Odin schien sich immer noch verantwortlich für den tragischen Unfall seiner Mutter zu fühlen, obwohl er gar nichts damit zu tun gehabt hatte, außer dass er der Sohn seiner Mutter war. Marvin wollte sich nicht ausmalen, wie tief Ottilie – Odins Mutter – mit Schuldgefühlen beladen gewesen sein musste.

Plötzlich hörte Marvin ein lautes Gekrächze. Er stürzte zur Tür und lief auf die Straße. Konnte Odin etwas passiert sein?

Dann sah er es im Schein der Straßenlampe. Zwei Raben hatten sich auf die Nebelkrähe gestürzt. Odin flatterte hilflos mit seinen Flügeln und versuchte den scharfen Krallen und Schnäbeln der angreifenden Raben auszuweichen. Federn und Blutstropfen flogen durch die Luft. Marvin stand fassungslos in der Eingangstür. Er starrte die drei Vögel an und konzentrierte sich. Nur ein Gedanke formte sich in seinem Bewusstsein, der mit jeder Sekunde anschwoll wie ein Heißluftballon. Odin im Flug zu helfen, zusammen zu kämpfen, wie sie es so oft in der Traumzeit getan hatten. Sein Körper sackte auf den Stufen der Haustür zusammen, als die Welt um ihn herum sich auflöste. Im nächsten Moment flog er durch die Luft, schnurstracks auf die Raben zu.

„Odin halte durch. Ich komme!", krächzte er. Mit gekonnten Flugmanövern lenkte er die Raben von Odin ab. „Hier, hier, und hier."

Sein messerscharfer Schnabel schlug in die Flügel der Angreifer. Die Angreifer verwandelten sich in Gejagte.

„Ein Turmfalke! Pass auf, Brutus."

„Das ist doch völlig unmöglich. Wie hat der Junge das geschafft?"

„Weiß ich auch nicht. Aber es sieht verdammt schlecht für uns aus. Lass uns abziehen."

Damit drehten die Raben im Flug ab und flogen über die Häuserdächer davon.

„Feiglinge!", dachte Marvin. Sich zu zweit auf eine Krähe zu stürzen war wohl kein Kunststück, aber so abzuhauen war feige. Marvin sah seinen menschlichen Körper reglos ausgestreckt auf dem Gehsteig liegen und konzentrierte sich. Nach dreißig Sekunden war sein Bewusstsein wieder in seinem Jungenkörper.

Odin flatterte auf den Boden. Sein Gefieder war arg zerzaust und er zitterte am ganzen Körper vor Schock. Blut tropfte aus einer seiner vielen Wunden, und bildete eine kleine Pfütze auf dem Straßenpflaster.

„Wenn Du nicht gekommen wärst, stünde es jetzt schlecht um mich."

„Du siehst auch so ziemlich schlecht aus."

„Danke, sehr charmant."

„Immerhin bist Du noch zu Scherzen aufgelegt."

„Ich habe mich schon besser gefühlt. Das war verdammt knapp."

„Komm, ich bring Dich ins Haus. Wir müssen Deine Wunden versorgen."

„Und wenn Dein Vater uns sieht?"

„Das müssen wir riskieren."

Marvin schloss die Wohnungstür auf und trug Odin in seinen Armen die Treppe zu seinem Zimmer herauf. Dann schlich er ins Badezimmer, um den Erste-Hilfe-Kasten und ein Handtuch zu holen. Im Badezimmerschränkchen fand er eine Tüte mit Wattebäuschen, die seiner Mutter gehörte. Ein Stich durchzog sein Herz. Er zwang sich an Odin zu denken, der in seinem Zimmer wartete und seine Hilfe brauchte.

„Marvin, bist Du das? Geh bitte sofort wieder ins Bett. Es ist schon elf Uhr."

Die Stimme seines Vaters hallte durch den Flur die Treppe herauf.

„Ich musste nur noch mal aufs Klo." Marvin versuchte fröhlich und unbeschwert zu klingen. Er hasste es, ein Geheimnis vor seinem Vater zu haben, aber wie sollte er die Geschehnisse der letzten Wochen seinem Vater erklären?

Marvin schloss vorsichtshalber die Tür zu seinem Zimmer ab. Dann breitete er das Handtuch auf seinem Bett aus.

„Odin, setzt Dich bitte hier drauf."

Odin flatterte gehorsam auf das Handtuch. Marvin öffnete den Erste-Hilfe-Kasten und holte Bandagen, Salben, antiseptisches Spray, Schere und Klebeband hervor.

„Ist so meine Mutter getötet worden? Durch eine heimtückische Attacke wie diese?"

Marvin schnitt vorsichtig ein langes Stück Mull von der Bandagenrolle ab.

„Deine Mutter wurde in der Tat heimtückisch von Raben angegriffen. Aber es waren viel mehr als zwei."

„Wie viele?"

„Mehr als zwanzig. Der ganze Himmel verdunkelte sich. Der Schwarm der Raben sah aus wie ein schwarzes Wollknäuel, das Deine Mutter in seiner Mitte verschluckte."

Marvin nahm das antiseptische Spray und säuberte Odins Wunden sorgfältig mit einem Wattebausch, den er in die antiseptische Lösung getränkt hatte. Er tat dies so sanft, dass Odin kaum etwas spürte.

„Du wärst prima zum Arzt geeignet. Vielleicht solltest Du später Medizin studieren, Marvin."

„Danke. Ich denke, es gehört mehr dazu, Arzt zu sein, als andere verarzten zu können."

„Wahrscheinlich. Du könntest natürlich auch Pilot werden. Genug Flugerfahrung hast Du ja schon gesammelt."

Marvin musste lachen und seine Hand rutschte ab.

„Autsch. Pass doch bitte auf, wo Du hin fasst."

„Flugzeuge lenken und als Turmfalke durch die Luft segeln sind doch nicht dasselbe", gluckste Marvin. „Ich bin gleich fertig. Dann kannst Du dich im Spiegel bewundern. Du siehst wie neugeboren aus."

Odin hüpfte auf den Boden und trippelte beunruhigt zu Marvins Kleiderschrank. Vor dem Wandspiegel blieb er stehen. Sein linker Flügel war völlig bandagiert. Ein Pflaster klebte auf seinem rechten Fußgelenk. Seinen Kopf verzierte ein kunstvoll geschlungener Turban.

„Allmächtige Schneeeule. Ich sehe wie ein verschrumpelter Schneemann aus, der sich in der Jahreszeit geirrt hat."

„Du siehst wunderbar aus."

„Wie hast Du es eigentlich geschafft, als Turmfalke aufzukreuzen?", fragte Odin interessiert.

„Das weiß ich auch nicht so genau. Ich dachte einfach nur daran, wie ich Dir helfen könnte. Ich war so zornig auf die Raben. Ich dachte nur noch an eins. Und dann verschwamm alles um mich herum und ich flog auf Dich zu."

„Das war absolute Meisterklasse. Du bist ohne Totem in die spirituelle Welt übergetreten. Das können nur ganz wenige der alten Meister. Ich kenne außer Cornelius nur einen oder zwei andere Menschen, die das können. Normalerweise braucht dies jahrelange Übung."

„Echt wahr?"

„Echt wahr. Du bist ein Naturtalent. Ich hab's ja immer schon gewusst."

Marvin strahlte. Ein solches Kompliment hatte er lange nicht mehr bekommen. Seine schulischen Leistungen waren gut, aber nicht außergewöhnlich. Zu viele andere Dinge gingen ihm derzeit durch den Kopf.

„Was wird jetzt mit den abtrünnigen Raben passieren?"

„Ich nehme an, sie werden mächtigen Ärger mit ihrem Boss bekommen."

„Wirklich?"

„Ich würde mich nicht wundern, wenn sie aus dem Club der Abtrünnigen verstoßen würden. Der Anführer toleriert normalerweise keine so groben Fehler."

„Fehler?"

„Wir haben jetzt Gewissheit, dass die abtrünnigen Raben wissen, wo Du wohnst und uns bis hierher verfolgen. Und ihr Anschlag auf mein Leben ist gescheitert." Odin schüttelte bedauernd den Kopf. „Das könnte die Todesstrafe nach sich ziehen."

„Todesstrafe? Um Himmels willen."

Obwohl Marvin die abtrünnigen Raben hasste, war er total schockiert. Wie gewalttätig waren denn diese Rabenvögel? Diese Praktiken klangen ja beinahe noch grausamer als das, was Menschen tun würden.

„Da gibt es kein Pardon. Diese Raben sind barbarisch. Sie würden sich gegenseitig die Augen aushacken und verspeisen, bekäme das Nahrungsangebot knapp. Da gibt es keine Solidarität. Jeder ist sich selbst der Nächste und der Stärkere hat das Sagen."

„Odin?"

„Ja?"

„Das klingt vielleicht total verrückt, aber irgendwie bin ich erleichtert, dass meine Mutter durch solch gewissenslose Fieslinge ums Leben gekommen ist. Da fällt es nicht schwer, an Rache zu denken."

„Rache wird Dir nicht den Seelenfrieden geben, den Du brauchst, Marvin."

„Rache ist alles, an was ich denken kann."

„Rache wird Dich dein Leben lang verfolgen. Und deinen Schmerz nicht verringern."

„Was kann ich sonst tun?"

„Dir vergeben, dass Du damals noch ein kleiner Junge warst, und dass Du absolut nichts tun konntest, um deine Mutter zu retten?"

„Das kann ich nicht."

„Das musst Du aber."

„Ich werd's versuchen."

Odin stupste Marvin aufmunternd mit seinem Schnabel an.

„Gib nicht auf. Ich weiß, Du wirst es schaffen, fliegender Freund."

Odin blickte auf Marvins Digitaluhr, die mittlerweile halb zwölf anzeigte.

„Ich geh jetzt lieber nach Hause. Olga wird sich bestimmt schon fragen, wo ich bleibe."

-

Am nächsten Schultag rannte Marvin nach der letzten Stunde in Cornelius Studierzimmer.

„Cornelius, hast Du es schon geschafft, das zweite Siegel zu entziffern?"

Cornelius schüttelte enttäuscht den Kopf.

„Ich weiß nicht, in welcher Sprache der Text verfasst ist – außerdem ist die Schrift schwierig zu entziffern. Die Scheibe ist ziemlich verrußt."

Marvin verzog das Gesicht. Und meine Zehen schmerzen immer noch von dem Feuer.

Als ob Cornelius seine Gedanken erraten hatte, fragte er: „Was machen eigentlich Deine Füße? Soll ich Dir noch etwas von der Salbe geben?"

„Es geht schon, danke", murmelte Marvin verlegen. „Übrigens, der Hüter des Siegels war ein Grizzly Bär."

„Hat er Euch denn gar nichts mitgeteilt?"

„Er starb, bevor er uns verraten konnte, in welcher Sprache der Text geschrieben ist." Marvin schluckte, als er an den Todeskampf des Grizzlys dachte.

„Hat er erzählt, welcher Indianerstamm in der Gegend gelebt hat?"

„Ich kann mich nicht so genau erinnern" sagte Marvin mit zerknirschter Stimme.

„Aber der Bär nannte sich Tonka Mato. Er sprach immer von sich in der dritten Person. Sagt Dir der Name irgendwas?"

„Marvin, das ist es! Tonka ist ein Wort der Lakota Sprache und heißt Gott, Mato heißt, glaube ich, Bär – vielleicht ist der Text in Lakota verfasst."

Cornelius hastete zum Tresor und holte die goldene Scheibe heraus. Er setzte seine Brille auf, nahm seine Lupe in die rechte Hand und beugte sich eifrig über die kaum erkennbaren Schriftzeichen.

„Lakota ist eigentlich nur mündlich überliefert. Die Lakota hatten keine Schrift. Ich glaube, der Text ist in südamerikanischen Maya Schriftzeichen verfasst, aber die Worte sind Lakota. Einfach genial."

„Kannst Du lesen, was da draufsteht?" Marvins Kopf stieß beinahe mit Cornelius zusammen, als sich beide über die Scheibe beugten.

„Ja und nein. Um den Text verstehen zu können, muss ich mir erst einmal ein Wörterbuch der Lakotasprache besorgen und Silbe für Silbe aus dem Alphabet der Maya Schriftzeichen übersetzen."

„Darf ich hierbleiben?"

„Ehrlich gesagt, mir wär's lieber Du gehst nach Hause und ruhst Dich ein bisschen aus, Marvin. Anstrengende Zeiten stehen uns bevor. Dies ist erst der Anfang. Fünf Siegel warten noch immer darauf, von Dir und Odin gefunden und in Sicherheit gebracht zu werden."

„Ich weiß."

„Wenn meine Nachforschungen stimmen, befindet sich das dritte Siegel in der Cheopspyramide in Ägypten."

Marvin packte widerstrebend seinen Schulranzen und stieg die Kellertreppe hinauf. Er brannte darauf zu wissen, was auf dem Siegel stand, das er und Odin nur unter so großen Mühen hatten beschaffen können. Aber stattdessen hatte Cornelius schon die nächste Suche auf dem Programm.

Kapitel 12 - Das dritte Siegel in den Pyramiden von Gizeh

Marvin fühlte einen stechenden Schmerz in seinem linken Flügel, wo der Giftstachel tief in sein Fleisch auf der Flügelunterseite eingedrungen war. Der Stachel hatte sich ohne Mühe durch seine Federn gebohrt, so heftig war der Vorstoß des Skorpions gewesen. Für einen Moment hing der ganze Skorpion in der Luft, als sich sein Giftstachel in Marvins Gefieder verhakt hatte.

Trotz des Schmerzes, der sich rasant in seinem ganzen Körper ausbreitete, schaffte es Marvin den Skorpion abzuschütteln. Odin packte Marvins unversehrten rechten Flügel mit seinem Schnabel und versuchte den Falken hinter sich her zu ziehen.

„Zurück, schnell. Wir müssen zurück."

Die anderen Skorpione hatten einen Kreis um sie gebildet und kamen langsam näher gekrochen, wohl um ihnen den Fluchtweg zu versperren. Es waren zehn oder zwölf Dickschwanzskorpione, die wütend mit ihren Scheren klapperten und ihre Giftschwänze über ihren Köpfen auf und ab wippten. Sie waren schon bedrohlich nah. Nur wenige Zentimeter trennten Odins Krallen von ihren wütend klickenden Scheren.

„Wir müssen fliegen, wir haben keine andere Wahl."

Marvin kämpfte gegen die aufsteigende Übelkeit und das lähmende Gefühl an, das von der Einstichstelle zu seiner linken Schulter empor kroch, wie ein parasitärer Bandwurm, der sich durch seine Gedärme fraß. Sein Herz schlug wie wild, und ihm war leicht benommen vor Schmerz und Schwindel. Odin flatterte vor ihm außer Reichweite der Skorpione.

„Schande, dass die Translokation in der Traumzeit so lange dauert."

„Schande, dass ich mich habe stechen lassen."

Marvin war wütend auf sich selbst, hatte aber jetzt keine Zeit darüber nachzudenken. Er erhob sich schleppend in die Luft und flatterte Odin hinterher. Die sandgelben Skorpione rasselten wütend mit ihren schmalen Scheren und schwangen wild ihre Schwänze nach vorn, zum Angriff bereit.

Odin und Marvin flogen auf den imposanten Gipfel der über viertausendfünfhundert Jahre alten Cheopspyramide. Als Vorbereitung auf ihren Trip hatte Marvin im Internet so viel er konnte über die Geschichte der Pyramide gelesen. Der Überlieferung zufolge war die Pyramide im alten ägyptischen Reich im Auftrag des Pharaos Chufu gebaut worden, und der Bau hatte mehr als zwanzig Jahre gedauert. Von dem über einhundertfünfunddreißig Meter hohen Plateau hatte man eine sagenhafte Aussicht über die Stadt Kairo und die umliegende Wüste. Aber Marvin und Odin hatten keine Muße, um die schöne Aussicht zu genießen.

„Kannst Du versuchen, Dich von hier oben nach Hause zu translokieren? Es ist ein Kampf gegen die Zeit. Du bist ernsthaft verletzt. Wir müssen schnell machen, bevor Du völlig gelähmt bist."

Marvin nahm die geschnitzte Vogelfigur in seinen Schnabel, und versuchte mit seinen Krallen das Gleichgewicht zu halten. Er versuchte den starken Schmerz, der ihn inzwischen völlig umnebelte, zu ignorieren und sich auf sein Schlafzimmer zu Hause zu konzentrieren. Nach wenigen Minuten, die ihm wie eine Ewigkeit erschienen, schaffte er es.

Er lag in seinem Bett und schaute auf die leuchtenden Ziffern seiner Digitaluhr. 7:45 am. Er rief so laut er konnte nach seinem Vater. Er hörte das vertraute Brummen der Kaffeemaschine in der Küche und wusste, dass sein Vater schon aufgestanden war.

„Papa, komm bitte. Schnell. Es ist sehr wichtig."

Sein Vater eilte die Stufen herauf. „Was ist denn, Marvin, mein Schatz?"

Dann sah er Marvins Gesicht, das so bleich wie gebeiztes Papier war. Als er sich auf die Bettkante setzte, um sanft den blonden Haarschopf aus seinem Gesicht zu streichen, fühlte er, wie der Junge am ganzen Körper zitterte.

„Ich muss sofort zur Schule, kannst Du mich jetzt gleich hinfahren? Bitte. Es ist unendlich wichtig."

„Aber Du bist ja krank. Du kannst doch nicht zur Schule in Deinem Zustand. Wir müssen zum Arzt. Oder besser noch, ich werde den Notarzt rufen."

Ernste Besorgnis stand in seinen Augen.

„Nein, nein. Ich brauche keinen Arzt. Ich muss zur Schule. Glaub' mir doch bitte." bettelte Marvin mit flehender Stimme. Er merkte wie seine Kräfte mit jeder verstrichenen Minute nachließen.

Der Vater schaute Marvin bekümmert an. Sein Sohn hatte sich schon seit einigen Wochen so komisch benommen, seit sie zusammen auf dem

Dachboden gewesen waren. Ob Marvin in der Schatulle das Totem und die schwarze Feder gefunden hatte? Falls ja, hatte er sich wohl entschlossen, seinen Vater nicht einzuweihen. Peter Krone machte sich jetzt ernsthaft Sorgen. Er seufzte leise.

„Also gut. Wie Du willst. Ich bring Dich jetzt zur Schule."

„Danke."

Marvin richtete sich auf, um seine kraftlosen Ärmchen um den Hals seines Vaters zu schlingen. Sein Vater trug ihn behutsam die Stufen hinunter, setzte ihn ins Auto und fuhr zur Schule, hier und da über eine gelbe Ampel fahrend.

„Ich muss zu Cornelius Kolk. Das ist mein Latein- und Griechischlehrer", stotterte Marvin, als sie vor der Schule geparkt hatten und sein Vater die Wagentür öffnete, um Marvin aus dem Auto herauszuhelfen. Cornelius Kolk? Peter Krone schluckte, als er diesen Namen hörte, aber er ließ sich nichts anmerken.

„Okay. Wird gemacht."

Marvins Vater rannte die Stufen zum Schultor hinauf und bahnte sich seinen Weg zum Lehrerzimmer durch das Schülergewimmel.

„Ich muss dringend mit Herrn Cornelius Kolk sprechen. Er ist der Vertrauenslehrer meines Jungen. Dies ist ein Notfall."

Die Lehrer im Lehrerzimmer guckten Herrn Krone verwundert an. Sie sahen nicht oft einen anscheinend durchgedrehten Vater mit seinem elfjährigen Sohn in seinen Armen

„Herr Oberstudienrat Kolk hat jetzt Unterricht. Sie müssen bis zur Pause warten."

„Geht leider nicht. In welchem Klassenzimmer unterrichtet er die erste Stunde?"
„Er ist in der Untertertia, dritter Stock. Aber Sie können nicht einfach..."
„Und ob ich kann. Das sehen Sie doch!", unterbrach ihn Marvin Vater und rannte heraus aus dem Lehrerzimmer, die geschwungene, marmorne Wendeltreppe zum dritten Stock hinauf. Er klopfte mit heftigem Pochen an die Tür.
„Herein?" rief eine angenehm tiefe und beruhigende Stimme.
„Entschuldigen Sie die Störung. Herr Kolk?"
„Ja, das bin ich." Als Cornelius die vertraute Stimme seines alten Freundes hörte, drehte er sich schnell zur Tür. Er analysierte die Situation und erfasste sofort, dass etwas mit Marvin nicht stimmte. Er warf Peter Krone einen wissenden Blick zu.
„Wären Sie so nett, ins Lehrerzimmer zu gehen und einen Ersatzlehrer für die Untertertia anzufordern?"
„Klar. Ich bin schon auf dem Sprung."
Marvins Vater rannte aus dem Klassenzimmer der Untertertia und die Treppenstufen hinunter, zwei Stufen auf einmal nehmend.
„Herrschaften, bleibt bitte still und ruhig sitzen, bis der Ersatzlehrer kommt. Ich muss mich um Marvin kümmern. Er ist ganz offensichtlich krank und braucht meine sofortige Hilfe."
Cornelius Kolk griff Marvin unter die Arme, als er mit kleinen Schritten neben ihm her schlurfte. Oberstudienrat Kolk führte Marvin in sein Studierzimmer, das er im Keller der Schule in seinen unterrichtsfreien Zeiten bewohnte. Ein

eigenes Zimmer war eines der wenigen Privilegien für den Latein- und Griechischlehrer, der hier unten die Schulbibliothek mitsamt dem Antiquariat der Schule verwaltete, und ungestört Pfeife rauchen konnte – das Rauchen war im Schulgebäude ansonsten verboten.

Marvin ließ sich in einen der gemütlichen mit Samt bezogenen Sessel fallen. Der Weg vom Klassenzimmer zur Studierstube hatte ihn erschöpft.

„Keine Angst, Marvin das bekommen wir in den Griff."

Herr Kolk hielt seinen Kopf in den Händen, die Ellenbogen auf seine Knie gestützt, und lehnte sich vor.

„Kannst Du noch sprechen?"

„Ja." Marvin nickte. „Ich war mit Odin letzte Nacht in der Traumzeit. Wir waren in Ägypten, um das dritte Siegel zu suchen. Genauer gesagt, wir waren bei den Pyramiden von Gizeh, in der Nähe von Kairo. Das Siegel wurde von einer Horde Skorpione bewacht und der Anführer hat mir mit seinem Giftstachel in den linken Flügel gestochen."

„Weißt Du, welche Art von Skorpion es war? Skorpion Gift ist eine ernste Angelegenheit."

„Nicht wirklich. Aber es war ein gelber Skorpion, nicht besonders groß, vielleicht an die zehn Zentimeter lang. Er hatte einen ziemlich dicken Schwanz."

„Klingt nicht gut."

Cornelius hatte ein Buch aus dem Regal gegriffen, mit dem Titel ‚Die Spinnentiere Afrikas'. Er blätterte schnell darin.

„Es könnte ein Androctonus australis, auch Dickschwanzskorpion oder gelber Saharaskorpion genannt, gewesen sein. Diese Art gehört zu den Buthidae. Äußerst giftig – produziert Neurotoxine, also Nervengift. Und leider in Ägypten ziemlich häufig anzutreffen."

„Ich war verdammt unvorsichtig. Die Skorpione sahen gar nicht so gefährlich aus, waren aber unerwartet aggressiv. Und das Siegel mussten wir auch zurücklassen."

„Du kannst mir später alle Details erzählen, aber zermürbe Dich jetzt nicht mit Selbstvorwürfen. Du weißt natürlich, dass Dein menschlicher Körper nicht wirklich Gift enthält, nicht wahr?"

„Ja, aber ich fühle es." Marvin verzog schmerzhaft sein Gesicht. Er versuchte zu Lächeln, aber es gelang ihm nicht.

„Du hast alle Symptome einer Vergiftung, aber es ist ein psychosomatisches Phänomen. Dein Gehirn, das in der Traumzeit den Stachel gefühlt und den Stich als Wirklichkeit erlebt hat, gaukelt Deinem Körper vor, dass Du vergiftet worden bist."

„Wie kann mir dann geholfen werden?", fragte Marvin ängstlich.

„Klassische Medizin wird in diesem Fall nichts bewirken. Du musst Deine geistigen Fähigkeiten mobilisieren. Nur Du selbst kannst Dir helfen."

Für einen kurzen Moment herrschte nachdenkliche Stille.

„Ist so meine Mutter umgekommen? Durch eine eingebildete Verletzung?"

„Ja und nein. Ich glaube, ihre Verletzung war so schlimm, dass sie keine Zeit mehr hatte, zurück in ihren menschlichen Körper zu schlüpfen, um die Verletzung mit ihrem Geist zu besiegen. Ihr Körper verfiel in ein Koma, aus dem sie nicht mehr erwachte. Sie hatte keine Chance. Aber Du hast sie. Nutze sie."

„Was muss ich tun?"

‚Hast Du deinen geschnitzten Vogel bei Dir? Du musst zurück in die spirituelle Welt reisen, und das Geschehnis mit dem Skorpion in der Traumzeit rückgängig machen."

„Ich muss das alles noch einmal durchleben?"

„Ich fürchte ja. Bis auf den Stich, natürlich. Du musst dem Skorpion zuvorkommen. Jetzt, wo Du gewarnt bist."

Marvin hasste den Gedanken zurückgehen (oder besser gesagt fliegen) zu müssen, aber er hatte keine Wahl. Er wollte nicht an einem spirituellen Giftstachelbiss sterben – er musste leben, damit das Opfer seiner Mutter einen Sinn gehabt hatte. Er wollte die bösen Mächte besiegen und damit den Tod seiner Mutter rächen. Seine Gedanken wurden von Herrn Kolks kehliger Stimme unterbrochen.

„Wo ist Odin? Kannst Du die Nebelkrähe rufen? Ihr müsst zusammen zurück."

In diesem Moment klopfte es mit einem Tock, Tock, Tock an das kleine Kellerfenster.

„Das ist Odin. Er hat uns von ganz allein gefunden!"

Marvin hatte sich selten so gefreut.

„Tja, wenn man vom Teufel, ich meine natürlich, Krähe, spricht, kommt sie."

Cornelius stand auf und öffnete das Fenster einen Spaltbreit. Odin schlüpfte gewandt hindurch und flatterte auf die Armlehne des Sessels in dem Marvin saß.

„Hallo, da bin ich." krächzte es in Marvins Ohr. "Hat ein bisschen gedauert, ich musste erst einmal herausfinden, wo Du steckst. Tss, Tss."

„Odin, tut mir leid. Ich hätte zu Hause auf Dich warten müssen."

„Mach Dir darüber mal keine Gedanken. Du siehst wahrlich nicht gut aus. Kann Cornelius Dir helfen?"

„Wir müssen zurück zur Cheopspyramide. Alles noch einmal durchleben, aber den Biss vermeiden."

„Was? Das meinst Du wohl nicht im Ernst?"

Marvin guckte Odin nicht an. „Doch. Leider. Das hat jedenfalls Cornelius gesagt."

„Ich fürchte, das ist die einzige Möglichkeit, Marvin von seinen Vergiftungserscheinungen zu kurieren." mischte sich Cornelius in das Gespräch.

„Allmächtige Schneeeule, Donnervogel und Krallenblitz! Ist dies nicht gefährlich?"

Odin plusterte sein Gefieder auf und flatterte wild mit seinen Flügeln. Beinahe fiel er vom Sessel vor Entrüstung.

„Weniger gefährlich als untätig abzuwarten, bis sich Marvins Zustand verschlimmert hat."

„Also gut. Lass uns sofort aufbrechen. Wir müssen ja auch noch das Siegel holen."

„Cornelius?" Marvin versuchte sich aufzurichten.

„Vielen Dank für Deine Hilfe – ich wüsste nicht, was wir ohne Deinen Rat tun würden."

„Viel Glück, ihr zwei. Ich erwarte Euch zum Mittagessen heil und munter wieder zurück, okay? Ihr könnt meine Studierstube für die Translokation benutzen. Ihr seid hier ungestört. Ich muss wieder zum Unterricht zurück."

Sonntag, 15. Oktober

„Du wusstest also über Mamas Geheimnis die ganze Zeit Bescheid?" Marvin saß mit angezogenen Knien im Bett. Sein Vater saß neben ihm auf der Bettkante.

„Ich wusste von der Feder und dem Totem, ja."

„Und Du hast mir nichts davon erzählt?"

„Du hast mir auch nichts davon erzählt, oder?"

„Ich wollte, aber ich konnte nicht."

„Du konntest nicht?"

„Ich dachte, entweder würdest Du denken, dass ich spinne, oder Du würdest mir den Gebrauch der Feder verbieten, so dass ich Odin nicht mehr rufen könnte."

„Odin? Heißt so Dein gefiederter Freund?"

„Ja. Ich konnte wohl gar nichts vor Dir verheimlichen?"

„Du hast dich ganz geschickt angestellt, mein Junge. Aber Deine Mutter war nicht so talentiert, Dinge geheim zu halten." Marvins Vater zwinkerte mit den Augen.

„Mama hat Dir alles verraten? Wie habt ihr euch eigentlich kennen gelernt?"

„Deine Mutter und ich haben uns in Berlin getroffen. Im Oktober Neunzehnhundertsechsundachtzig."

„In Berlin?"

„Wir haben beide Geschichte an der Freien Universität studiert, und saßen nebeneinander im Hörsaal in abendländischer Kunst. Das Thema war zum Einschlafen langweilig – und der Professor auch."

„Und da habt ihr Euch gegenseitig die Langeweile vertrieben?"

Sein Vater lachte hell auf. „Kann man so sagen."

„Warum hast Du mir nie etwas vom Rat der Raben erzählt?"

„Ich dachte, es wäre besser, Du würdest es selbst herausfinden."

„Wollte Mama das so?"

Einen Moment herrschte Schweigen. Marvin fühlte instinktiv, dass sein Vater der Frage auswich. „Ich habe lange mit mir gerungen, ob ich Dich einweihen sollte. Ich hatte insgeheim gehofft, Du würdest das Totem und die Feder nicht so bald entdecken. Ich habe Angst um Dich, Marvin."

„Angst?"

„Angst, Dich auch noch zu verlieren. Und Du warst vor einem Jahr noch viel zu jung. Gerade mal zehn."

„Jetzt bin ich aber alt genug. Odin hat's gesagt."

Marvins Vater stützte nachdenklich sein Kinn in seine Hand.

„Ist normalerweise nicht ein Alter von zwölf Jahren erforderlich, um in den Kreis der Eingeweihten aufgenommen zu werden?"

„Ja, aber es sind besondere Zeiten. Die Welt ist dem Untergang nah und die Raben brauchen meine Hilfe."

„Ich mache mir große Sorgen. Mehr um Dich als um die Welt. Die Welt wird sich schon weiterdrehen wie bisher."

Marvin kuschelte sich an seinen Vater. „Papa, es ist schon OK. Odin passt auf mich auf. Weißt Du, dass er mein Schutzpatron ist?"
„Das wusste ich nicht. Aber Du bist diesmal nur knapp davongekommen, oder nicht?"
„Wir müssen der Gefahr ins Auge sehen. Wenn nicht ich und die anderen wenigen Eingeweihten, wer würde sonst für das Überleben unserer Erde kämpfen?"
„Ich weiß. Deshalb habe ich Dich auch auf den Dachboden mitgenommen. Obwohl ich lieber noch gewartet hätte."
„Warum hast Du dann nicht gewartet?"
„Ich hatte es Deiner Mutter versprochen. Länger als ein Jahr konnte ich es nicht aufschieben. Und zum Glück ist Cornelius niemals weit von Dir entfernt, wenn Du in der Schule bist."
„Du meinst Herrn Kolk?"
Ein spitzbübisches Lächeln umspielte die Lippen seines Vaters.
„Sag nicht, dass Du Cornelius auch schon von früher kennst!" rief Marvin entrüstet. Wie konnte sein Vater nur so viele Geheimnisse vor ihm bewahrt haben. Nun, wenn er ehrlich war, war sein Verhalten in letzter Zeit wohl auch nicht gerade viel aufrichtiger gewesen.
„Cornelius, deine Mutter und ich, wir waren in unserer Studentenzeit viel zusammen. Cornelius war schon immer ein Genie, was alte Sprachen anbelangt. Er hatte damals einen Club gegründet, um jahrtausendalte Schriften, deren Bedeutung verloren gegangen war, zu entziffern, dem deine Mutter und ich beigetreten waren."

„Wusstest Du da schon, dass Mama und Cornelius beide Eingeweihte waren?"
„Am Anfang nicht. Aber als Deine Mutter anfing, sich in mich zu verlieben, erzählte sie mir von der Dohle aus ihrer Kindheit und ihren spirituellen Reisen. Ich verstand zuerst nicht, was sie meinte. Ich dachte, sie wäre so ein Hippie der Alternativbewegung, und hätte mit Drogen zu tun. Nun ja, es waren halt die achtziger Jahre."
Marvins Vater hatte einen verträumten Ausdruck in seinen Augen.
„Und Du hast Dich in dieses Hippie Mädchen namens Carlotta verliebt?"
„Das hat eine Weile gedauert. Aber das erzähle ich Dir ein anderes Mal. Es ist schon spät. Du musst morgen zur Schule." Sein Vater beugte sich zu ihm herab, und gab ihm den üblichen Gute Nacht Kuss auf die linke Wange.
„Gute Nacht, Marvin. Träum was Schönes. Aber bitte mach zur Abwechslung heute Nacht mal keine Traumreise."
„Keine Sorge. Es ist Neumond. Da kann ich Odin nicht rufen."
Als er die fragend hochgezogene Augenbraue seines Vaters sah (anscheinend wusste er doch nicht alles!), ergänzte er: „Die Feder darf bei Neumond nicht benutzt werden."
„Na, so ein Glück."
Als Marvins Vater im Türrahmen stand, wandte er sich noch einmal dem Kinderbett zu und winkte, dann drehte er sich um und ging mit beschwingten Schritten die Treppe hinunter zum Wohnzimmer. Wellen der Erleichterung durchfluteten ihn. Es tat gut, diese längst überfällige Aussprache hinter sich zu wissen. Er musste sich wirklich mehr um den Jungen kümmern, und versuchen, nicht in der Vergangenheit zu verharren. Jetzt galt es, Marvin so

gut es ging zu unterstützen, obwohl es ihm Angst machte. Der Gedanke an Carlottas Schicksal machte ihn auch jetzt noch – nach über einem Jahr - bitter (das Leben war denkbar ungerecht) und depressiv. Er öffnete den Kühlschrank und entnahm ihm eine der grünen Flaschen tiefgekühlten Becks-Bieres. Mit der Bierflasche in der Hand setzte er sich - wie jeden Abend - vor den Fernseher, um seine Gedanken zu zerstreuen.

Montag, 16. Oktober

Als die Schulglocke nach der sechsten Stunde klingelte und alle Schüler der Sexta sich beeilten, nach Hause zu kommen, bat Cornelius Marvin ihm zu helfen, einige Bücher ins Archiv zu tragen.

„Klar, kein Problem."

Cornelius und Marvin saßen unten im Archiv und unterhielten sich.

„Deine Mutter Carlotta war nicht nur hübsch und gebildet, sondern auch sehr mutig und hatte ihr Herz am rechten Fleck." Cornelius zog genüsslich an seiner Pfeife.

„Mein Vater sagt, er dachte, sie wäre ein Hippie, als er sie zum ersten Mal traf."

„Sagt Dein Vater das? So, so."

„Cornelius, waren Sie eigentlich mit meiner Mutter befreundet?"

„In gewisser Weise, schon. Aber nicht verliebt, wenn du das meinst."

„Wie wart ihr befreundet?"

„Wir waren wahre Freunde."

„Wahre Freunde?"

„Wenn es auf der Welt keine anderen Lebewesen gäbe außer einem selbst, wüsste man nicht, wer man ist und das man existiert. Man braucht den Spiegel der Gesellschaft, um sich selbst erkennen zu können. In der Gesellschaft von wahren Freunden zeigt sich das innere Selbst. Deshalb fühlt man sich so wohl, geborgen und gelassen, fröhlich und heiter, ja ohne Sorgen, im Kreis von wahren Freunden. Man kann sich selbst sein, auf seine innere Stimme hören, und im Einklang mit sich selbst leben." Cornelius sah Marvin nachdenklich an.

„Deine Mutter, Peter und ich, wir waren solch wahre Freunde. Das ist etwas sehr Kostbares. In wahrer Freundschaft herrscht Harmonie zwischen den Seelen. Jeder Mensch und jedes Tier haben ihre eigene Melodie. In der Gesellschaft von falschen Freunden hingegen belügt man sein Gewissen und gaukelt sich selbst etwas vor. Die innere Stimme wird übertönt von einer Kakophonie. Wenn man auf seine innere Musik hört, weiß man, ob es sich um einen wahren Freund handelt, oder nicht."

„Ich habe keine Freunde. Weder falsche noch wahre." Marvins Wangen röteten sich und er senkte beschämt den Kopf.

„Das würde ich nicht sagen." Cornelius nahm einen tiefen Atemzug aus seiner Pfeife.

„Odin ist Dein Freund. Ich bin Dein Freund."

„Odin ist eine Nebelkrähe und Sie sind mein Lateinlehrer."

„Deshalb können wir dir trotzdem wahre Freunde sein."

Vielleicht nicht die Freunde, die ich gerne hätte, dachte Marvin, und das Rot seiner Wangen vertiefte sich. Zu seiner Erleichterung bemerkte Cornelius dies nicht, denn er war inzwischen aufgestanden, um ein Buch aus seinem Regal zu nehmen. Es war ein Reiseband über die Türkei. Cornelius schlug das Buch auf. Es enthielt viele großformatige Farbfotos.

„Ich habe ein paar Nachforschungen angestellt und das vierte Siegel dürfte sich im Ararat Gebirge in der Türkei befinden."

Cornelius zeigte mit seinem Finger auf ein Foto auf der aufgeschlagenen Buchseite. „Du kennst die Geschichte der Arche Noah?"

„Sie meinen die Geschichte aus der Bibel? Von der Sintflut?"

„Du weißt ja bestens Bescheid. Das vierte Siegel dürfte sich in der Arche befinden."

„Was?" Marvin schaute Cornelius aus großen Augen an.

„Ja. Du und Odin müsst zum Ararat fliegen und dort nach dem Siegel suchen. Es wird wohl nicht leicht sein, aber ihr müsst es versuchen."

„Konnten Sie eigentlich schon das dritte Siegel aus Ägypten übersetzen?"

Cornelius nickte. „Die Hieroglyphen waren leicht zu entziffern, und Koptisch ist mir gut bekannt."

„Und was steht drauf?"

„Es geht um die Erkenntnis, dass das Leben auf der Erde nur erhalten werden kann, wenn die natürlichen Rohstoffe gerecht verteilt und vernünftig genutzt werden. Kurz gesagt, wir in der westlichen Welt müssen lernen, mit weniger auszukommen, und wir müssen unseren globalen Energieverbrauch und unsere Nahrungsmittelproduktion nachhaltiger gestalten als bisher."

„Wow. Und das wussten die Menschen schon vor mehreren tausend Jahren?"

„Oh ja. Und sie wissen es jetzt auch. Das Problem ist, dass immer noch zu wenig passiert, um diese Erkenntnisse in Taten umzusetzen. Leider."

Marvin verabschiedete sich von Cornelius und rannte nach Hause, um Odin zu rufen und ihm von der Botschaft des Siegels und von ihrem nächsten Reiseziel zu erzählen. Odin würde staunen!

Kapitel 13 - Das vierte Siegel in den Trümmern der Arche

Der Adler kreiste hoch über ihnen. In weiten Kreisen ließ er sich von den Thermen aufwärts tragen. Seine dunklen Flügel waren breit gespreizt, seine gelben Fänge eng an den Körper angelegt. Mit seinen scharfen Augen blickte er hinab. Sein suchender Blick glitt über jeden Stein und jede Schneewehe. Seine junge Familie war hungrig und die Jagd war nicht ergiebig. Früher hatte es jagdbares Wild in Mengen gegeben, wenn er den Erzählungen seiner Eltern und Großeltern Glauben schenken durfte. Seit seiner Kindheit jedoch war das Wild zunehmend selten geworden. Und immer weniger Adlerfamilien schafften es, genug Futter zu finden, um ihre Jungen erfolgreich großzuziehen. Uturk seufzte. Auf einmal sah er unter sich zwei dunkle Punkte, die sich vom weißen Untergrund des Ararat Gebirges abhoben. Zwei dunkle Punkte, die nebeneinanderher flogen. Uturk blinzelte. Vielleicht konnte er wenigstens einen Vogel erbeuten. Dies war zwar nicht einfach, aber er konnte es immerhin versuchen. Seit zwei Tagen hatte er keine Beute mehr heimgebracht. Und dabei war jetzt doch erst Frühherbst. Der harte Winter würde erst noch kommen. Uturk setzte zum Sturzflug an.

Odin flatterte fröhlich neben Marvin her.

„Immer schön die Augen offenhalten. Dann werden wir die Arche schon finden."
„Die Menschen haben hier schon alles abgesucht, aber nicht viel gefunden."
„Papperlapapp. Es gehört zum überlieferten Gut der Rabenvögel, dass die Arche hier sein muss. Wie heißt es noch, wer suchet, der findet."
Marvin musste lachen. Er wusste, dass Odin mit seinen vom Alter getrübten Augen kaum noch aus dieser Entfernung irgendetwas auf dem schneebedeckten Boden unter ihnen erkennen konnte, aber er spielte das Spiel mit.
„Wenn ich noch lange nach unten gucke, werde ich aber schneeblind. Dann kann ich gar nichts mehr sehen."
Marvin drehte eine Kapriole und blickte mit gespielter Verzweiflung nach oben in den Himmel. Gerade noch rechtzeitig. Ein dunkler Pfeil schnellte auf sie zu. Mit atemberaubender Geschwindigkeit kam der Adler herabgeschossen.
„Odin, flieg zur Seite, schnell. Schlag Haken in der Luft."
„Was ist denn los?"
Odin schüttelte seine Hauptfedern in Verwunderung. Dann sauste ein Windzug um ihn herum. Der spitze Schnabel des Adlers, der so lang wie ein Dolch war, hatte ihn knapp verfehlt.
Marvin verfolgte den Adler mit seinen Augen. Er schrie aus voller Kehle.
„He, Du, Adler. Lass uns in Ruhe. Wir sind auf geheimer Mission unterwegs."
Uturk stutzte. Was, wenn die beiden die Gesandten waren, auf die seine Familie seit ungezählten Generationen wartete?

Er landete auf einem Felsplateau. „Kommt mal beide her."

„Bevor Ihr uns auffresst, lasst uns bitte mit Euch reden", bat Marvin.

„Ich habe hungrige Schnäbel zu stopfen, aber ein paar Minuten seien Euch gewährt. Wir Adler sind anständige Wesen."

„Seid Ihr ein Steinadler?" fragte Marvin ehrfürchtig.

„Ja, meine Frau, meine Kinder und ich sind eine der letzten Adlerfamilien, die hier ausharren. Es gibt nicht mehr genug zu essen."

„Warum das denn?"

„Die Menschen zerstören langsam, aber sicher unseren Lebensraum. Holzen Bäume ab. Jagen Kleinwild. Legen Gift und stellen Fallen auf. Stehlen unsere Eier."

„Warum das denn?"

„Um sie in eine Vitrine oder Kartons mit Schaumstoff zu legen."

„Das ist ja unerhört."

„Es ist eine Katastrophe. Aber nun gut. Was führt Euch hierher zum Ararat Gebirge?"

„Wir sind auf der Suche."

„So, so." Uturk nickte aufmunternd mit seinem Kopf.

„Wir sind Gesandte der Allmächtigen Schneeeule."

Also doch. Wurde es endlich war. Dann konnte seine Familie sich endlich eine neue Heimat suchen. Gut, dass die Kinder schon flügge waren.

„So, so. Was sucht ihr denn?"

„Können wir Dir auch vertrauen?"

„Ich bin so fast das einzige Lebewesen, das ihr so hoch oben im Gebirge antreffen werdet."

„Sag's ihm schon", drängte Odin, dem der Schreck immer noch im Gefieder saß. Er war vorhin nur um Schnabelbreite entkommen.

„Wir suchen das vierte Siegel. Das Siegel zum Buch der Weisheit."

Uturk schmunzelte. Jedenfalls sah es so aus. Marvin war sich nie ganz sicher.

„Herzlichen Glückwunsch. Da seid ihr bei mir an der richtigen Adresse."

„Du weißt, wo das Siegel ist?"

„Oh ja."

„Bist Du etwa der Hüter des vierten Siegels?"

„Kann man so sagen. Es liegt unter meinem Horst."

„Unter Deinem Nest?"

„Aber ja. Da ist es so sicher wie nirgendwo."

„Aber wir dachten das Siegel würde sich in den Überresten der Arche befinden?"

„Das tat es auch. Für einige tausend Jahre, bis das Holz der Arche zu morsch wurde, und die Bewegungen der Gletscher zu unvorhersehbar."

„Hast Du die Arche mit eigenen Augen gesehen?"

„Hier und da ein Teil. Im Sommer weicht der Schnee zurück. Wenn man so scharfe Augen hat wie ich, kann man manchmal etwas aus der Luft erkennen."

„Also gab es die Arche wirklich?"

„Aber ja. Was denkst Du denn? Wollt ihr nun das Siegel sehen?"

„Klar."

„Na, dann los." Uturk breitete seine Schwingen aus und erhob sich majestätisch in die Luft. Odin und Marvin folgten. Sie mussten jeder ungefähr zehn Flügelschläge machen für jeden Flügelschlag, den der Steinadler machte. Marvin fühlte sich wie ein Kleinkind, das versuchte, mit seinen Eltern Schritt zu halten. Höher und höher flogen sie hinauf. Der Himmel war klar und von einem tiefen Blau. Ideales Jagdwetter. Marvin tat es leid, dass sie die Futtersuche des Steinadlers hatten unterbrechen müssen. Er fühlte mit den Adlerjungen, die hungrig in ihrem Nest hockten. Sie landeten auf dem Rand des Horstes. Marvin konnte kaum glauben, wie groß das Nest war. Eine wahre Burg.

Die hungrigen Schnäbel der Adlerjungen kamen neugierig heran geschossen.

„Halt! Wir sind kein Futter für Euch", schrie Odin hysterisch, aus Leibeskräften. Er trat einen Schritt zurück und wäre beinahe rücklings vom Horst in die Tiefe gestürzt.

„Kinder, sitzt still und hört zu, was ich Euch und der Mama zu sagen habe", wies Uturk sie streng zurecht. Er schlug seinen Schnabel gegen den Rand des Horstes, um seinen Worten den nötigen Nachdruck zu verschaffen.

„Die beiden ungleichen Vögel hier sind die Gesandten von Ambrosia, der allmächtigen Schneeeule."

Uturks Frau Ayla lächelte wissend. „Sie sind gekommen, um das Siegel mitzunehmen. Wisst ihr, was dies für uns bedeutet?"

„Wir können sie nachher fressen?"

„Nein. Wir sind frei das Gebirge zu verlassen und uns ein neues Zuhause zu suchen. Wo es mehr Nahrung für uns gibt. Ein besseres Leben."

„Dank der Ankunft unserer Freunde können wir bald losfliegen. Gerade noch rechtzeitig, bevor der Winter hereinbricht."

„Leider können wir Euch nicht so bewirten, wie es sich gehören würde." Beschämt ließ Ayla den Kopf hängen. „Lebensmittel sind knapp."

„Schon gut. Kein Problem. Das Siegel ist das Wichtigste."

„Oh ja, das Siegel."

Uturk tauchte mit seinem majestätischen Kopf unter den Horst und zog mit seinem geschickten Schnabel eine fingerdicke Scheibe aus Quarzgestein hervor. Feine, geschwungene Linien waren in die Oberfläche eingeritzt – eine Schrift, die Marvin unbekannt war. Uturk reichte die Scheibe an Marvin, der sie vorsichtig in seine Krallen nahm – sie war zu schwer, als dass Marvin sie in seinem Schnabel hätte halten können. Eines der Adlerkinder reckte neugierig den Kopf vor, um die Scheibe besser betrachten zu können. Marvin verlor das Gleichgewicht. Er stürzte. Das Siegel fiel ihm aus den Krallen.

„Nein." Marvins Schrei gellte durch die Luft. Vom Rand des Horstes sah er, wie das Siegel auf den felsigen Boden zu schnellte. Es brach mit einem Scheppern entzwei.

„Oh nein. Was machen wir jetzt?" Odin schlug wild mit seinen Flügeln.

„Wir sammeln die Scherben ein."

Odin kratzte sich nachdenklich mit seiner linken Kralle am Hinterkopf.

„Meinst Du, Cornelius kann die Scheibe wieder zusammenkleben?"

„Ich hoffe." Marvins Stimme klang zuversichtlicher als er sich fühlte.

Ohne ein Wort zu verlieren öffnete Uturk seine gewaltigen Schwingen und glitt vom Horst hinab in die Tiefe. Marvin folgte ihm im Sturzflug. Odin torkelte verdrossen hinter den beiden her. Er bot in der Tat einen jämmerlichen Anblick, seine Federn flatterten im Wind und er konnte kaum seine Flügelstellung kontrollieren. Wie er diese Sturzflüge aus hoher Höhe hasste. Nun ja, sie alle mussten Opfer bringen. Endlich landete er unsanft auf seinem Schwanz in zentimeterhohem Schnee, neben Marvin, Uturk und den beiden Siegelhälften, die Uturk inzwischen eingesammelt hatte.

„Autsch." Odin rieb sich mit seiner Flügelspitze sein schmerzendes Hinterteil.

„Oh je, wir haben wohl noch eine Bruchlandung zu vermelden."

Marvin konnte sich das Lachen nicht verkneifen.

„Was soll das nun wieder heißen?" knurrte Odin missmutig.

„Schon gut. Du bist immerhin noch in einem Stück, im Gegensatz zum Siegel." beschwichtigte Marvin.

„Sieht mein Federnkleid arg zerzaust aus?" Odin schielte verstohlen auf Uturk, der einfach umwerfend aussah und in dessen Gegenwart sich Odin völlig unzulänglich vorkam. Uturk betrachtete Odin schmunzelnd.

„Ein paar Federn hier und da könnten allerdings geglättet werden."

Da Marvin die sensiblen Seiten seines Freundes nur zu gut kannte, fügte er hastig hinzu: „Aber Du hast doch Glück gehabt – Du hättest Dir was brechen können."

„Tss, ich habe mir noch nie etwas beim Fliegen gebrochen. Wofür hältst Du mich? Einen Stümper? Das Fliegen wurde mir schließlich in die Wiege gelegt – ganz im Gegensatz zu manch anderen Vögeln."

Odin steckte beleidigt seinen Schnabel in sein zerrupftes Federnkleid.

„Ach Odin, hab' Dich doch nicht so. Lass uns lieber mit den beiden Siegelhälften nach Hause fliegen. So einsam es hier ist, man kann uns bestimmt auf dem schneeweißen Untergrund von meilenweit her erkennen." Marvin hatte ein beklemmendes Gefühl in der Brust. Genau in diesem Moment kam Uturks Frau Ayla vom Himmel herabgeschossen.
„Ich habe einen Trupp von sechs Raben gesichtet. Sie sind nicht von hier und fliegen in einer Linie von Nordnordwest gerade auf Euch zu. Was kann das bedeuten?", fragte sie besorgt.
„Oh nein, die abtrünnigen Raben. Ich hab's doch gewusst! Verdammt."
Marvin war müde, erschöpft und fror unter seinem sommerlichen Federnkleid im schneebedeckten Gebirge. Das Letzte was sie jetzt gebrauchen konnten, war ein Stoßtrupp feindlich gesinnter Raben.
„Allmächtige Schneeeule, Marvin. Du sollst doch nicht fluchen. Muss ich Dir immer noch Manieren beibringen?"
„Odin, mir ist wirklich nicht zum Scherzen zumute."
Uturk betrachtete die beiden Freunde nachdenklich. „Ich mache Euch einen Vorschlag. Nehmt das Siegel und fliegt nach Hause. Ihr zwei habt schon genug durchgemacht. Meine Frau Ayla und ich halten hier die Stellung. Großes Adlerehrenwort. Abgemacht?"
„Vielen Dank für Deine Großzügigkeit, aber das können wir nicht akzeptieren. Wir kämpfen selbstverständlich mit Euch", widersprach Marvin mit fester Stimme.
„Ihr habt Mut, mein Freund." Uturk nickte anerkennend. „Nun gut, kommt. Ich habe einen Plan."

Uturk nahm beide Siegelhälften in seine mächtigen Krallen, spreizte seine Schwingen und erhob sich anmutig in die Luft. Marvin und Odin folgten ohne Zögern seinem Beispiel, wenn auch weniger anmutig, während Ayla sich flugs zum Horst aufmachte, um nach ihren Kindern zu sehen. Uturk führte seine Gefolgschaft auf einen der vielen Felsvorsprünge des Ararat-Gebirges, wo er ihnen seinen Plan erläuterte.

„Wir brauchen einen Lockvogel."

Marvin traute seinen Ohren nicht. „Soll das ein Scherz sein?"

„Nicht im Geringsten."

„Mir ist alles klar."

Marvin schaute verwundert auf Odin, der bedächtig nickte.

„Dies ist ein alter Jägertrick. Wir gehen auf die Lauer und schlagen im richtigen Moment zu. Rabum, bum, bum."

Uturk blickte scharf zu Odin herüber. „Odin, würdest Du diese Aufgabe übernehmen?"

„Nicht gerade mit Vergnügen, aber es ist mir trotzdem eine Ehre."

„Wird diese Überrumplungstaktik auch funktionieren?", fragte Marvin, jetzt mehr besorgt um Odin als um sich selbst.

„Du, Marvin, und ich werden Odin Rückendeckung geben. Wenn die Raben auftauchen, werden wir sofort angreifen, so dass sie von Odin abgelenkt werden. Okay?"

„Hoffentlich okay für mich, meinst Du wohl?", warf Odin ein.

„Oh, Odin. Ich würde Dich nie im Stich lassen, niemals", beteuerte Marvin eilig.

Odin strich sich voller Genugtuung über seinen aufgeplusterten Bauch.

„Das höre ich gern."

Uturk beäugte seine neuen Freunde belustigt, dann wurde er schlagartig wieder ernst. Sie hatten keine Zeit zu verlieren, die Raben waren schon im Anflug in Richtung Horst.

„Wir haben den Vorteil auf unserer Seite, da wir sie überraschen können."

„Wir haben den Vorteil auf unserer Seite, weil Du mit uns kämpfst", entgegnete Marvin aus tiefster Seele. Uturk erwiderte Marvins Ausspruch mit einem Blick aufrichtiger Dankbarkeit, den Marvin lange nicht vergessen konnte.

Odin flog in einer geraden Linie vom Gipfel herab in Richtung Horst. Wenn er diese Richtung beibehielt, müsste er in Kürze von den Raben entdeckt werden. Sein Herzschlag pochte in seinen Ohren. Allmächtige Schneeeule. Jetzt war er also zu einem Lockvogel degradiert. Gott sei Dank konnte ihn Olga nicht sehen, er wäre vor Scham im Boden versunken. Manchmal fühlte er sich zu alt für seine Aufgabe. Schutzpatron eines eingeweihten Menschenkindes zu sein war anstrengend genug, aber nun hatten sie auch noch mit den abtrünnigen Raben zu tun. Und seine Sehstärke wurde von Tag zu Tag schwächer. Obwohl er blinzelte, konnte er die Raben nirgendwo sehen. Seine Gedanken wurden jäh unterbrochen.

Er hörte ein ängstliches Gekrächze und wurde von heftigen Flügelschlägen umschwirrt. Ein Schnabelhieb traf ihn in seine Flanke. Odin wurde schwindelig und er verlor trudelnd an Höhe. Bevor er sein Bewusstsein verlor, glaubte er noch Uturks gewaltige Schwingen über sich zu spüren. Als Odin erwachte, war es schon dunkel. Er zitterte vor Kälte.

„Odin, Gott sei Dank. Du bist wieder wach." Marvin beugte sich mit ängstlichem Gesicht über seinen Freund.

„Was ist passiert?"

Uturk, der ihnen gegenübersaß, ergriff das Wort. „Wir haben die Raben erwischt. Vier sind bei der Attacke tödlich verletzt worden, die anderen zwei haben wir fliegen lassen."

„Fliegen lassen?"

„Nun, wir haben sie erst einmal gründlich ausgefragt. Eins war ein Weibchen, das andere ein Männchen. Medusa und Herodes, was für unheilvolle Namen. Herodes war ein besonders übler Bursche. Hatte nur noch ein Auge. Muss wohl des Öfteren in Raufereien verwickelt worden sein. Verdorbene Charaktere hatten allerdings beide."

„Und konntet ihr etwas Nützliches erfahren?"

„Oh ja. Ihr Anführer heißt Damokles. Ganz alte Schule. War schon als Baby bei den abtrünnigen Raben dabei. Er scheint ein ganz brutaler, gewissenloser Schurke zu sein, der seine eigenen Leute in Furcht und Schrecken versetzt. Seine Mutter, Darwinia, war eine der grausamsten Anführerinnen zu Carlottas Zeiten."

„Allmächtige Schneeeule. Hat Marvin Dir etwa seine ganze Familiengeschichte erzählt? Wie lange war ich denn weggetreten?"

„So ungefähr drei Tage, was Uturk?"

„Drei Tage? Und ich lebe noch?"

„Nur ein Scherz. Ungefähr eine halbe Stunde, beruhige Dich."

„Und was ist nun mit den Plänen der abtrünnigen Raben? Was haben sie vor? Und woher wussten sie, dass wir hier waren, um das vierte Siegel zu suchen?"

„Immer schön der Reihe nach."

Marvin konnte sein Wissen nicht länger für sich behalten und platzte trotz Uturks Ermahnung zu Besonnenheit mit den Neuigkeiten heraus. „Die Raben sind auf der Suche nach Ambrosia. Sie wollen unbedingt das Buch der Weisheit in ihre Hände kriegen. Sie verfolgen uns, weil sie denken, wir wissen wo Ambrosia ist. Es ihnen ganz recht, dass wir die ganze Arbeit tun, um die Siegel zu finden. Aber ich glaube, es war eher ein Zufall, dass sie hierher ins Ararat Gebirge gekommen sind. Damokles hat Spähtrupps in alle Himmelsrichtungen und an alle heiligen Stätten der Erde geschickt, in der Hoffnung uns oder Ambrosia ausfindig zu machen."

„Klingt ja nicht so, als ob sie alles unter Kontrolle hätten und die Dinge gehen wohl nicht so, wie sie es sich wünschen würden. Ha."

„Hmm, aber Du hattest auf jeden Fall recht mit Deinem Verdacht. Medusa hat bestätigt, dass die abtrünnigen Raben mein Haus bei Tag und Nacht beschatten lassen. Sie wissen genau, was wir vorhaben."

„Allmächtige Schneeeule. Kann man denn gar keine Geheimnisse mehr haben in dieser Welt?" Odin fragte sich im Stillen besorgt, wie groß die Chance wäre, dass Olga vielleicht doch von seiner kläglichen Rolle in diesem Abenteuer erfahren würde.

Kapitel 14 – Ein Unglück kommt selten allein

Sonntag, 22. Oktober

„Was?"

Marvin schrie das Wort aus dem tiefsten Winkel seiner Lungenflügel heraus, dort wo sein Herz sich beinahe überschlug vor Unglauben und Schreck.

„Bitte reg Dich doch nicht so auf." Marvins Vater redete beschwörend auf Marvin ein, wild mit seinen Händen gestikulierend.

„Nicht aufregen?" Marvin war fassungslos. Als sein Vater ihm die blonden Locken aus dem Gesicht streichen wollte, stieß Marvin seine Hand ärgerlich beiseite. Seine Gabel fiel mit lautem Geklirr auf den gefliesten Küchenboden. Marvin tauchte unter die Tischplatte, um sie aufzuheben.

Sein Vater hatte ihm gerade eben – während des gemeinsamen Frühstücks, über Kakao und Brötchen - mitgeteilt, dass er eine neue Frau kennen gelernt hatte.

„Sie ist sehr nett. Und ganz anders als Mama."

Marvin stieß schmerzhaft mit dem Hinterkopf an die Tischkante, als er sich wieder vom Boden aufrichtete.

„Willst Du sagen, Mama war nicht nett?"

Tränen stiegen in Marvins Augen. Bloß nicht weinen. Wenn das diese Zicke, die sich heimtückisch an seinen Papa herangemacht hatte, wüsste. Diese Genugtuung wollte er ihr nicht zuteilwerden lassen.

„Natürlich war Mama nett. Keiner kann Mama ersetzen. Niemals. Aber Anne ist sehr anständig. Und eine reizende Mama."

„Woher willst Du das wissen? Ich will keine neue Mama."

Peter Krone räusperte sich verlegen. „Anne hat selbst ein kleines Kind. Ein Mädchen. Sie heißt Saskia. Ein süßer Spatz. Du wirst sie mögen."

Marvin wurde schwindelig. Wahrscheinlich hatte sein Vater ihn in den letzten Wochen gar nicht vermisst, wenn er mit Odin unterwegs war. Während er sein Leben aufs Spiel setzte, um die Menschheit zu retten, vergnügte sich sein Papa mit einer anderen Frau und ihrem Kind. Er verstand die Welt nicht mehr. Was schlimmer war, er verstand seinen Papa nicht mehr. Hatte er Mama so schnell vergessen?

Marvin fühlte sich hundeelend. Er wollte einfach nur weglaufen. Sich irgendwo verstecken. Vielleicht für immer als Turmfalke in der Traumzeit bleiben. Dort würde er zwar auch nicht wirklich mit seiner Mama zusammen sein, aber doch mit ihrem Spiegelbild sprechen können. Das schien ihm eine erstrebenswertere Realität als die Welt seines Vaters, die rund um ihn herum zusammenzubrechen schien.

„Wie lange kennt ihr Euch schon?"

„Ich habe Anne kurze Zeit nach unserem Umzug an der Berliner Humboldt Uni kennen gelernt."

„Und Du erzählst mir erst jetzt davon?"

„Anfangs wusste ich nicht, wie ernsthaft wir uns ineinander verlieben würden."

„Verstehe." Es gab wohl keine Möglichkeit, seinem Vater diese Beziehung wieder auszureden. „Wann kann ich sie treffen?"

„Du hast ja einen ganz geschäftsmäßigen Ton an Dir, Carlchen. So kenne ich Dich ja gar nicht."

„Und ich dachte, ich kenne Dich."

Marvin biss einen großen Happen von seinem Croissant ab, dass es zwischen seinen Zähnen knirschte. Er kaute mechanisch auf dem trockenen Teig herum.

„So kann man sich täuschen."

„Na, na. Es wird sich schon alles einrenken. Mit der Zeit. Anne denkt das jedenfalls."

„Denkt sie das? Wie schön." Marvin stand auf. Seine Knie zitterten und er musste sich mit beiden Händen an der Tischkante festhalten. Er fühlte sich an den Moment vor über einem Jahr erinnert, wo sein Vater aus dem elterlichen Schlafzimmer gestolpert kam, Marvin beide Arme auf seine schmalen Schultern gelegt hatte, und ihm die schreckliche Nachricht über Mamas so genannten Unfall überbracht hatte. Wie damals jagten in seinem Kopf Gedanken und Gefühle wild durcheinander. Nur hatten sie damals zusammen geweint, was zwar den Schmerz nicht ausgelöscht hatte, aber doch erträglicher gemacht hatte.

Diesmal war Marvin mit der Trauer allein, während sein Vater in neuem Liebesglück schwelgte. Marvin fühlte sich speiübel bei dem Gedanken, sich das mit ansehen zu müssen.

„Hast Du was dagegen, wenn ich heute bei Cornelius übernachte?"

„Wenn Du das möchtest, ist das okay. Wenn Cornelius einverstanden ist."

In diesem Moment tat Marvin sein Vater irgendwie leid, obwohl er nicht wusste, warum. Schließlich hatte er anscheinend seine zweite große Liebe gefunden. Er musste doch wissen, wie schwierig es für Marvin war, sich mit dieser Situation abfinden zu müssen? Wenn doch nur Mama noch da wäre.

„Ich geh nach oben und pack meine Sachen."

In diesem Moment klingelte das Telefon. Peter Krone stürzte auf den Flur hinaus, um das Gespräch anzunehmen.

„Oh, hallo, Schatz. Wir sprachen gerade von Dir."

Marvins Herz klopfte. Mit seinen Lippen formte er die Laute ‚Mama'."

Die Worte seines Vaters hatten so weich und liebkosend geklungen. Genauso wie früher, wenn Papa sich mit seiner Mutter unterhalten hatte. Marvin starrte gebannt seinen Vater an. Peter Krone warf Marvin einen nervösen Blick zu und wandte sich halb um, Marvin den Rücken zukehrend.

„Wie geht's der Kleinen. Ist Saskia wohlauf?", murmelte Marvins Vater in die Sprechmuschel. Also war es diese Verräterin Anne. Marvins Herz sank. Er hatte für einen Moment geglaubt, seine Mutter könnte vielleicht einen Weg gefunden haben, aus der spirituellen Welt Kontakt aufzunehmen, um seinem Vater zu sagen, wie unfair sein Verhalten Marvin gegenüber war. Aber natürlich war das nur Wunschdenken. So etwas gab es nur im Märchen. Und Marvin glaubte mit seinen elf Jahren nicht mehr an Märchen – jedenfalls nicht an die mit den Happy Ends. Aber die Sache mit den Raben, die war echt. Und der Rat der Raben war das letzte Bindeglied zwischen seiner Mutter und ihm, und dafür war er dankbar. Marvin drehte sich wie in Zeitlupe um und stieg leise die Treppenstufen zu seinem Schlafzimmer herauf.

Er wusste noch nicht, wie er Cornelius diese Situation erklären sollte, aber er vertraute darauf, dass er im Archiv der Schule einen Unterschlupf finden konnte. Er musste unbedingt Odin eine Nachricht hinterlassen. Schade, dass Odin nicht lesen konnte. Er lief zum Fenstersims, öffnete die Schatulle seiner Mutter und holte die schwarze Feder heraus. Er legte sie behutsam unter sein Kopfkissen. Er warf einen Blick auf seinen Kalender, um sich zu vergewissern, dass kein Neumond war. Dann griff er sich den ersten Band seiner Enzyklopädie (A-B), den er nach einiger Zeit des Suchens auf dem Boden unter einem Stapel von Geo-Magazinen und Abenteuerromanen entdeckt hatte.
Marvin setzte sich im Schneidersitz auf sein Bett und begann fasziniert alles über Australien zu lesen: Von seinen Ur-Einwohnern, über das Klima und die Geologie bis zur einzigartigen und fantastischen Tier- und Pflanzenwelt. Cornelius war sich sicher gewesen, dass das fünfte Siegel auf dem australischen Kontinent zu suchen war, mit dem Ayers Rock als wahrscheinlichstem Aufbewahrungsort. Über seiner spannenden Lektüre vergaß Marvin schließlich den Zwist mit seinem Vater. Das fünfte Siegel wollte mit aller Macht entdeckt werden. Und Marvin liebte es, sich als Weltenentdecker zu fühlen. Das nächste Abenteuer wartete nur darauf begonnen zu werden. Und es würde ihn ganz weit weg von seinem Vater, deren neuer Freundin Anne und dem Baby Saskia führen.
Nach dem Mittagessen verabschiedete sich Marvin von seinem Vater und schulterte seinen Schulranzen, den er mit dem Nötigsten für ein paar Tage Übernachtung bei Cornelius gefüllt hatte. Schlafanzug, Handtuch, Zahnbürste

und Zahnpasta, ein Stück Seife und eine Tafel Schokolade befanden sich in der Tasche anstelle der üblichen Schulbücher, Stifte und Hefte.

-

Gleich nach Marvins Ankunft hatte Cornelius seinen Tresor geöffnet und alle Siegel herausgeholt. Sie lagen Seite an Seite auf seinem Schreibtisch.

„Konntest Du die zwei Siegelhälften vom Ararat Gebirge zusammenkleben?“

Marvin beugte sich gespannt über das vierte Siegel aus Quarzgestein.

„Ja. Und ich habe auch schon angefangen, es zu übersetzen. Es ist in Sanskrit geschrieben. Genauer gesagt, dieses Siegel ist in vedischem Sanskrit geschrieben, was archäologisch und sprachgeschichtlich sehr interessant ist. Vedisches Sanskrit wurde nämlich für Jahrhunderte nur mündlich weitergegeben und dieses Siegel dürfte somit die älteste schriftliche Aufzeichnung sein, die jemals in vedischem Sanskrit gemacht wurde.“

Cornelius Stimme hatte einen feierlichen Ton angenommen.

„Papa sagte mir, Sie haben Sanskrit an der Uni studiert.“

„Ja, Deine Mutter, dein Vater und ich haben sogar in einem Sprachclub Gedichte in vedischem Sanskrit geschrieben und uns gegenseitig vorgelesen.“

„Ist Sanskrit eine alttürkische Sprache?“

„Nein, keineswegs, obwohl Sanskrit wohl auch in Kleinasien gesprochen wurde. Sanskrit stammt aus Indien, und ist eine der ältesten Sprachen, wenn nicht sogar die Ursprache, der indoeuropäischen Sprachgruppe. Latein, Griechisch, und Altpersisch, aber auch die meisten modernen europäischen Sprachen haben ihre Wurzeln in Sanskrit.“

„Was steht denn auf dem Siegel?“

„Das Siegel spricht davon, wie die Menschheit immer wieder von Seuchen und Plagen heimgesucht wurde. Es handelt davon, dass die Menschen ihre Intelligenz nutzen müssen, um nicht nur sich selbst, sondern allen Lebewesen zu helfen, als Art fortzubestehen. Die Botschaft ist, dass die Welt nicht gerettet werden kann, wenn wir versuchen Fortschritt und wissenschaftliche Erkenntnis zu unterdrücken. Aber die Welt wird auch nicht gerettet werden, wenn eben diese Dinge zu falschen Zwecken und mit falschen Motiven eingesetzt werden."

„Hmm. Aber die Nachrichten sind doch voll davon, wie die Menschen die Natur immer weiter zerstören?"

In diesem Moment erschien Odin laut klopfend am Kellerfenster.

„Odin. Klasse, dass Du hier bist. Ich konnte Dich nicht rufen, da Neumond ist. Hast Du meine Gedanken gelesen?"

„Nun, ich dachte, ich schaue mal vorbei. Wir müssen schließlich noch Vorbereitungen für unsere nächste Reise treffen, nicht wahr?"

Cornelius stand auf, um die Siegel wieder wegzuschließen. Neben den Siegeln hatte er seine Notizbücher aufgestapelt, die alle Texte in Originalabschrift und in der deutschen Übersetzung enthielten. Zudem hatte er alle Texte und die Abbildungen der Siegel im Büchereicomputer elektronisch gespeichert (er hatte einen passwortgeschützten Bereich, auf den nur er zugreifen konnte). Seit dem erneuten heimtückischen Überfall der abtrünnigen Raben im Ararat Gebirge hieß es besonders vorsichtig sein.

„Möchte jemand eine Tasse Tee? Odin, für Dich wie immer mit besonders viel Milch, nehme ich an? Ich habe auch noch eine Dose, die bis oben hin mit leckeren Keksen gefüllt ist."
Die drei machten es sich im Archiv gemütlich und besprachen die bevorstehende Suche nach dem fünften Siegel in Australien.

Dreißig Kilometer nördlich, in einem Buchenwäldchen mitten in der Heide, hatte sich eine Meute der abtrünnigen Raben um ihren Anführer geschart. Damokles thronte in ihrer Mitte wie ein Despot – links und rechts von ihm befanden sich Medusa und Herodes. Sie hielten ihre Köpfe derart tief gesenkt, dass ihre Schnabelspitzen den Waldboden berührten. Medusa und Herodes waren jeweils von vier Raben umringt, die mit ihren Schnäbeln boshaft zustießen, sobald sie auch nur eine Bewegung vermuteten.
„Gebt's ihnen, gebt's ihnen!", krächzte es im Chor. Die Stimmen der Vergeltung wurden immer lauter.
„Wartet. Lasst uns erst einmal anhören, was die beiden uns zu berichten haben."
„Wir waren im Ararat Gebirge, wie ihr uns aufgetragen habt", stammelte Herodes.
„Hört, hört", rief es von allen Seiten.
„Und habt ihr auch das beschafft, was der Zweck dieser Reise war? Nämlich das vierte Siegel zu erbeuten?"
„Nun...", setzte Medusa zaghaft an. „Wir haben das Siegel gefunden."

„Oh, welche Heldentat“, höhnte Damokles verächtlich. „Und wo ist das Siegel, wenn ich in aller Bescheidenheit fragen darf?“

„Marvin, das Menschenkind, und Odin, die Nebelkrähe, haben es weggeschafft.“

Medusa duckte sich noch tiefer zu Boden aus Angst vor weiteren Schnabelhieben ihrer einstigen Kameraden, die jetzt ihre Bewacher waren.

„Wieso nicht ihr? Ihr wart doch in der Überzahl. Sechs Raben gegen zwei.“

„Da war ein Adler, Uturk. Er hat ihnen geholfen.“

„Ihr seid klägliche Versager. Und ich nehme an Eure Kumpane wurden getötet, da sie heute nicht hier erschienen sind? Ich spreche von Xanthippe, Brutus, Pontius und Titan?“ Damokles sprach jeden der Namen bewusst deutlich und langsam aus.

„Ich fürchte, ja“

Ein Raunen der Empörung ging durch die Versammlung.

„Und ihr zwei seid - oh Wunder - entkommen?“ Damokles lachte boshaft.

„Sie haben uns laufen lassen.“

„Ach wirklich? Einfach so? Dass ich nicht lache.“

„Immerhin ist das Siegel zerbrochen. Vielleicht ist es zu nichts mehr nütze.“

„Wie wunderbar. Erst lasst ihr euch am Schnabel herumführen, dann lasst ihr einen unerfahrenen Jungen und eine altersschwache Nebelkrähe vor Euren Augen entwischen und zu guter Letzt lasst ihr Euch auch noch vom Feind fangen lassen anstatt im Kampf heldenhaft zu sterben?“

„Wir werden es wiedergutmachen, ganz bestimmt“, flehte Medusa, die mittlerweile das Schlimmste befürchtete. Damokles würde so ein Versagen

nicht ungestraft durchgehen lassen. Sie hatte selbst mehr als einmal mit ansehen müssen, wie andere aus seinem Gefolge, die ihren Auftrag nicht erfüllt hatten, auf grausame Weise hingerichtet wurden.

„Ihr seid nicht nur Versager, sondern auch noch Verräter", schnaufte er, sichtlich verärgert.

Die Schar der Raben warf ihrem Anführer Rufe der Zustimmung entgegen.

Damokles Augen funkelten bösartig. Im Zwielicht der Abenddämmerung sah Damokles noch finsterer und bedrohlicher aus als gewöhnlich.

„Nun, nachdem ihr die Schande eurer Dummheit auf uns alle, die hier heute Abend versammelt sind, geladen habt, werde ich euch wohl nicht fliegen lassen können, ohne euch gehörig die Federn zu rupfen, meint ihr nicht auch?"

Die Menge krächzte vor Vergnügen. Alle Augenpaare schauten gebannt auf das Geschehen, das sich vor ihnen abspielte. Damokles orderte mit einer Kopfbewegung die Raben, die Medusa bewachten, nach vorne zu treten.

„Rupft ihr die Federn beider Flügel aus. Aber bitte schön sanft. Wir wollen schließlich kein unnötiges Blutvergießen." spottete Damokles.

Medusa krallte sich verzweifelt im Boden fest. Widerstand war zwecklos, das wäre ihr sicheres Todesurteil gewesen. Ihr Gefieder würde immerhin in wenigen Wochen nachwachsen. Ihre Federn flogen in alle Richtungen, als ihre vier Wächter erbarmungslos drauflos hackten.

„Weißt Du auch, warum ich so schonend mit Dir umgehe, Medusa?"

Medusa zuckte zusammen. Was würde wohl noch kommen?

„Weil ich noch Pläne für Dich habe. Du wirst uns noch nützlich sein, meine Liebe."

„Nun zu Dir, Herodes. Es scheint, Dein einzig verbliebenes Auge war nicht gut genug, um den Hinterhalt, in den ihr geflogen seid, zu erspähen. Unter Deiner Führung sind vier von meinen wichtigsten und treuesten Gefolgen ums Leben gekommen. Was hast Du zu Deiner Verteidigung zu sagen?"

Herodes zwinkerte ängstlich. „Ich weiß nicht, wie dies passieren konnte, ehrlich. Wir haben nicht mit dem Adler gerechnet. Seine Frau hat auch mitgekämpft."

„Hört, hört."

Die Menge lachte. Heute Abend wurde wahrhaft gute Unterhaltung geboten.

„Sieh an, Herodes. Es braucht also eine Frau, um Dich zu besiegen?"

„So war es nicht."

„Nun, wir waren nicht dabei. Und können demnach den Wahrheitsgehalt Deiner Aussagen nicht überprüfen."

„Was meinst Du wohl, ist eine gerechte Vergeltung für Dein bedauernswertes Versagen?" Herodes flatterte in Todesangst, was sofort weitere Schnabelhiebe seiner Wächter zur Folge hatte.

„Was hältst Du davon, wenn wir Dir Dein verbliebenes Auge aushacken, hmm? Vielleicht lernst Du dann besser, auf Deine Eingebung zu hören?"

Die Menge toste und schlug erwartungsvoll mit ihren Flügeln.

„Nein, nur das nicht", schrie Herodes entsetzt. Aber es war zu spät. In Sekundenschnelle hatte einer der Raben auf sein gesundes Auge gezielt und stieß seinen Schnabel mit voller Kraft hinein. Herodes wurde schwarz vor Augen, bevor er ohnmächtig zu Boden sank.

Kapitel 15 - Das fünfte Siegel am Ayers Rock

Anfang November

Die australische Morgendämmerung war ein Naturschauspiel höchsten Ranges. Der Himmel erstrahlte in allen Regenbogenfarben und die pastellfarbenen Wolken sahen wie Zuckerwatte aus. Marvin und Odin flogen nun schon seit mehreren Stunden über die australische Steppe des Kata Tjuta Nationalparks im Nördlichen Territorium. Odin flog unbeirrt und zielstrebig voran. Marvin folgte in seinem Windschatten mit matten Flügelschlägen. Marvins Flügel fühlten sich mit jedem Flügelschlag schwerer an. Wieder einmal bedauerte er, ausgerechnet einen Turmfalken zu verkörpern. Cornelius war sich sicher gewesen, dass sich das fünfte Siegel in Australien befinden musste. Er vermutete, das Siegel würde irgendwo am Ayers Rock, dem bekannten Wahrzeichen Australiens, zu finden sein. Dieser zweitgrößte Monolith der Welt - von den Ureinwohnern Australiens, den Aborigines, Uluru genannt - spielte eine zentrale Rolle im Glauben der australischen Ureinwohner. Nach ihrem Glauben soll die Quelle von Tjukurpa, der Traumzeit, unterhalb der Erde in einer Höhle am Ayers Rock liegen. Marvin glaubte auch, dass Ayers Rock ein guter Startpunkt für ihre Suche darstellte, aber leider hatte es sich als nicht so einfach herausgestellt, dorthin zu translokieren. Seit Stunden hatte sich die Landschaft unter ihnen nur unwesentlich verändert. Australischer Busch, soweit das Auge reichte. Endlich sah Marvin eine rötlich schimmernde Erhebung am Horizont.

„Odin, ich glaube da vorn ist Ayers Rock. Wir sind bald am Ziel."
„Wird aber auch Zeit. Ich könnte eine Rast vertragen."
„Ich auch, aber wir müssen uns beeilen. Wer weiß, was uns am Ayers Rock erwartet. Und die Nacht ist schon halb vorüber."
Als Marvin seinem Vater gestern Abend erklärt hatte, dass er und Odin nach Australien translokieren müssten, um das fünfte Siegel zu finden, hatte er ihm versprochen, Sonntag früh wieder zurück zu sein und wollte ihm durch eine etwaige Verspätung nicht unnötig Sorgen bereiten. Nach einer weiteren halben Flugstunde erreichten sie die Ausläufer des Ayers Rock. Der rote Sandsteinfelsen stand wie ein riesiger Klotz in der flachen Ebene. Kleine, inzwischen von rosa, lila und orange in weiß übergewechselte Wolkentupfer schmückten den tiefblauen Himmel. Während es in Europa jetzt nach Mitternacht war, war in Australien ein neuer Tag erwacht. Marvin und Odin landeten erschöpft auf dem roten Felsen des Ayers Rock.
„Puh, endlich sind wir hier. Nach dem Stand der Sonne zu urteilen ist es fast Mittag."
„Mein Vogelmagen fühlt sich ganz leer an", beschwerte sich Odin. „All das Fliegen macht wirklich hungrig."
„Vielleicht können wir auf irgendetwas Jagd machen. Es gibt hier doch sicher Schlangen und Echsen?"
„Die könnten aber giftig sein. Kennst Du dich mit der australischen Tierweltaus?"
„Nicht wirklich. Aber wir müssen etwas in unsere Bäuche bekommen."

Marvin stieg wieder in die Luft auf. Im Rüttelflug beobachtete er, ob sich irgendetwas auf dem Steppenboden bewegte. Die Kleintierjagd war für Marvin immer noch ungewohnt und eigentlich verabscheute er sie. Er musste sich ganz seinem Jagdvogelinstinkt hingeben, um erspähte Tiere zu töten und erbeutetes Fleisch roh herunterwürgen zu können. Sushi, Hackepeter oder Tartar zählten nicht gerade zu seinen Leibspeisen. Marvin sah, wie sich etwas im Gestrüpp regte. Er legte seine Flügel eng an den Körper und stieß hinab. Seine scharfen Fänge schlugen in den Körper einer Echse ein, deren Rücken mit zahlreichen Hörnern übersät war. Odin landete neben Marvin auf dem Sandboden.

„Das sollen wir essen?"

„Warum nicht?"

Ein Rascheln im Gebüsch ließ sie erschrocken zurückfahren. Marvin hüpfte zur Seite, so dass die Echse weit sichtbar auf dem Boden lag.

„G'day, mates. Ich bin Sandy. Und wer seid ihr?"

„Guten Tag." Odin legte seinen Kopf schief und betrachtete misstrauisch das Wesen, das eben aus dem Gestrüpp hervor gekrochen kam. Es war eine sandgelbe Schlange.

„So, so, ihr habt einen gehörnten Drachen erbeutet. Na dann, guten Appetit." Marvin war sich nicht sicher, ob Sandys letzte Bemerkung ernst oder ironisch gemeint war.

„Kann man dieses Tier essen?"

„Dumme Frage. Soll ich euch das Essen mal vormachen? Dann nur her damit."

Sandy kroch wie der Blitz näher an die reglose Echse heran und leckte sich genießerisch mit ihrer Zunge über ihre geblähten Nüstern.
„Nicht so schnell, mein Freund." Marvin ärgerte sich über das dreiste Verhalten dieses Neuankömmlings. Er war sich nicht sicher, um was für eine Schlangenart es sich handelte, aber er würde sich nicht sein Essen stehlen lassen, so viel stand fest.
„Keine Aufregung. Ich wollte nur mal euren Fang etwas näher betrachten. Wirklich ein Prachtexemplar."
„Dies ist unser wohlverdientes Frühstück."
„Hast Du gerade ‚unser" gesagt? Dann kann ich wohl auch etwas abhaben, ja?"
„Nun, ich meinte mich und die Nebelkrähe."
„Du teilst Deine Beute mit dieser struppigen Krähe, aber nicht mit mir?"
„Die Krähe ist mein Freund. Im Gegensatz zu Dir."
„Oh, da ist wohl jemand beleidigt. Fühl Dich bloß nicht auf die Krallen getreten."
„Wir möchten nur in Ruhe essen. Danke schön!", mischte sich Odin ein.
„Wohl bekommt's. Hi, hi."
„Ist die Echse nun essbar oder nicht?"
„Wenn ihr mir ein Stück abgebt, verrate ich's Euch."
„Also gut." Marvin hackte seufzend ein kleines Stück vom Echsenschwanz ab und reichte Sandy die Schwanzspitze. Sandy öffnete ihren Rachen und verschlang den Fleischbrocken mit einem Würgeschluck, gefolgt von einem riesigen Rülpser.

„Lecker. Gehörnten Drachen habe ich lange nicht mehr zwischen meinen Kiefernplatten zertrümmert."

Marvin zerteilte den Rest der Echse in zwei ungefähr gleich große Teile und reichte Odin seinen Anteil. Mit ihren schmalen Schlitzaugen beobachtete Sandy Marvin und Odin ganz genau. Nicht die kleinste Regung entging ihr. Komische Typen, dachte sie. Scheinen nicht aus dieser Gegend zu sein.

„Sandy, kennst Du Dich am Ayers Rock aus?"

„Wieso?"

„Wir suchen eine Höhle oder einen Tunnel. Gibt es vielleicht einen Zugang zum unterirdischen Felsen?"

„Nein."

„Mist." Enttäuscht blies Marvin Luft durch seine Schnabellöcher.

Sandy ließ ihre gegabelte Zungenspitze vor und zurück sausen.

„Es gibt nicht eine Höhle oder einen Tunnel. Es gibt hunderte!", lachte Sandy amüsiert.

„Hunderte? Da können wir ja Tage, wenn nicht Wochen, am Ayers Rock verbringen."

„Was sucht ihr denn? Ihr seht echt nicht so aus, als ob ihr hier etwas verloren hättet. Ihr stammt nicht von hier, oder?"

„Nein. Wir sind gewissermaßen auf der Durchreise."

Marvin hatte keine Lust, Sandy alle Einzelheiten ihrer Mission zu schildern.

„Aha. Nun, wenn ihr mir nicht sagen wollt, was ihr sucht, kann ich euch auch nicht helfen, den richtigen Tunnel zu finden."

Odin warf Marvin einen verschwörerischen Blick zu.

„Wir sind hier in einer geheimen Mission. Hast Du schon mal etwas von der Allmächtigen Schneeeule gehört?"
„Ist das so eine Art Gott von Euch?"
„Nein, nein", widersprach Marvin eilig. „Es ist ein sehr weiser Vogel, der den Menschen helfen will, die Schönheit der Natur und der Erde zu bewahren."
Sein Instinkt hielt ihn davon ab, Sandy die ganze Wahrheit zu sagen.
„In Australien gibt es auch viele weise Vögel. Nicht gerade meine Freunde. Für die hier ansässigen Adler scheinen wir Schlangen so eine Art Schaschlik-Spieß zu sein."
Marvin musste lachen. Sandy betrachtete ihn misstrauisch, und zog wie zum Schutz ihre Schwanzspitze unter ihren Bauch. „Das ist nicht lustig. Mehr als eine meiner Schwestern endete als Fraß für irgendwelche verflixten Adlerjungen."
„Entschuldige."
„Also, was hat die Schneeeule mit eurer Mission zu tun?"
„Wir wurden beauftragt, ein altes Siegel zu suchen. Vor langer Zeit wurde darauf etwas niedergeschrieben, was für die Menschen von großer Bedeutung ist. Und das Siegel soll sich im Ayers Rock befinden."
„Vielleicht solltet ihr meinen Vetter Kid aufsuchen. Er kennt jeden Stein und jedes Sandkorn am Ayers Rock. Sagt ihm, Sandy hat euch geschickt."
„Wo können wir ihn denn finden?"
„Hier am Ayers Rock, wo sonst?"
„Sehr witzig." Odin pickte verärgert mit dem Schnabel im Sand herum.

„Nein, im Ernst. Seid doch nicht gleich eingeschnappt. Kid lebt an der Nordspitze des Felsens. Ein Termitenhügel steht direkt neben seiner Schlafkuhle. Nicht zu verfehlen. Fliegt einfach ein wenig weiter um den Felsen herum."

„Vielen Dank für den Tipp." Marvin streckte seine Flügel. Seine Flugmuskeln schmerzten immer noch von den vielen Flugstunden, die sie am Morgen zurückgelegt hatten. Aber es half nichts. Zu Hause war es jetzt sicherlich schon zwei Uhr morgens und sie mussten in wenigen Stunden wieder zurück sein.

„Komm, Odin. Lass uns noch ein wenig die Flügel bewegen."

„G'day, mates. Grüßt Kid von mir." Sandy schlängelte lautlos davon und war im Nu in demselben Gestrüpp verschwunden, aus dem sie vor einer halben Stunde überraschend aufgetaucht war. Odin und Marvin flatterten in die Luft und flogen weiter geradeaus, den Felsen zu ihrer Linken. Nach zehn Flugminuten sahen sie einen Termitenhügel aus der flachen Landschaft herausragen. Die spitzen Türme erinnerten Marvin an eine Sandburg am Strand, irgendwo an der Ostsee, wo er nach seiner Lungenentzündung mit seinen Eltern einen Kururlaub gemacht hatte.

„Lass uns neben dem Termitenhügel landen."

Odin ließ sich erschöpft vom Himmel fallen. Er landete auf einem der Termitenhügel.

„Odin, komm da runter. Termiten können beißen."

Odin sah auf seine Krallen herab. Große Insekten krabbelten emsig an seinen Beinen herauf. Als er nach ihnen mit seinem Schnabel pickte, fügten sie ihm heftige Bisswunden zu.

„Autsch. Verdammt."

Odins Krächzen ging in ein schrilles Jammern über. ‚Marvin, rette mich."

Marvin flog im Sturzflug auf seinen Freund zu, und drehte im letzten Moment ab.

Er pickte nach so vielen der fetten Termiten wie er konnte. Bald reihte sich auf seinem dünnen Schnabel eine durchbohrte Termite an die andere. Als er seinen Schnabel öffnen wollte, um Odin zu sagen, dass sie wohl nach Kid rufen müssten, merkte er, dass er wie geknebelt war.

„Mmmh", quakte er, hüpfte wild im Kreis herum und zeigte verzweifelt mit seinem Flügel auf seinen Schnabel.

„Was ist denn auf einmal mit dir los?", fragte Odin verwundert.

„Mmmh", quakte Marvin noch lauter als zuvor.

„Mach doch Deinen Schnabel weiter auf, ich kann Dich beim besten Willen nicht verstehen."

„Mmmh", Marvin ärgerte sich wahnsinnig über Odin offensichtliche Beschränktheit. Sein Vater hatte vielleicht doch recht gehabt. Odin war nicht der beste Schutz, den man sich wünschen konnte.

„Ach so." Odin starrte auf Marvins Schnabel.

Marvin nickte eifrig mit dem Kopf. Odin pickte einige der aufgespießten Termiten von Marvins Schnabel. „Hmm. Die schmecken richtig lecker, diese Termiten. Eine wahre Delikatesse." Odin schmatzte laut und rieb sich mit seinen Flügelspitzen genüsslich über seinen aufgeplusterten Bauch.

„Wir müssen Kid rufen und hoffen, dass er in der Nähe ist, um uns zu hören."

‚Kid, wir sind Freunde Deiner Schwester Sandy. Bist Du zu Hause?", krächzte Odin aus voller Kehle. „Komm bitte aus Deinem Schlafplatz hervor. Wir müssen unbedingt mit Dir sprechen."

Marvin hatte ein ungutes Gefühl dabei, der Welt lauthals ihre Ankunft zu verkünden. Falls feindliche Spähtrupps der Raben unterwegs waren, waren sie jetzt mit Sicherheit nicht unbemerkt geblieben und die Raben von Odin und Marvins Anwesenheit bestens unterrichtet. Marvin zuckte zusammen, als es im Gebüsch neben ihm raschelte. Er entspannte sich aber sofort wieder, als ein sandgelber Schlangenkopf, identisch zu Sandys, aus den Blättern hervorlugte.

„Hallo, ich bin Kid. Und wer seid ihr?"

„Odin und Marvin. Sehr angenehm. Ein Glück, dass Du zu Hause bist."

„Was kann ich für Euch tun?"

„Wir suchen etwas, das im Ayers Rock versteckt ist. Sandy meinte, Du könntest uns vielleicht helfen."

„So, so. Ich habe Sandy seit einigen Tagen nicht mehr zu Gesicht bekommen."

„Sandy ist wohlauf."

„Könnt ihr mir etwas Genaueres über Eure Suche sagen?"

„Wir suchen ein Siegel. Eine runde Scheibe, vielleicht zwanzig Zentimeter im Durchmesser. Sie ist mehrere tausend Jahre alt."

„Hmm."

„Hast Du schon einmal davon gehört?"

„Kann sein, kann aber auch nicht sein."

„Spiel bitte keine Spielchen mit uns."

„Bitte schön, ich kann auch schweigen und Euch allein lassen, wenn es Euch lieber ist."

„Nein, warte. Kannst Du uns bitte sagen, was Du weißt?"

„Ich habe tatsächlich von dem Siegel gehört. Es liegt aber nicht einfach so zum Mitnehmen da. Es ist tief im Berginnern versteckt. Und es wird bewacht. Keine leichte Sache." Kid wiegte seinen Kopf bedachtsam hin und her.

„Von wem wird es bewacht?"

„Von einem alten Wesen. Sehr alt. Ich glaube nicht, dass viele lebend wieder aus dem Felsen herausgekommen sind, um anderen davon zu berichten."

„Wir haben schon andere Gefahren bestanden."

„Es ist riskant, aber nicht unmöglich. Nein, das nicht."

„Gut. Kannst Du uns hinführen?"

„Kann ich schon. Ich weiß aber nicht, ob ich es auch will."

„Vielleicht können wir Dir etwas für Deine Hilfe anbieten?"

„Was habt ihr denn im Angebot?"

„Etwas zu essen?" Marvin dachte daran, wie gefräßig sein Vetter Sid gewesen war.

„Ich habe meinen Kühlschrank direkt vor meiner Haustür." Kid zeigte mit seiner Schwanzspitze in Richtung Termitenhügel.

„Was willst Du dann?"

„Ein Versprechen."

„Ein Versprechen?"

„Sagt niemandem, dass ich Euch geholfen habe."

„Okay. Ehrenwort. Aber warum willst Du das nicht?"

„Zum einen seid ihr Fremde hier – und wir helfen nicht gerne Fremden. Ich habe auf meinen Ruf zu achten. Ihr versteht doch?"
„Und was ist der andere Grund?"
„Zum anderen möchte ich nicht Fremdenführer für die Touristen spielen müssen. Ihr wisst schon, wenn es sich herumspricht, dass ich mich hier gut auskenne, rennen sie mir die Bude ein. Und ich will meine Ruhe haben."
„Okay. Kein Problem. Abgemacht."
„Folgt mir." Kid schlängelte sich über den roten Felsen voran und wich dabei geschickt allen spitzen Steinen aus. Odin und Marvin trippelten unbeholfen hinterher. Kid führte das ungleiche Vogelpaar zu einem schmalen Höhleneingang, der von wilden Ranken völlig überwachsen war. Marvin war froh ein dichtes Federnkleid zu haben, das ihn vor den spitzen Dornen schützte, als er sich am Gestrüpp vorbei in den Höhleneingang zwängte. Odin folgte fluchend. „Was für eine unfreundliche Pflanzenwelt das hier ist. Alles hier hat Dornen oder giftige Säfte in den Blattadern."
„Die Tierwelt ist noch exotischer und aggressiver. Hi, hi", kicherte Kid und rutschte beinahe vom glitschigen Pfad ab.
„Warte, nicht so schnell." Marvin bemerkte voller Entzückung die kunstvoll in roter, schwarzer und weißer Farbe angebrachten Malereien an den Höhlenwänden.
„Oh, diese Bilder wurden von den Aborigines gemalt. Szenen aus der Traumzeit. Sind schon seit Jahrtausenden hier. Uluru ist eine der heiligsten Stätten der australischen Ureinwohner."
„Erstaunlich, dass die Farben nicht verblasst sind."

„Die Anangu – der hier ansässige Stamm – erneuern die Farben von Zeit zu Zeit. In geheimen und feierlichen Zeremonien."

„Dürfen wir denn hier einfach so rein?"

„Wenn ihr das Siegel wollt, schon. Dies ist der einzige Zugang. Außerdem seid ihr Tiere, keine Menschen."

Endlich gelangten sie an eine Weggabelung. Kid nahm den rechten Eingang und Marvin versuchte sich alles zu merken. Aber nach mehreren Biegungen und Abzweigungen hatte Marvin jegliche Orientierung verloren. Er war froh, dass sie einen ortskundigen Führer gefunden hatten. Allein hätten Odin und er niemals in diesen Felsen gefunden, und sich sicher nicht so weit vorgewagt oder jemals wieder aus dem Berg herausgefunden. Marvin hoffte, sie konnten Kid vertrauen. Falls nicht, schienen sie hoffnungslos verloren.

Die australische Schnappschildkröte war mehr als einen Meter lang. Ihr Panzer schimmerte golden im schummrigen Licht. „Ich heiße Elise. Ich bin eine der letzten Riesenschnappschildkröten. Gattung Elseya Dentata Megala. Willkommen in meinem Reich."

,„Wir sind hier, um das Siegel zum Buch der Weisheit zurückzubringen."

„Seid ihr das. Lasst mich euch mal näher betrachten." Als die Schildkröte ihren langen Hals streckte und mit ihrem scharf bezahnten Maul näher rückte, zuckte Marvin unwillkürlich zurück. „Habt keine Angst. Elise tut euch nichts. Ich bin froh, dass ich diesen Tag noch erleben durfte. Ich hatte schon beinahe die Hoffnung aufgegeben. Ich warte nun schon seit über einhundertfünfzehn Jahren auf euch."

„So lange?"

‚So lange. Und ich habe von dem Fleisch der Eindringlinge gelebt. Meine einzige Nahrung, außer den blinden Höhlenfischen. Eure Ankunft bringt ein bisschen Abwechslung in meinen – selbst für Schildkröten – ziemlich eintönigen Alltag."

„Woher weißt Du eigentlich, dass wir die wahren Siegelsucher sind?"

Die Schnappschildkröte lachte belustigt. „Ist das nicht offensichtlich?"

„Nein. Alle anderen Siegelhüter haben uns nicht einfach so geglaubt."

„Nun, ihr seid ein sonderbares Paar. Ein Falke und eine Krähe, nicht wahr?"

„Und was ist daran so besonderes?"

„Zuerst dachte ich, ihr seid die Wiederauferstehung von Adlerfalken- und Krähen- Spirit. Nach dem Glauben und den Liedern der Aborigines zufolge gab es am Anfang der Weltentstehung den Krähenmann und den Adlerfalkenmann. Schon komisch, dass die zwei gesandten Siegelsucher als Falke und als Krähe zu mir kommen."

Marvin lief ein Schauer den Rücken herunter. Ob die alten Geschichten der Aborigines wahr waren? Hielten die Spirits der Aborigines die Fäden seines Schicksals in ihrer Hand? Waren sie Gott hier näher als anderswo? Oder war es ein bloßer Zufall, dass sie dieselbe Gestalt wie zwei der ersten Spirits auf Erden besaßen?

Die Schnappschildkröte tauchte unter und schwamm auf eine Ausbuchtung im hinteren Teil der Höhle zu – dort kroch sie schwerfällig und bedächtig ans Ufer. Sie benutzte ihre Vorderfüße, um den roten Sand zur Seite zu scharren. Unter dem Sand kam eine kleine Felsplatte zum Vorschein. Mit ihrem Panzer drückte Elise die Felsplatte zur Seite. Eine Vertiefung im Erdboden kam zum

Vorschein. Mit ihren scharfen Zähnen schnappte sich Elise eine runde Scheibe. Marvin hielt den Atem an. Das fünfte Siegel. Sie hatten es tatsächlich geschafft, es zu finden. Und Cornelius hatte mit seiner Vermutung, das Siegel könnte am Ayers Rock – oder auch Uluru – aufbewahrt sein, wieder einmal ins Schwarze getroffen. Elise ließ ihren schweren Körper wieder sanft ins Wasser zurück gleiten. Gemächlich paddelte die Schnappschildkröte mit dem Siegel in ihrem Maul wieder zum Ufer, wo Marvin und Odin voller Ungeduld warteten. Sie erklomm schnaufend die Uferböschung und setzte das Siegel bedächtig auf der roten Erde ab.

„Ist es das, wofür ihr den weiten Weg nach Australien auf Euch genommen habt?"

„Ja. Das ist es." Marvin war beglückt, wie glatt alles bisher gelaufen war und wie einfach es gewesen war, das Siegel aufzufinden.

„Es scheint aus Holz zu sein, sieh an." Odin beäugte das Siegel von allen Seiten. „Ich hätte nicht gedacht, ein Siegel aus Holz würde der Witterung so lange standhalten."

„Es war wohl beschützt in meiner Obhut und in dieser unterirdischen Höhle."

„Oh, ja. Elise, Du bist eine wunderbare Siegelhüterin."

„Wohl eher, ich war eine wunderbare Siegelhüterin. Ich fühle mich ganz nackt."

„Dein Panzer sitzt aber noch fest auf Deinem Rücken."

„Dann ist ja gut."

„Vielen Dank für Deine Hilfe. Die allmächtige Schneeeule und alle Menschen werden Dir auf immer dankbar sein."

„Die Menschen – außer den Aborigines – kümmern mich eigentlich wenig. Und Eure Schneeeule kenne ich nicht. Aber ich freue mich, dass ich Euch helfen konnte."

„Es ist und war uns eine Ehre, Dich kennen zu lernen."

„Wie kommen wir eigentlich nach Hause?" Odin guckte verdutzt drein.

„Lass es uns mit Translokation versuchen."

„Aber sind wir hier nicht mitten in einem Berg?"

„Urulu kennt keine Grenzen und keine Barrieren. Urulu ist das Zentrum der Traumzeit. Spirituelle Kräfte entfalten sich hier wie nirgendwo sonst."

„Okay, versuchen wir's."

Kid, der die ganze Zeit über reglos am Ufer zusammengekringelt gelegen hatte und vor sich in gedämmert hatte, wurde auf einmal hellwach.

„Aber das geht doch nicht."

„Oh doch. Es geht prima."

„Wollt ihr nicht wieder mit mir ans Tageslicht kommen?"

„Wir müssen so schnell wie möglich heim."

Kid wiegte beschwörend seinen Kopf hin und her. „Aber habt es doch nicht so eilig, meine Freunde."

„Wir müssen los. Ein altes Versprechen." Odin zwinkerte Marvin verstohlen zu.

„Kommt doch wieder mit nach draußen", bettelte Kid aufgeregt.

„Was ist denn los mit Dir? Man könnte meinen, etwas wartet auf uns da draußen."

„Wohl eher eine böse Überraschung", krähte Odin zornig und umklammerte Kid mit seinen Krallen. ‚Bist Du etwa ein Verräter und hast etwas mit den abtrünnigen Raben zu tun?"

„Au. Lass mich los", winselte Kid. „Die abtrünnigen Raben hatten den Plan, euch zu schnappen, wenn ihr mit dem Siegel aus dem Berg herauskommt."

„Und Du hast brav mitgemacht?", schnaufte Odin verächtlich. „Pfui."

„Kopf ab dem Verräter. Ich liebe Schlangenfleisch!", zischte Elise aufgeregt.

„Elise, wir überlassen Dir gern Kid. Aber bitte geh sanft mit ihm um. Er hat uns schließlich zu Dir geführt."

„Und ihr habt ihn zu mir geführt. Wie schicklich. Gute Heimreise, ihr zwei."

Marvin zerrte sein Totem mit seinem Schnabel aus seinem Federnkleid hervor und konzentrierte sich auf sein Zimmer. Odin berührte mit seiner Schwanzfeder das Totemholz. Marvin hatte das Siegel zwischen seinen Krallen verwahrt. Die Höhle und Elises Kopf drehten sich um sie, und das letzte was Marvin hörte war ein kurzer, erstickter Schrei von Kid. Ihm tat die Schlange leid, aber Elise hatte sich wahrlich eine Mahlzeit verdient. Und Kid war ein Verräter – wenn auch ein gescheiterter.

Marvin machte sich trotzdem große Sorgen um die Sicherheit der Siegel, um Cornelius und um Ambrosia. Dass die abtrünnigen Raben sie erfolgreich in Australien aufgespürt hatten, bedeutete, dass die Gefahr nah war. Sie mussten unbedingt Cornelius und Ambrosia vor den Umtrieben der abtrünnigen Raben warnen. Es quälte Marvin, nichts Genaues über die Pläne der Raben zu wissen. Vielleicht würde Cornelius ihnen helfen können, ausfindig zu machen, wo Ambrosia sich aufhielt.

Kapitel 16 – Die abtrünnigen Raben

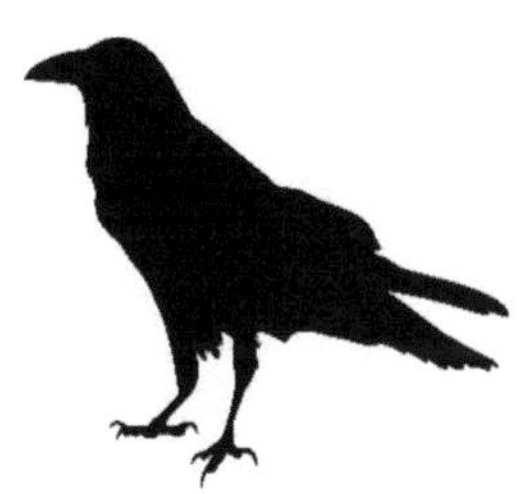

Zweite Novemberwoche

„Wir müssen in die Arktis. Schneeeulen wohnen in den Schneegebieten des nördlichen Polarkreises."

Marvin hatte sich über seine Enzyklopädie gebeugt. Er musste sich mehrmals die langen Haare aus der Stirn streichen, die ihm immer wieder über die Augen fielen.

„Da ist es aber bitterkalt. Brr." Odin, der gelangweilt, aber recht bequem neben ihm auf dem Kinderzimmerboden hockte, mochte den Gedanken nach Norden zu fliegen überhaupt nicht. Sein Gefieder war ganz und gar nicht dafür geeignet, sich in Schneegestöber und Eisstürmen wohl zu fühlen. Und ausgerechnet jetzt, wo er schon seit Wochen mitten in der Mauser steckte und zudem frisch verheiratet war. Einen ungünstigeren Zeitpunkt konnte es wohl kaum geben.

„Aber wir müssen unbedingt Ambrosia finden", beharrte Marvin auf seiner Idee.

„Vielleicht weiß Cornelius, wo sie wohnt?", schlug Odin vor.

„Nein, ihn hab' ich schon gefragt. Und Sir Alexander weiß es auch nicht. Niemand scheint es zu wissen – im ganzen Universum nicht."

Marvin rümpfte enttäuscht seine Nase.

„Kann denn niemand anders die Schneeeule ausfindig machen? Ich dachte unsere Aufgabe ist es, die sieben Siegel zu finden und mit Hilfe von Cornelius zu entschlüsseln."

„Wohl war. Aber wenn wir alle Siegel haben, müssen wir sie zum Buch der Weisheit bringen, das weißt Du doch, Odin."

„Aber uns fehlen doch noch zwei Siegel?"

„Die abtrünnigen Raben scheinen uns auf Schritt und Tritt zu folgen. Sie führen irgendetwas im Schilde, und ich will die allmächtige Schneeeule warnen."

„Und wenn wir Ambrosia tatsächlich finden?"

Odin flatterte gedankenverloren auf Marvins Deckenleuchte.

„Odin, lass das. Komm da bitte sofort herunter."

Odin flatterte artig auf Marvins Bett.

„Meinst Du nicht, die abtrünnigen Raben könnten uns folgen, und wir könnten sie versehentlich zum Buch der Weisheit führen?"

„Wir müssen eben aufpassen. Cornelius hat schon angefangen, jedes der Siegel ins Deutsche zu übersetzen. Er glaubt, er kann damit die Ursprache leichter entziffern, sobald wir das siebte Siegel haben."

„Wie Du willst. Aber überlege gut, ob es das Risiko wert ist. Manchmal ist abwartendes Nichtstun klüger als vorschnelles und unüberlegtes Handeln."

„Ich kann einfach nicht untätig hier herumsitzen. Und die allmächtige Schneeeule scheint wie vom Erdboden verschluckt. Vielleicht haben die abtrünnigen Raben sie schon gefunden und sie ist in Gefahr und braucht unsere Hilfe?"

„Ich dachte, die Eingeweihten werden sich in zwei Wochen treffen, um zu beraten, was zu tun ist?"
„Ja, aber so lange kann ich nicht warten."
„Ungeduld ist ein Laster der Tugend", seufzte Odin, sichtlich mit Verdruss.
„Und Trägheit ein Laster der Unentschlossenen", setzte Marvin entgegen.
„Na, na." Odins Laune hatte einen Tiefpunkt erreicht.
„Morgen Nacht fliegen wir los. Das heißt, wenn Du lieber hierbleiben willst, fliege ich eben allein."
„Du weißt genau, dass ich Dich nicht alleine fliegen lassen kann."
„Auch gut. Bis morgen, dann. Und liebe Grüße an Olga." Marvins Stimme klang trotz der freundlichen Worte eher unfreundlich.
„Bis morgen", krächzte Odin verstimmt. Nichts als Ärger hatte er mit diesem Jungen. Eigenwillig und unverbesserlich war er, der Marvin Carl Julius Krone. Wenn er nicht Carlotta Rabensteins Sohn gewesen wäre, hätte Odin schon öfter mal gerne das Handtuch geworfen, und mit seinen Bemühungen, ihn zu einem verantwortungsbewussten und vernünftigen Menschenkind zu erziehen, aufgegeben. Odin flatterte aufs Fenstersims und war - ohne sich noch einmal umzudrehen - im Dunkel der Nacht verschwunden.

Viele Stunden vor Anbruch der Dämmerung – es war zwei Uhr morgens – flogen sie los. Marvin hatte ein Bild von Grönland in einem alten Geo-Magazin gefunden, und versuchte sich und Odin mit Hilfe des Totems dorthin zu translokieren. Er saß – wie üblich vor einer Traumreise – im Schneidersitz auf seinem Bett. Das Geo-Magazin mit dem Grönland Artikel lag aufgeschlagen auf seinen Knien. Marvin starrte auf das Bild aus Schnee und Eis. Er hoffte, das Bild war spezifisch genug, dass sie dort ankamen, wo sie hinwollten. Odin hockte halb auf Marvins Schoß, halb auf dem Bild und seine längste Schwanzfeder berührte das Totem, das Marvin in seinen Händen hielt. Als erstes fühlte Marvin die eisige Kälte, die sie umhüllte. Es war, als ob man in einen riesigen Gefrierschrank spaziert wäre. In Sekunden bildeten sich Eiskristalle auf ihren Schnabellöchern. Marvins Atem stockte. Odin blies mit jedem Atem weiße Dampfwolken aus, und hatte seine Flügel schützend um seinen Körper geschlungen.

„Lange können wir hier nicht bleiben. Ich schätze, in zwanzig Minuten sind wir zu Eiszapfen erstarrt."

„Scherz nicht. Lass uns versuchen, zu fliegen."

„Wenigstens schneit es nicht. Ich habe noch nie einen Himmel von so intensivem Blau gesehen."

„Die Dämmerung setzt hier früher ein als bei uns. Wir sind ziemlich weit nördlich."

Marvin bibberte. Sein Gefieder war auf die klirrende Kälte nicht eingestellt. Vielleicht hatte Odin ja Recht. Die Reise hierher war eine Schnapsidee gewesen. In zwei Wochen würde der Rat der Eingeweihten tagen, sollten sie doch gemeinsam beratschlagen, was zu tun war. Jetzt mussten sie überlegen, wie sie gegen das Erfrieren ankämpfen sollten. Die Kälte kroch blitzschnell in die Flügelspitzen, als Marvin und Odin ihre Schwingen ausbreiteten. In der Ferne sahen sie einen Hof. Vielleicht einer der wenigen Bauernhöfe auf Grönland, wie er in dem Artikel im Geo Magazin beschrieben war.

„Lass uns dorthin fliegen. Vielleicht können wir einen Unterschlupf finden."

„Wie wir Ambrosia hier finden sollen, ist mir völlig schleierhaft", krächzte Odin verzweifelt. „Und ich bin keine Schleiereule. Wohlgemerkt."

„Ich glaube es war dumm, hierher zu kommen", sagte Marvin zerknirscht. „Tut mir echt leid."

„Keine Ursache. Jeder fliegt mal kreuz und quer."

„Ist das ein geflügeltes Wort in der Vogelsprache?"

„Ja, heißt so viel, wie jeder begeht mal eine unverzeihliche Dummheit."

Sie hatten den Hof erreicht. Alles lag unter tiefem Schnee begraben, und sah friedlich und verschlafen aus.

„Lass uns zur Scheune gehen."

„Pass auf, dass Deine Krallen nicht am Boden festfrieren."

In der Scheune waren mehrere Strohballen ordentlich aufgetürmt, und zwei Kühe standen im angrenzenden Stall. Es war warm und gemütlich.

„Warum verkriechen wir uns nicht im Stroh und wärmen uns für einen Moment auf? Vielleicht können wir von hier wieder zurück nach Hause translokieren, wenn unsere Glieder aufgetaut sind."

„Gute Idee." Marvin hüpfte voran ins Stroh. Es roch nach Kuhdung, Heu und Hafer. „Wir dürfen auf keinen Fall einschlafen."

„Abgemacht. Ich halte Wache." Odin stand für ungefähr zwei Minuten stramm, dann fielen ihm die Augen zu. Sie erwachten aus ihrem kurzen Schlummer durch lauten Lärm. Die Scheune hatte sich mit zwanzig oder dreißig schwarzen Vogelleibern gefüllt, die alle wild durcheinanderflogen. „Raben" durchfuhr es Marvin mit einem Schreck. Das sind die abtrünnigen

Raben. Oh nein. Er verkroch sich tiefer ins Stroh. Odin wollte aus dem Stroh hüpfen, um die Raben zu begrüßen, und Marvin konnte ihn nur mit Mühe zurückhalten. Gott sei Dank war das Gekrächze so laut, dass die Raben Odin nicht bemerkten.

„Was hast Du denn? Warum sagen wir nicht Hallo?"

„Ich glaube, das sind die abtrünnigen Raben."

„Oh weh. Schlimmer hätte es wohl nicht kommen können."

„Still, wir dürfen nur nicht entdeckt werden."

Die Raben flatterten auf den Boden und ließen sich in kleinen, ungeordneten Häufchen nieder. Ihr Anführer – der einen lahmen Flügel zu haben schien – stieß einen gellenden Schrei aus. „Ruhe, meine Freunde. Ruhe."

„Hört, hört", krächzte es im Chor. Dann verstummten alle.

„Wir sind hier zusammengekommen, um zu beratschlagen, wie wir Ambrosia unschädlich machen können. Wir müssen unbedingt das Buch der Weisheit in unsere Hände bekommen."

„Hört, hört", krächzte es von allen Seiten. Die Kühe schlugen unruhig mit ihren Schwänzen und muhten laut.

„Aber wir müssen die allmächtige Schneeeule – allmächtig, dass ich nicht lache – erst einmal finden. Wir glauben, Ambrosia hält sich irgendwo hier in Grönland auf."

„Leider haben uns der ungestüme Junge und die alberne Rabenkrähe bisher nicht auf die richtige Fährte gebracht – obwohl wir sie ständig beschatten lassen."

„Hört, hört", riefen die Raben verärgert.

„Wenn wir das Buch haben, zerstören wir es. Das wird die Menschen weiter in den Untergang treiben. Sie sind ja schon auf dem richtigen Weg."

„Hört, hört", kam die Zustimmung aus den Reihen der Raben.

„Dann können wir über die Erde herrschen. Je mehr Krieg, Naturkatastrophen und tote Leiber, ob Mensch oder Tier, umso besser für uns. Wir brauchen keine Artenvielfalt. Wir sind im wahrsten Sinne Kulturfolger. Lasst uns unseren Nutzen aus der Zerstörung und Verwüstung, die die Menschen verursachen, ziehen."

„Hört, hört", schallte es einträchtig im Chor.

„Was soll uns kümmern, was mit der Erde in hundert, fünfhundert oder gar tausend Jahren geschieht? Wir leben für das Hier und Jetzt. Nach uns die Sintflut. Na und?"

„Hört, hört."

Marvin erschauerte, und nicht nur vor Kälte. Die abtrünnigen Raben schienen in der Tat von Grund auf verdorben zu sein. Wut stieg in Marvin auf, als er daran dachte, dass dieses Gesindel das Leben seiner Mutter auf dem Gewissen hatte. Wenn Odin und er nur irgendetwas tun könnten, um die Pläne der abtrünnigen Raben zu vereiteln.

„Es scheint der Junge, Marvin, hat Kontakt zu Cornelius aufgenommen. Das ist nicht gut für uns – Cornelius ist wahrscheinlich der einzige Mensch, der die Siegel in moderne Sprachen übersetzen kann."

„Gott sei Dank ist der Bursche noch unerfahren und sehr jung. He, he", meldete sich eine vorlaute Stimme zu Wort.

„Hat wohl nicht aus dem Fehler seiner Mutter lernen wollen", warf eine andere, heiser klingende Stimme ein. Dann ergriff der Anführer wieder das Wort.

„Wie dem auch sei, uns soll's recht sein. Er wird der Nächste sein, der dran glauben muss. Zusammen mit seinem eitlen und dummen Freund, Odin."

Odin stieß einen wütenden Krächzer aus, der Marvin vor Schreck erstarren ließ. Glücklicherweise waren die versammelten Raben in ein bösartiges Gelächter ausgebrochen, dass Odins Krächzer übertönte.

„Odin, sei doch bloß still", flüsterte Marvin eindringlich, unter vorgehaltenem Flügel. „Nimm Dich zusammen. Sonst war alles umsonst."

„Wir sollten uns zurück nach Hause translokieren, bevor wir entdeckt werden."

„Ich möchte unbedingt hören, was die Raben vorhaben", widersprach Marvin.

„Wir hätten die beiden schon längst unschädlich gemacht, aber wir dachten, sie könnten nützlich sein, um Ambrosias Aufenthaltsort ausfindig zu machen. Aber selbst dafür scheinen sie zu dumm zu sein."

Der Anführer stoppte das aufwallende Gelächter, indem er einen seiner gellenden Krächzer ausstieß. „Wir müssen uns in neue Stoßtrupps aufteilen. Du, Ödipus, und Du, Pontius, ihr übernehmt die ständige Beschattung von Marvin und Odin."

Dann fügte er grimmig hinzu: ‚Zu ärgerlich und unverzeihlich, was Brutus und Nero vor zwei Monaten passiert ist. Nun, sie haben dafür bezahlt."

„Und Du, Medusa, und Du, Belladonna, ihr schwärmt aus, um Ambrosia zu suchen."

Medusa krächzte verdrießlich. „Ich habe noch kein Winterkleid – und es ist einfach zu kalt", murmelte sie.

„Habe ich da etwa eben eine Widerrede vernommen?" Die Stimme des Anführers klang so eisig wie die Luft draußen.

„Nein, nein, schon gut. Kein Problem, Damokles." Belladonna klang verängstigt.

„Wir machen das. Komm, Schwester."

„Gut. Ich würde dir ungern den Hals umdrehen, meine Liebe."

Dann wandte sich Damokles wieder an alle.

„In einer halben Stunde treffen wir uns wieder hier. Dieser Hof ist von nun an unser nördliches Hauptquartier."

„Hört, hört."

„Hört doch mal mit dem dummen ‚Hört, hört" auf, ihr Schwachköpfe." Damokles stieß einen verärgerten Pfiff aus. ‚Lasst uns anfangen zu feiern. Dank der gastfreundlichen Kühe haben wir hier reichlich zu Essen und zu Trinken."

Marvin sah durch die Strohhalme hindurch, dass der Anführer, den die anderen Damokles nannten, unverschämt grinste. Er nahm sein Totem hervor und versuchte, sich auf sein Zimmer zu Hause zu konzentrieren. Die Raben hatten angefangen, über das Kuhfutter herzufallen, und er fürchtete, sie könnten von den herumschwirrenden Raben entdeckt werden. Odin verkroch sich tiefer im Stroh. Marvin musste hinterher kriechen, da sein Totem Odins

Schwanzfeder berühren musste. Marvin fand es schwer, sich auf das Schularchiv zu konzentrieren, so viele Gedanken rasten durch seinen Kopf. Er hatte nicht gedacht, die abtrünnigen Raben würden wirklich Ambrosia ermorden wollen, um das Buch der Weisheit an sich zu reißen. Das, was er gerade gehört hatte, übertraf seine schlimmsten Befürchtungen. Und jetzt hatten sie Gewissheit, dass die Raben jeden Schritt und Tritt von Odin und ihm überwachten, um Ambrosia zu finden – sie mussten wirklich auf der Hut sein. Odin litt doch nicht unter Verfolgungswahn, sondern hatte wieder einmal mit seinen Ahnungen Recht gehabt. Sie mussten Ambrosia so schnell wie möglich warnen. Aber wie? Er hoffte inbrünstig, Cornelius oder Sir Alexander würden wissen, wie sie Ambrosia eine Nachricht zukommen lassen könnten.

Cornelius zog an seiner Pfeife, und das Archiv füllte sich mit besonders intensivem Pflaumenduft. „Leider weiß ich immer noch nicht, wo Ambrosia sich aufhält."

„Können Sie ihr eine Nachricht schicken?"

„Das geht leider nicht. Seid die abtrünnigen Raben wieder so aktiv geworden sind, wird es immer schwieriger mit Ambrosia in Kontakt zu treten."

Cornelius zog nachdenklich an seiner Pfeife. „Sie hat Botenvögel. Spatzen, die auf der Durchreise sind. Aber es ist schon zwei Wochen her, dass ich eine Nachricht auf diesem Weg von Ambrosia erhalten habe."

„Vielleicht haben die abtrünnigen Raben sie schon erwischt? Ihr Anführer, Damokles, scheint ein ganz übler Bursche zu sein", fiel Odin ein.

„Aber Odin überleg doch mal. Wir haben doch gerade eine Versammlung der abtrünnigen Raben belauscht. Die Raben wissen auch nicht, wo Ambrosia ist."
„Keine Panik. Wir müssen allerdings die geplante Sitzung der Eingeweihten um eine Woche vorverschieben. Ich werde noch heute eine Nachricht an den Kreis der Eingeweihten senden." Cornelius blickte Marvin an. „Das wird eine interessante Erfahrung für Dich werden, Marvin. Du wirst die meisten der eingeweihten Familien kennen lernen."
Odin stupste Marvins Ellenbogen mit seinem Schnabel an.
„War vielleicht doch nützlich, Deine Schnapsidee."
„Was?" Cornelius zog fragend seine Augenbrauen hoch, was die dünnen Faltenlinien auf seiner Stirn vertiefte.
„Es heißt Wie bitte, Herr Oberstudienrat Kolk. Manieren sind das heutzutage – selbst Lehrer sind nicht gefeit. Tss, tss. Ich meinte Marvins Idee, in die Arktis zu reisen. Immerhin haben wir jetzt konkrete Anhaltspunkte, was die Raben vorhaben und wir können uns auf einen eventuellen Angriff vorbereiten."

Dritte Novemberwoche

Marvin und Cornelius saßen im ICE am Bahnhof Zoo. Der Zug würde sie in weniger als zwei Stunden nach Hamburg bringen, wo die Krisensitzung der Eingeweihten stattfinden sollte. Sie hatten es vorgezogen – und die Eingeweihten hatten per E-Mail im Internet abgestimmt - nicht zu translokieren. Es schien sicherer, sich in Menschengestalt zu treffen. In der Traumzeit waren sie um ein Vielfaches anfälliger von Spähtrupps der abtrünnigen Raben entdeckt zu werden. Und im Notfall konnten sie sich schlechter verteidigen. Einziger Nachteil war die lange Anreise für alle diejenigen Eingeweihten, die nicht im Norden Deutschlands wohnten.

Marvin fühlte sich noch scheuer als damals auf seiner ersten Teilnahme an der Versammlung der Raben. Im Rat der Raben war er der einzige Mensch unter vielen Vögeln gewesen, und hatte sich in seiner Naivität dort als überlegen fühlen können. Auf der Krisensitzung der Eingeweihten jedoch waren alle anderen fremde Erwachsene, zumeist ältere Menschen, die ihm Respekt und Ehrfurcht einflößten. Er schien der einzige Junge in seinem Alter zu sein, was ja auch kein Wunder war, da er noch nicht einmal das Reifealter für die erste Rabenweihe erreicht hatte.

Vom Bahnhof nahmen sie ein Taxi zum Dorint Hotel, wo sie sich als Konferenzteilnehmer der 49.ten Sitzung der ‚Spirituellen Vereinigung Deutschlands e.V.' angemeldet hatten. Der Konferenzsaal war stilvoll eingerichtet, mit riesigen Wandgemälden, die Still-Leben darstellten, und einem roten Teppich. Auf den Tischen standen Mineralwasser und Saftflaschen, und Schalen mit Bonbons und Keksen. Marvin setzte sich in eine stille Ecke und lutschte nervös auf den Bonbons herum. Cornelius hielt sich an der Tür auf, und schüttelte eifrig Hände mit allen Neuankömmlingen. Er vertiefte sich schnell in angeregte Gespräche mit einigen seiner Bekannten, die er wohl seit der letzten Sitzung nicht mehr gesehen hatte. Marvin war froh, dass Cornelius ihn nicht vorstellte. Ein Tagesordnungspunkt war Mitgliedschaft, und seine Rabenweihe würde dort erwähnt werden.

Als Marvin sich gerade wieder über die Bonbonschale beugte, um sich für einen knallroten Bonbon zu entscheiden, wurde er von hinten angesprochen.

„Hallo Marvin. Wie schön, Dich hier begrüßen zu können. Gut, dass Du kommen konntest. Ich nehme an, Cornelius hat Dich begleitet?" Ein großer, stattlicher Mann mit freundlichen, dunkelbraunen Augen und buschigen, weißen Augenbrauen und einem leichten englischen Akzent lachte ihn an.

„Ich bin Sir Alexander Ravenstone. Extra aus England angereist. Mit dem Eurostar von London über Brüssel."

„Sir Alexander? Ich wusste überhaupt nicht, dass Sie ein Mensch sind. Und Sie sprechen ja perfekt Deutsch."

Marvin war aufgestanden, um Sir Alexander die Hand zu geben. Sir Alexander guckte sich um und legte Marvin verschwörerisch seine warmen Hände auf die Schultern. „Marvin, ich bin ein Großonkel von Dir. Mütterlicherseits. Ravenstone ist der englische Name für Rabenstein. Deine Großmutter Emilie ist meine Schwester. Das letzte Mal habe ich Dich zu Deiner Taufe gesehen. Du weißt gar nicht, wie sehr ich mich darauf gefreut habe, Dich hier zu treffen."

Marvin starrte Sir Alexander mit offenem Mund an.

„Wieso hat mir meine Mutter nie von Dir erzählt? Und wieso hast Du uns nicht mal in Bonn besucht?"

„Deine Mutter hat mich ein paar Mal in England besucht. Ich hatte immer viel zu tun. Ich habe eine kleine Enkelin, die bei mir lebt. Und der Rat der Raben hält mich ständig auf Trab, wie Du dir denken kannst."

„Kann ich Dich dann Großonkel Alexander nennen?"

„Wenn Du das möchtest, gern." Sir Alexander trat einen Schritt vor und umarmte Marvin. Marvin drückte fest zurück. Wie klein und zart der Junge ist.

Beinahe zu dürr, dachte Sir Alexander. Nun ja, Kate war auch zierlich gebaut. Vielleicht ist das typisch für heranwachsende Teenager. Wie schön, dass ich einen Großonkel habe, der mit mir und Mama verwandt ist, dachte Marvin.

„Die Sitzung geht gleich los. Komm, wir setzen uns wieder."

„Aber ich habe Dir so viel zu erzählen, " protestierte Marvin. ‚Und ich habe so viele Fragen an Dich." Marvin stand seine Enttäuschung im Gesicht geschrieben.

„Nachher ist auch noch Zeit. Vielleicht können wir zusammen zu Abend essen." schlug Sir Alexander zum Trost vor.

„Das geht nicht." Marvin blies Luft aus seinen Nasenlöchern. „Wir müssen heute Abend wieder nach Hause zurückfahren."

Marvin hatte einen Kloß im Hals. Er wollte liebend gern den Abend mit seinem neu entdeckten Großonkel verbringen. Sir Alexander war immer schon nett zu ihm gewesen, selbst als Rabe. Und er wusste die ganze Zeit von ihrer Verwandtschaft.

„Warum hast Du mir nicht schon früher verraten, dass Du mein Großonkel bist?"

„Ich dachte, Du kommst von allein darauf. Oder Dein Vater oder Cornelius würden Dir dies verraten."

„Mein Vater weiß erst seit zwei Wochen, dass ich jetzt ein Eingeweihter bin."

„Ach so ist das. Nun, es ist manchmal nicht so einfach, mit der Wahrheit umzugehen." Sir Alexander nickte verständnisvoll. Marvin hätte ihn am liebsten noch einmal umarmt, aber er wollte dies nicht vor der versammelten Menge tun.

Der Vorsitzende erhob sein Glas und schlug eine Kuchengabel an das Glas, dass es lustig klirrte und klingelte.

„Lassen Sie uns mit der heutigen Krisensitzung beginnen."

Cornelius fasste die Ereignisse der letzten Wochen und Monate zusammen – wie Marvin und Odin mittlerweile die ersten fünf Siegel erfolgreich unter großen Gefahren aufgespürt und in Sicherheit gebracht hatten, wie Odin von den abtrünnigen Raben angegriffen wurde und wie Marvin und Odin schließlich in Grönland die Absichten der von Damokles geführten Bande der abtrünnigen Raben belauscht hatten. Er schloss mit einer Empfehlung an die Versammelten, dringend einige Vorsichtsmaßnahmen zu treffen.

„Mit Ihrer Zustimmung werde ich die Inschriften von allen fünf Siegeln, die Marvin und Odin bisher gefunden haben, kopieren. Außerdem werde ich Frau Lieblich, unsere Kunstlehrerin an der Sokrates-Schule, bitten, Abdrücke in Gips von den Vorder- und Rückseiten der Originale anzufertigen. Somit können wir die Siegel in meinem Tresor für eine Weile wegschließen. Ich werde lediglich die Abschriften für die Übersetzungs- und Deutungsarbeit nutzen und sie nach getaner Arbeit im Geheimfach meines Sekretärs verwahren."

Cornelius' Worte wurden von der versammelten Menge enthusiastisch aufgenommen. „Dies sind in der Tat Dinge, die wir schon längst hätten in Angriff nehmen sollen. Und wir müssen unbedingt Ambrosia warnen."

„Wir können uns glücklich schätzen, dass unser jüngster Eingeweihter, Marvin Krone, so ein guter Siegelsucher ist. Und sein Freund, Odin, die Nebelkrähe, scheint auch ein sehr tüchtiger Vogel zu sein." merkte Sir Alexander an.

„Wohl wahr, wohl wahr." tönte es einstimmig durch den Saal.

Marvin lutschte aufgeregt auf seinem Bonbon herum. Er musste unbedingt Odin von der lobenden Erwähnung durch seinen Großonkel erzählen. Olga würde wieder einmal einen Grund haben, auf Odin stolz zu sein.

„Lasst uns Marvin und Odin weiterhin viel Glück und Erfolg auf der Suche nach den letzten beiden Siegeln wünschen. Wohin wird die nächste Reise gehen?", fragte der Vorsitzende interessiert.

„Es gibt nur zwei Kontinente, auf denen Marvin und Odin noch nicht waren", meldete sich Cornelius wieder zu Wort, „Südamerika und die Antarktis. Alles deutet darauf hin, dass sich das sechste Siegel in den Ruinen von Tikal befindet, der heiligen Stadt der Mayas in Guatemala."

Der Vorsitzende schloss die Versammlung, und Marvin blieb zu seinem Bedauern kaum Zeit, Sir Alexander richtig auf Wiedersehen zu sagen. Auf der Zugfahrt von Hamburg zurück nach Berlin bombardierte Marvin Cornelius unablässig mit Fragen über die heilige Stadt Tikal. „Warum haben Sie mir eigentlich nicht schon früher davon erzählt, dass wir nach Südamerika translokieren müssen?" fragte er vorwurfsvoll.

„Marvin, ich dachte wirklich, das könntest Du Dir selbst zusammenreimen, nach dem Du schon um die halbe Welt translokiert bist." neckte Cornelius.

„Hab' ich aber nicht. Schließlich ist die Siegelsuche nicht mein einziger Job. Ich gehe immerhin noch zur Schule."

„Schon gut, Marvin. Du hast Recht, es ist meine Aufgabe, Dir und Odin soweit ich kann zu helfen. Übrigens glaube ich, dass das Siegel in Tikal von Anakondas bewacht wird. Es wird keine leichte Aufgabe sein."

„Na, toll. Warum kann nicht ein anderer Eingeweihter zur Abwechslung mal die Siegel besorgen?“ Marvin war auf einmal stinksauer. Es schien, er musste all die schwierigen Aufgaben im Alleingang (von einem vergesslichen Vogel abgesehen) erfüllen. „Ich möchte manchmal einfach Schluss machen. Wieder ein normaler Junge sein. Verstehen Sie das?“

Cornelius blickte Marvin bekümmert an. „Ich verstehe Dich nur zu gut, Marvin. Aber Du musst Deine Aufgabe zu Ende bringen. Niemand kann vor seinem Schicksal davonlaufen. Niemand von uns.“

Marvin blickte trotzig aus dem Zugfenster, dann nickte er unmerklich.

„Mama konnte das auch nicht“, dachte er bitter.

Kapitel 17 - Das sechste Siegel bei den Mayas in Guatemala

Samstag, 25. November

„Gestatten, mein Name ist Anak. Und das da - ...", die Riesenanakonda der Gattung Boa Constricta (Unterordnung Eunectus Murinus) kringelte ihren enormen Schwanz und zeigte mit ihrer Schwanzspitze schräg über sich in das undurchsichtige Dickicht, „das ist Konda. Bei unserer Geburt waren wir noch so an die dreißig Geschwister im Nest – also streng genommen Drisslinge -, aber wir sind die einzigen, die noch am Leben sind."

Anak blähte traurig ihre Nüstern auf und starrte Marvin aus den schwarzen Pupillen ihrer gelben, opalförmigen Augen an. Dann ließ sie ihre Zunge aus dem Maul heraushängen, um die Luft zu wittern. Die unerwarteten Besucher rochen ausgesprochen lecker. Merkwürdig war, dass Anak sich einbildete, mit ihrem feinen Geruchssinn einen dezenten Beigeschmack – wie Menschenfleisch – aus der Richtung des Turmfalken wahrzunehmen. Nun ja, die beiden würden auf jeden Fall eine angenehme Abwechslung zu den üblichen Heuleraffen bieten. Sie hatten lange kein schmackhaftes Vogelfleisch mehr in den Schlund bekommen. Die Quetzals waren zu schlau und kamen nie nah genug heran. Und die winzigen Kolibris, von denen es hier viele gab, konnten nicht mal als Appetithäppchen gelten.

„Freut uns wirklich sehr, Eure Bekanntschaft zu machen", sagte Marvin schnell und flog auf den nächstgelegenen Baum.

„Ja, aber was ist denn? Tretet doch näher."

„Ich kann Euch besser von hier oben sehen, ganz ehrlich."

„Du sagst ja gar nichts? Hast Du was?", fragte plötzlich eine zischende Stimme, die aus dem Dickicht kam, auf das Anak gezeigt hatte. Zwei glühende Augen blitzten Odin an, der starr vor Schreck auf dem Boden kauerte und so tat, als würde er eifrig damit beschäftigt sein, die großen Waldameisen zu betrachten, die unermüdlich in Reih und Glied vorbeimarschierten.

„Mein Freund ist manchmal etwas schüchtern. Macht Euch nichts draus", antwortete Marvin schnell, da er sich denken konnte, dass Odin keinen noch so kleinen Krächzer herausbringen würde. Bloß nicht unsere Angst zeigen, sonst werden wir vermutlich erwürgt, bevor wir unser Anliegen vorgebracht haben. Aber Konda ließ seinen langen, dunkelgrünen Oberkörper blitzschnell aus dem Dickicht fallen und wand seinen geschmeidigen Körper um Odin regungslosen Körper. Lange hatte er keinen Vogel mehr verspeist, die Versuchung einer leckeren Abendmahlzeit war einfach zu groß. Ohne nachzudenken flog Marvin mit einem Satz von seinem Ast. Er hüpfte auf Kondas Kopf, und hackte wild mit seinem Schnabel auf ihn ein. „Lass sofort los, Du gemeines Viech. Sonst picke ich Dir die Augen aus."

„Stopp! Konda, lass die Rabenkrähe frei. Und Du, kleiner Vogel, mach keine leeren Drohungen."

„Ich hab's völlig ernst gemeint. Keiner hat das Recht Hand, Maul oder Schnabel an meinen Freund zu legen, ohne es mit mir zu tun zu bekommen."

„Du hast Mut, mein Freund", stellte Anak gelassen fest, während Konda vor Schmerz aufschrie. Odin hatte sich zitternd aus dem Schlangengriff befreit und flatterte vorsichtshalber in einen entfernten Baum.

„Was bringt Euch eigentlich nach Tikal zum großen Tempel?", ergriff Anak wieder das Wort. Bis auf die Touristen, die scharenweise wie Heuschrecken über die heiligen Stätten herfielen, hatten sie eher selten Besucher aus fernen Kontinenten. Und zudem war jetzt Regenzeit, und damit Nebensaison, da es schwül und stickig wie in einer Sauna war. Ein Rabe und ein Turmfalke brachten wahrlich etwas Abwechslung in ihr eintöniges Leben als treue Wächter des sechsten Siegels. Und sie konnten sie immer noch verspeisen, stellte sich heraus, dass ihnen die Gesellschaft langweilig wurde.

„Wir sind auf der großen Suche. Wir sind Gesandte der Allmächtigen Schneeeule und vom Rat der Raben beauftragt, das sechste Siegel zu finden und sicher zum geheimen Aufbewahrungsort des Buches der Weisheit zu bringen."

„Ihr seid die Gesandten der Allmächtigen Schneeeule?", Konda fiel beinahe von seinem Baumstamm, als sein langer, dunkelgrüner Körper in spasmische Lachkrämpfe verfiel. Sein Lachen glich einem stotternden Automotor kurz vor dem Erdrosseln. Es war ein eigenartig tiefes, gurgelndes Geräusch.

„Eher bin ich ein aufgeblasener Feuerwehrschlauch, als dass ihr die Gesandten der Schneeeule seid."

„Konda, reiß Dich zusammen, Bruder. Es könnte schon stimmen. Wir halten hier schließlich schon seit über fünfundzwanzig Jahren Wache, um diesen

Augenblick zu erleben – und unsere Vorfahren vor uns schon seit knapp dreitausend Jahren."

Als sich Konda beruhigt hatte – sein schuppiger Körper schlug nur noch winzige Wellen – wandte sich Anak wieder Marvin zu. „Wir wollen keineswegs unsere verehrten Gäste einschüchtern. Das liegt uns ganz fern, nicht wahr, Konda?"

Sie blinzelte zu Konda herüber, und stützte ihr Kinn auf ihrem zusammengerollten Schwanz auf.

„Falls ihr beiden wirklich die Gesandten seid, dann müsstet ihr in der Lage sein, uns ein paar Antworten zu geben."

„Kommt ganz auf die Fragen an", knurrte Odin, der sich wieder mutiger fühlte.

„Natürlich, natürlich. Wir stellen nur Fragen, die Gesandte der Schneeeule leicht beantworten können", zischte Konda hämisch. Er hatte immer noch starke Zweifel, dass Marvin und Odin die legendären Gesandten waren, und sein Kopf schmerzte von den Wunden, die Marvins spitzer Schnabel ihm zugefügt hatte. *Verdammte Vögel.* In seinen langen Tagträumen, die fast immer von der Ankunft des Gesandten handelten, hatte er sich immer vorgestellt, der Gesandte würde ein edler Jaguar oder vielleicht ein königlicher Kondor sein, aber ein struppiger Rabe und ein vorlauter Turmfalke aus Europa? Lachhaft!

„Und falls Ihr nicht die richtigen Antworten wisst, dann haben wir ein leckeres Abendessen." Konda leckte sich mit seiner Zunge genießerisch über seine Nüstern.

„Prima. Ich habe auch schon einen Riesenhunger", sagte Odin freudig.

Anak warf ihm einen schiefen Blick zu. „Ich fürchte, hier liegt ein verdauliches, eh bedauerliches Missverständnis vor, Kleiner."

„Ich verbitte mir, Kleiner genannt zu werden. Mein Name ist Odin Augustus der Siebenundzwan..."

„Schon gut. Hier kommt die erste Frage. Stellt beide Eure gefiederten Lauscherchen schön auf Empfang."

Marvins Herz pochte laut in seiner Brust. Er fragte sich, ob sie diesmal lebend davonkommen würden. Wie sollten eine Nebelkrähe und ein Turmfalke zwei riesige, von Zungen- bis Schwanzspitze zehn Meter lange, tückische Würgeschlangen austricksen können? Dann dachte er daran, dass er ja in Wirklichkeit ein Mensch war. Viel Hoffnung gab ihm dieser Gedanke aber nicht.

„Also, aufgepasst..." Anak verfiel in einen Flüsterton, so dass Marvin und Odin wider Willen näher an ihn heranrückten, um ihn überhaupt verstehen zu können.

„Wie viele Siegel gibt es insgesamt?"

„Sieben!", schrie Odin triumphierend.

„Seid ihr Euch da auch ganz sicher? Letzte Antwort?"

„Hmm. Die Schneeeule hat von sieben Siegeln gesprochen", fügte Marvin hinzu, ein wenig verunsichert.

„Gut. Stimmt", säuselte Konda. „Das war natürlich kinderleicht. So zum Einstimmen. Jetzt kommt die zweite Frage. Wieder gut aufpassen. In welcher Sprache ist das dritte Siegel verfasst, wo habt ihr es gefunden und wer war sein Hüter?"

„Aber das sind doch drei Fragen, nicht eine!“, empörte sich Odin.

„Wir stellen hier die Fragen, ihr antwortet. Das ist eine Frage, nämlich die zweite.“

Marvin dachte Widerstand ist zwecklos, und konzentrierte sich darauf, die richtige Antwort zu geben. „Das dritte Siegel wurde von Skorpionen behütet, es befand sich in der Cheops Pyramide in Ägypten und ist in drei Sprachen geschrieben – Altägyptische Hieroglyphen, Demotisch und Griechisch.“

„Leider, leider falsch, mein Lieber“, leierte Anak und schlängelte sich bedächtig näher an Marvin heran.

„Die Antwort stimmt.“ Odin stellte sich neben Marvin mit geplustertem Gefieder auf, in dem Versuch, so bedrohlich wie möglich auszusehen.

„Ach ja? Die Frage lautete in wie vielen Sprachen, nicht in wie vielen Schriften das dritte Siegel verfasst worden ist.“

„Aber das ist eine Fangfrage“, entrüstete sich Marvin.

„Genau. Kluges Kerlchen. Unser Sinnen und Trachten ist es Betrüger zu entlarven und ihnen eine Falle zu stellen.“

„Wir sind aber keine Betrüger. Das sechste Siegel wurde in Altägyptisch und in Griechisch verfasst – aber mit drei verschiedenen Schriften – genau wie der Stein von Rosetta.“

„Hmm, gebildet seid ihr, das muss man Euch schrägen Vögeln lassen.“ Anak warf Konda einen fragenden Blick zu.

„Gut. Ausnahmsweise akzeptiert. Weil ihr recht unterhaltsam seid. Wäre doch schade, das Spiel schon so schnell beenden zu müssen. Dann kommt jetzt die dritte, letzte und schwierigste Frage. Warum müssen die Siegel zurück zum Buch der Weisheit gebracht werden?"

Odin berührte Marvin mit seinem Flügel und flüsterte: „Lass uns einfach nicht antworten. Wir warten bis morgen und vielleicht finden wir das Siegel bis dahin."

„Was tuschelt ihr da?", fragte Konda misstrauisch.

Aber Kondas Stimme wurde von einem gewaltigen Donnern übertönt, so dass Marvin und Odin der Schreck ins Gefieder fuhr. „Was ist das für ein dröhnendes Geräusch?" Marvin versuchte sich mit seinen Flügeln die Ohren zuzuhalten, was natürlich nicht ging. Ein ohrenbetäubender Lärm durchdrang seinen Körper und die Erde unter seinen Krallen bebte.

„Oh das. Das sind die Menschen. Sie holzen den Regenwald ab – was Du da hörst sind die Bulldozer und elektrischen Sägen. Unermüdlich bei der Arbeit. Tag und Nacht. Wenn sie fleißig so weitermachen, wird der ganze Kontinent bald eine Wüste sein." Die Anakonda lachte erbost. „Mir soll's egal sein. Wisst ihr, wie die Menschen uns nennen? Geisterschlangen des Amazonas. Wir sind sowieso nur ein Spuk, den es bald nicht mehr geben wird. Ha, ha. Über siebzig Prozent aller Pflanzenarten stammen aus dem tropischen Regenwald. Einfach abgeholzt."

Marvin hatte unwillkürlich die düstere Vision, dass Tikal, Chichen Itza und die anderen alten Maya Stätten bald wie die Pyramiden von Gizeh aussehen würden, wenn niemand den Wahnsinn stoppte.

„Warum holzen die Menschen denn den Regenwald immer weiter ab? Ich dachte, es gäbe inzwischen internationale Schutzprogramme für den Regenwald." In Marvins Stimme mischte sich Unglauben mit Entsetzen.

„Wegen Geldgier und Korruption. Die kann man nicht so einfach stoppen – für jedes Loch, das man stopft, entstehen zwei neue Löcher anderswo. Schutzprogramme existieren doch nur auf dem Papier – das sich in Amtszimmern der Regierungen bis zur Decke stapelt. Und das Papier wird aus Holz gemacht. Ich würde mich nicht wundern, wenn das aus dem Regenwald stammen würde. Wenn es nicht so absurd wäre, könnte man darüber lachen – ist doch irgendwie wahnsinnig komisch."

„Das ist wahnsinnig, aber nicht komisch. Es ist ein totales Desaster."

Odin zupfte ganz vorsichtig mit seiner Schnabelspitze an Marvins linkem Flügel.

„Komm, reg Dich ab, Kleiner. Hat doch keinen Sinn. Wir können im Augenblick nichts daran ändern. Denk daran, warum wir hierhergekommen sind."

„Schon gut. Du hast Recht." Marvin fragte sich insgeheim, ob die Anakonda im Anblick ihres Untergangs ihren Verstand verloren hatte und sich in Wahnsinn geflüchtet hatte. Oder vielleicht waren Schlangen im Allgemeinen zynisch veranlagt und sonnten sich in Selbstironie.

„Also wisst ihr die Antwort zu unserer letzten Frage? Warum müssen die sieben Siegel zum Buch der Weisheit gebracht werden?"

„Aber eine Frage, die mit ‚Warum" beginnt, ist eine offene Frage, und es gibt keine eindeutige Antwort darauf."

„Du hast wohl gut im Sprachunterricht in der Schule aufgepasst, was?"

„Nun ja, ich denke wir können Euch eine befriedigende Antwort geben, die sinngemäß richtig ist."

„Du musst wissen, wir feilschen nicht. Entweder stimmt's und wir zeigen euch den Weg zum sechsten Siegel, oder es stimmt nicht, und wir verspeisen Euch."

„Gut. Da wir das Siegel haben müssen, ist es wohl sinnlos noch weiter mit euch zu diskutieren." Odin konnte sich nicht länger beherrschen.

„Ich bin arg enttäuscht, dass die Allmächtige Schneeeule solche Idioten als Wächter bestellt hat." murmelte Odin in sein Brustgefieder.

Anak hatte ihn gehört. „Was faselst Du da, Du freche Rabenkrähe? Hast Du mich und Konda Idioten genannt? Hüte Deine Zunge – und dein Federnkleid, mein Freund. Wir Anakondas waren schon hier als es die Rabenkrähen und Falken noch nicht gab. Wir waren hier seit Anbeginn dieser Stätte – vor über dreitausend Jahren. Damals lebten hier über zehntausend Menschen in der Stadt, und fünfzigtausend Menschen aus dem nahen Umland gingen hier ein und aus. Wir waren Zeugen als das Siegel angefertigt wurde, um dem großen Herrscher und Schöpfer allen Lebens, der Federschlange, auch Kukulkán bei den einheimischen Indianern genannt, zu huldigen. Wie kannst Du es wagen, uns Idioten zu nennen?" Anak hisste.

„Entschuldige vielmals – ich meine, dies war eine idiotische Bemerkung meinerseits", krächzte Odin verlegen und verbeugte sich unbeholfen. Dabei schnappte er sich mit seinem Schnabel schnell noch ein paar Waldameisen. Sein Herz jubelte – zum ersten Mal seit sie in Tikal angekommen waren. Die Anakonda hatte doch glatt gedacht, er, Odin Augustus der

Siebenundzwanzigste, wäre eine Rabenkrähe! Er war bereit, den Schlangen die bisher äußerst unhöfliche Behandlung zu verzeihen. Sollte er am Ende als Speise in ihren Mägen landen, so würde sein letzter Kampf dennoch als heldenhafter Tod einer Rabenkrähe in die Geschichte eingehen, und nicht als der Tod einer Nebelkrähe.
„Ich weiß die Antwort zu Eurer Frage", warf Marvin ein, um die Schlangen von Odins unvorsichtiger Bemerkung abzulenken. „Die Siegel müssen mit dem Buch der Weisheit zusammenkommen, um die Menschheit, die Tiere, die Pflanzen, ja die gesamte Schöpfung vor dem Untergang zu retten."
„Hmm. Ziemlich vereinfachte Antwort, würde ich sagen." Konda schüttelte missbilligend den Kopf.
„Aber ziemlich elegant auf den Punkt gebracht", konterte Anak.
„Ich weiß nicht." Konda bewegte zweifelnd seinen Kopf hin und her.
„Hmm. Denk doch mal nach. Vielleicht gar nicht so übel, wenn wir die Verantwortung für das Siegel abwälzen könnten, he?"
„Du warst schon immer die Schlauere von uns beiden, Schwesterherz."
„Also, sollen wir die Antwort gelten lassen?"
„Von mir aus. Ich habe aber keine Lust für weitere 3 Monate nichts zu essen."
„Wir können Euch nachher etwas zu essen besorgen", sagte Odin eifrig.
„Nun gut. Kommt hier entlang, aber leise, wenn ich bitten darf. Passt auf, dass uns keiner folgt."
Marvin fand das gar zu komisch. Es stand völlig außer Frage, ja war geradezu unmöglich, dass der Anblick einer Nebelkrähe und eines europäischen Turmfalken, die jeweils auf den Köpfen von zwei gigantischen

Riesenschlangen wie eine Karawane durchs tropische Unterholz krochen, keine Aufmerksamkeit erregen konnte. Gut, dass kaum Touristen da waren, erst recht jetzt nach Einbruch der Dämmerung. Allzu bald wurden sie von einem neugierigen Affenrudel verfolgt, deren Mitglieder sich mit kehligem Geschrei von Baum zu Baum schwangen. Ein farbenfroher Tukan flog ihnen in sicherem Abstand hinterher und warf ihnen misstrauische Blicke zu. Anak, die sich vor ihnen durch das hohe Tampas Gras geschlängelt hatte, kam zu einem abrupten Halt.

„Hier ist der Eingang zum Tempel."

Konda schob sich an seiner Schwester vorbei und wälzte mit seinem massigen Körper einen mächtigen Steinquader zur Seite. Ein schmaler Durchgang entstand.

„Folgt mir."

Konda quetschte sich durch den engen Spalt. Marvin und Odin trippelten ihm nach. Anak kringelte ihren langen Körper zusammen und legte ihren Kopf auf ihre Schwanzspitze.

„Ich warte lieber hier draußen und halte Wache. Wäre doch ein Jammer, wenn nach all den langen Jahren des Wartens zu guter Letzt noch irgendetwas schieflaufen würde."

Im Tempelinneren war es dunkel, modrig und feucht. Nur wenig Morgenlicht fiel durch den schmalen Spalt herein. Marvin fröstelte. Er bildete sich ein, Augen und Ohren wahrzunehmen, die sie von allen Seiten belauerten. Es schien, sie brachen in ein uraltes Heiligtum ein, das lieber ungestört bleiben wollte.

„Marvin, Odin – kommt einmal hierher. Das Siegel ist in dieser Nische versteckt." Vor ihnen fanden sie ein aus Stein gehauenes Gefäß, das wie ein kleiner Sarkophag aussah. Konda öffnete den Deckel mit seiner Schwanzspitze.

„Das Siegel ist aus reinem Gold. Die Inschrift wurde übrigens in Cholan verfasst."

„Cholan?"

„Die älteste der Maya Sprachen, die hier in dieser Gegend schon vor drei tausend Jahren gesprochen wurde."

Marvin konnte im Halbdunkel kaum etwas auf dem Siegel erkennen und atmete auf, als sie das unheimliche Tempelinnere hinter sich gelassen hatten und wieder im Freien standen. Auf dem Siegel befanden sich Hieroglyphen der Maya, wie sie Cornelius ihm in der Schule gezeigt hatte. Die Schriftzeichen waren in Blöcken angeordnet, mit jeweils zwei Säulen, die je zwei Schriftzeichen enthielten.

„Konda, Anak, wisst ihr was auf dem Siegel steht?"

„Klar. Ist uns doch über Jahrhunderte von unseren Vorvätern überliefert worden."

„Und könnt ihr es uns verraten?"

„Ich denke schon. Schließlich ist unsere Aufgabe jetzt erfüllt." Anak streckte sich und ließ ihre Zunge betont lässig aus dem Maul hängen. „Es geht um die Geschichte der Erde. Natürliche Katastrophen wie Erdbeben, Überschwemmungen und Eiszeiten haben zwar wiederholt das Leben auf der Erde ausgelöscht, aber die Erde auch zu dem gemacht, was sie heute ist."

„Wie können Erdbeben und andere Katastrophen gut sein?"
„Nur durch das Bersten der Erdkruste sind die heutigen Kontinente entstanden und damit die Vielfalt der Arten im Pflanzen- und Tierreich. Falls die Urerde, Pangäa, nicht im Inneren heiß gewesen wäre, gäbe es heutzutage wahrscheinlich deutlich weniger Arten von Leben auf der Erde."
„Wow. Darüber habe ich noch nie nachgedacht."
„Ja, aber inzwischen haben die Menschen massiv in diese natürlichen Prozesse eingegriffen. Das Ozonloch und die globale Erwärmung nehmen beispielsweise viel rasanter zu, als es die Erde verkraften kann. Die Menschen müssen diese fatalen Prozesse vor Beginn des neuen Zeitalters umkehren, um der Erde die Chance zu geben, sich selbst zu regenerieren. Nach dem Glauben der Mayas beginnt das neue Zeitalter mit der Wintersonnenwende im Jahr 2012. Die Zeit drängt."
Konda richtete sich auf und nickte zustimmend. „Zeit, Eure Rückreise anzutreten, Freunde. Die ersten Touristen werden bald eintreffen."
„Du willst doch nur so schnell wie möglich in den Ruhestand treten, oder?"
„Lästere doch nicht so. Wo ist übrigens unser versprochenes Frühstück?"
Marvin sah Odin verschwörerisch an. „Nichts wie weg von hier" schien sein Blick zu sagen. „Vielen Dank für alles. Wir fliegen jetzt besser los."
„Gute Rückreise euch beiden. Passt ja gut auf das Siegel auf, wie wir das für die letzten fünfundzwanzig Jahre getan haben. Das seid ihr uns schuldig."
Marvin nahm das Siegel in seine Krallen und flog Odin hinterher. Als sie sich über das Dschungeldach erhoben – es ging langsamer als sie dachten, weil das goldene Siegel sehr schwer war – hörten sie noch für eine ganze Weile die

zischenden Stimmen von Anak und Konda, die aus dem Dickicht zu ihnen heraufdrangen.

„Jetzt können wir endlich in unsere wohlverdiente Pension gehen, hurra."

„Den ganzen Tag am Fluss liegen, anstatt hier im Dschungel. Richtig cool. Ich wollte immer schon mal Ferien am Mopan Fluss in Belize machen." „Nicht mehr mit ansehen müssen, wie jeden Tag unser Regenwald kleiner wird und jahrhundertealte Bäume in die Knie gezwungen werden und hilflos wie Grashalme im Wind umknicken." „Da kann ich nur sagen, auf zu neuen Ufern, Konda. Das haben wir uns verdient."

Marvin ermüdete schnell, doch er wusste, dass er das goldene Siegel auf keinen Fall loslassen durfte. Nur gut, dass die Sonne noch tief am Horizont stand, sonst wäre ein Turmfalke mit einer goldenen Scheibe – die das Sonnenlicht in alle Richtungen reflektiert hätte – zu auffällig gewesen.

„Odin, lass uns bitte anhalten", bat Marvin schließlich erschöpft.

„Okay, Sturzflughaltung wird eingenommen. Roger."

Sie landeten auf einer kleinen Insel in einem großen See.

„Am besten machen wir uns auf den Heimweg in die physische Welt. Das goldene Siegel müsste heute Nacht sicher in Deinem Zimmer sein, nicht wahr?"

„Ich denke schon. Morgen werde ich es zu Cornelius bringen. Er kann es zu den anderen in den Tresor legen."

„Klingt gut. Warte, hier ist Dein geschnitzter Rabe."

Odin holte das Totem hervor, und Marvin nahm es mit dem Schnabel auf.

„Sei vorsichtig, dass Du keine Schnitzer reinpickst", mahnte Odin besorgt.

„Keine Sorge. Ich behandle es wie ein rohes Ei", nuschelte Marvin.
„Rohes Ei. Ich wünschte, wir hätten etwas zum Essen. Seufz."
Marvin konzentrierte sich auf sein Totem, zog seine Krallen fest um die goldene Scheibe und versuchte, sich schlafend in seinem Zimmer im Bett vorzustellen. Marvin fand es diesmal besonders schwierig, dieses Bild vor seinem geistigen Auge entstehen zu lassen – vielleicht, weil er müde war, vielleicht aber auch, weil sie am anderen Ende der Welt waren. Dann passierte es. Die erst unscharfen Umrisse seines Zimmers wurden deutlicher. Die Welt drehte sich, ihm wurde schwindlig, und dann wachte er in seinem Bett auf. Er tastete sofort nach seinem Totem, das vor seinem Gesicht auf dem Kopfkissen lag. Die goldene Scheibe befand sich am Fußende seines Bettes, er konnte etwas Kühles, Glattes an seinen Zehenspitzen fühlen. Erleichtert atmete er auf. Auch dieses Siegel hatten sie heil nach Hause gebracht. Odin hockte auf seinem Nachttisch und blickte mit einem zufriedenen, liebevollen Blick auf seinen elfjährigen Schützling nieder.
„Marvin, das war Meisterklasse."
Dann blickte er auf Marvins leuchtende Digitaluhranzeige.
„Allmächtige Schneeeule. Ich muss mich schnellstens aufmachen. Olga wird schon unruhig sein, wenn ich nicht bald zu Hause auftauche. Gute Nacht und Träumen ist verboten."
Odin hopste auf das Fenstersims und entschwand leise krächzend durch das geöffnete Fenster. Marvin lächelte (so viel Lob kannte er sonst von Odin gar nicht), drehte sich um und war auch schon fest eingeschlafen.

3. Teil: Die Bestimmung

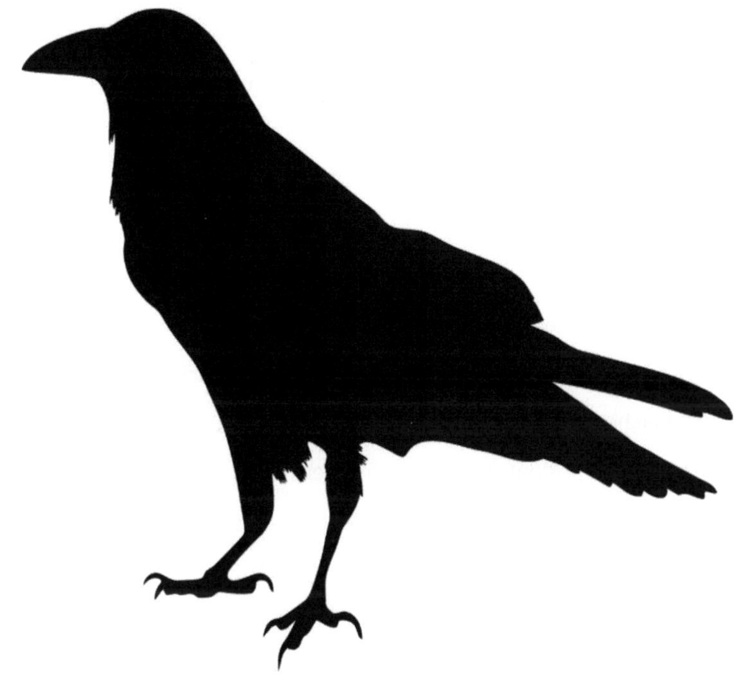

Kapitel 18 – Die unmögliche Entscheidung

Freitag, 1. Dezember

Marvin sah Saskia mit weit geöffneten Augen an. Saskia hatte offensichtlich einen ihrer Tobsuchtsanfälle. Ihr Gesicht war rot angelaufen und trotz Schnuller im Mund brüllte sie lautstark. Fieberhaft überlegte Marvin, wie er sie beruhigen konnte. Vielleicht mit etwas Milch? Saskias Mutter (er weigerte sich immer noch, Anne als Papas Freundin zu bezeichnen) hatte ihm gezeigt, wie er die Milchflaschen in der Mikrowelle aufwärmen konnte (‚Und immer gut die Flasche schütteln, um die Temperatur der Milch auszugleichen'). Marvin schossen Gedanken von Kinderarbeit durch den Kopf. Wie konnten sein Vater und Anne ihn mit dem Baby allein lassen? Wenn es sein wirkliches Brüderchen oder Schwesterchen gewesen wäre. Aber er kannte Saskia doch kaum. Marvin wünschte sich, Odin wäre bei ihm. Vielleicht würde Saskia über den Vogel lachen oder wenigstens von ihm abgelenkt werden. Aber nein, er war völlig allein mit dem Baby. Sein Zimmer fühlte sich nicht mal mehr wie sein eigenes Zimmer an. Anne hatte einfach Saskias Bettchen in sein Zimmer gestellt. Sein Vater hatte nur wie blöd gegrinst und diese Verletzung von Marvins Hoheitsrechten mit den Worten ‚Marvin hat sich schon immer ein kleines Schwesterchen gewünscht, nicht wahr, Carlchen?" kommentiert. Weder er noch Anne hatten es für nötig befunden, ihn, Marvin, zu fragen, ob er damit einverstanden war, sein Zimmer mit einem wildfremden Menschen zu teilen.

Marvin sah auf die Uhr. Jetzt lief er schon für eine halbe Stunde mit Saskia im Arm durch sein Zimmer. Er musste aufpassen, nicht über seine Bücherstapel zu stolpern.

Endlich, nach anderthalb Stunden, und nachdem Marvins Stimme schon ganz heiser war (er hatte der Kleinen sämtliche Gute Nacht Lieder, die er von seiner Mutter kannte, vorgesungen), fielen Saskia die Augen zu. Ganz vorsichtig legte Marvin Saskia in ihr Bettchen und deckte sie mit ihrer Winnie Pu Decke zu. Er vergewisserte sich, dass sie zwei Schnuller in Reichweite hatte und dann erst schaltete er das Licht aus. Die Ziffern seiner Digitaluhr leuchteten feuerrot im Dunkeln. Es war jetzt schon halb elf. Wo blieben Anne und sein Papa? Marvin fielen die Augen zu.

Als er gerade am Einschlafen war, klopfte es wild an sein Fenster. Odin, schoss es Marvin durch den Kopf. Schlagartig war er wieder wach. Er hatte Odin nicht gerufen, was konnte er nur wollen? Marvin tastete sich zum Fenster, bemüht keinen Laut zu verursachen, um Saskia nicht aufzuwecken.

„Marvin“, krähte es, als er das Fenster einen Spalt weit geöffnet hatte.

„Psst. Sei bitte ganz leise. Ich habe das Baby, ich meine Saskia, in meinem Zimmer. Sie ist gerade erst eingeschlafen."

Odin spähte interessiert in Saskias Richtung. „Ich habe selten ein Menschenbaby aus nächster Nähe gesehen." Neugierig hüpfte er näher an das Gitterbettchen heran.

„Was ist eigentlich los?", fragte Marvin.

„Ja, Donnervogel und Krallenblitz. Wir stecken in einer Krise."

„Die abtrünnigen Raben?"

„Ja. Cornelius wurde vor einer halben Stunde mitten auf der Straße von den Raben angegriffen."

„Das gibt's doch nicht."

„Leider doch. Ich denke, wir müssen sofort zu ihm."

„Ich kann aber nicht weg von hier. Das Baby."

Marvin verfluchte sein Schicksal. Was sollte er jetzt um Gottes Willen tun?

„Cornelius, ich und die Siegel brauchen Dich. Du bist vom Schicksal auserwählt."

„Ja, aber..."

„Wenn Du nicht kommst, wird es ein Unglück geben und all unsere Mühe war umsonst."

„Ich kann doch nicht."

„Keine Frage des Könnens. Du musst. Basta." Odin zupfte an Marvins Schlafanzug. ‚Komm schon. Jede Sekunde zählt."

„Warte. Ich muss erst dafür sorgen, dass Saskia sicher in ihrem Bettchen schläft. In einer halben Stunde muss ich wieder zurück sein."

„Okay, aber nun komm endlich."

Marvin öffnete die Schmuckschatulle und holte das Totem hervor. Er seufzte schwer und setzte sich auf sein Bett. Schließlich löste sich die Welt um ihn herum auf und er fand sich in Cornelius' Studierstube am Sokrates-Gymnasium in seiner Turmfalkengestalt wieder.

„Was sollen wir jetzt tun?"

„Erinnerst Du dich noch an den Friedhof, wo die beste Hochzeit, die es je gab, gefeiert wurde?" Odin warf sich stolz den Flügel vor die Brust.

„Ja, und? Übertreibst Du nicht ein bisschen?"

„Damokles und seine Schurkenbande haben Cornelius dorthin verschleppt."

„Cornelius war als Rabe unterwegs?" Marvin sorgte sich jetzt wirklich um Cornelius.

„Ja, auf irgendeiner geheimen Mission für Ambrosia." Odin hüpfte verzweifelt auf und ab. „Ich könnte mir alle Federn ausrupfen. Man muss sich schämen, mit solchen Vögeln verwandt zu sein. Eine wahre Schande ist das, jawohl."

„Odin, wenn Du jetzt deine Federn ausrupfst, hilft das Cornelius bestimmt nicht. Wir müssen schnellstens einen Plan entwerfen, wie wir Cornelius aus den Fängen der abtrünnigen Raben befreien können."

„Allmächtige Schneeeule, Krallenblitz und Donnervogel. Wenn Du Recht hast, hast Du Recht. Das muss man Dir lassen. Wo habe ich nur meinen Kopf?"

„Er befindet sich auf Deinem Rumpf – genau da, wo er hingehört. Aber manchmal könnte man meinen, Dein Gehirn ist abhandengekommen."

„Schöner Scherzvogel bist Du, also wirklich." Odin blinzelte listig aus seinen kleinen schwarzen Augen. „Rabenvögel haben übrigens keine Fänge, sondern nur Krallen. Immer noch keine Ahnung von Corvidologie, der Junge, tss, tss."

„Komm schon. Cornelius wird schon auf uns warten."

Odin und Marvin hüpften auf das Fenstersims der Dachluke und flogen im Eiltempo Richtung Dahlem.

„Olga ist übrigens mit von der Partie."

„Gut, wir können jede Hilfe gebrauchen."

Als Odin und Marvin sich dem Friedhof näherten, wartete Olga schon auf sie.

„Lasst uns so tief wie möglich fliegen, damit die abtrünnigen Raben uns nicht entdecken."
Olga tauchte ab, Odin und Marvin flogen hinterher. Sie landeten auf einem verwitterten, mit Moos bewachsenem Grabstein.
„Vielleicht haben die abtrünnigen Raben Späher aufgestellt?"
„Nein. Ich habe schon den ganzen Friedhof ausgekundschaftet. Die Raben scheinen zu sehr mit sich beschäftigt, um irgendetwas zu bemerken."
„Hochmut kommt vor dem Fall, hi, hi."
„Was ist denn nun unsere Strategie, um Cornelius zu befreien?"
„Rein, raus und nichts wie weg. Ganz einfach."
„Einfach?" Marvin schüttelte ungläubig seinen Kopf. Der Plan schien reiner Selbstmord zu sein.
„Nun, ich habe mir erlaubt, Verstärkung anzuheuern. Erinnerst Du dich noch an Stulle und seine Freunde? Sie haben uns ihre Hilfe zugesagt."
„Odin, ich kenne Dich ja gar nicht wieder. Ein klasse Plan."
Odin blickte verlegen auf seine Krallen.
„Hmm. Es war ehrlich gesagt Olgas Idee."
„Stulle müsste in wenigen Minuten hier sein. Er wollte ein paar seiner Freunde mitbringen."
In diesem Moment hörten sie ein leises Gekrächz aus dem Wacholderbusch.
„Gestatten? Ich bin mit meiner Truppe hier. Wir sind an die dreißig Vögel. Hoffentlich genug?"
„Stulle, das ist ganz fantastisch."
Marvin glaubte jetzt doch, dass ihr Plan gelingen könnte.

„Olga hat mich in meinem bescheidenen Heim aufgesucht, wat sachste nu? Ick kann doch eener Dame keene Bitte abschlagen, det jeht doch nich'. Stulle is immer für ‚nen juten Zweck zu haben."

„Die abtrünnigen Raben sind hinterlistig und boshaft. Es wird kein fairer Kampf werden."

„Keene Sorje. Wir Berliner sind auch nich' jerade auf den Schnabel jefallen."

„Dann lasst uns mal loslegen."

„Marvin, Du zielst auf Cornelius ab, ich und Olga lenken Damokles ab und Stulle, Du und Deine Truppe, ihr haltet die anderen in Schach. Okay?"

„Wird gemacht."

Sie hatten wahrhaft keine Zeit zu verlieren. Ein hässliches Rabengeschrei hallte über den Friedhof.

„Cornelius, wir kommen."

Marvin schraubte sich so hoch in die Luft wie er konnte. Als er die Raben unter sich sah, legte er seine Flügel zum Sturzflug an und sauste hinab, geradewegs auf Cornelius zu. So sanft wie möglich umfing er Cornelius Rumpf mit seinen Krallen und riss ihn nach oben. Odin und Olga attackierten Damokles mit heftigen Schnabelhieben. Stulle und seine Kameraden hatten Steine gepackt, sich mit ihnen in die Luft erhoben und bombardierten nun die versammelte Schar der abtrünnigen Raben mit ihren Geschossen. Im Nu brach Chaos aus. Marvin konzentrierte sich nur auf Cornelius.

„Kannst Du fliegen?"

„Ich denke schon."

Marvin ließ Cornelius los. „Folge mir."

Marvin flatterte so schnell er konnte davon, vergewisserte sich aber, dass Cornelius sein vorgegebenes Tempo halten konnte.

„Wir müssen zurück in Dein Studierzimmer. Dort sind wir sicher."

„Das war wirklich knapp, aber ist Gott sei Dank noch einmal gut gegangen."

„Danke, Marvin. Du, Odin und Olga habt mir wohl das Leben gerettet. Wir dürfen wirklich nicht die abtrünnigen Raben unterschätzen. Sie sind mächtig, mächtiger als ich erwartet hatte. Damokles ist jung, verschlagen und ehrgeizig. Ambrosia – so weise sie ist – ist alt und müde."

„Aber Cornelius, so darfst Du nicht reden."

Marvin schrieb es Cornelius' Erschöpfung zu, dass er so dachte. Wie spät war es eigentlich? Marvin schaute erschrocken auf die Wanduhr. „Oh weh, Ich muss so schnell wie möglich nach Hause translokieren." Erst jetzt dachte er wieder an Saskia.

Als Marvin erwachte, dachte er, er sei mitten in einem Alptraum gelandet. Grelles Deckenlicht blendete ihn. Sein Vater stand über sein Bett gebeugt wie ein riesiges Ungeheuer. Peter Krone hatte Marvins Arme fest gepackt, und schüttelte ihn wie wild, um ihn wach zu rütteln. Saskia schrie ohrenbetäubend. Anne stand um das Gitterbettchen herum, und ereiferte sich.

„Dieser Junge. Unglaublich, dass er bei so einem Inferno schlafen kann. Was hast Du gemacht, Du Bürschchen? Kannst Du nicht einmal babysitten?"

„Vielleicht braucht sie ihr Fläschchen?", erwiderte Marvin kleinlaut. „Ich habe ihr eigentlich alles gegeben."

„Hast Du das? Dann wundert es mich, dass sie derart außer sich ist."
„Vielleicht hat sie ihre Mutter vermisst?" Marvin konnte sich in dieses Gefühl leicht hineinversetzen. „Ich bin doch ein fremdes Gesicht für sie."
„Unsinn. Du musst eben mehr Geduld mit so einem kleinen, zarten Würmchen haben."
So zart war sie Marvin gar nicht vorgekommen, und auch nicht klein, sondern ziemlich schwer - jedenfalls nach einer halben Stunde des Herumtragens. Aber Marvin verkniff sich eine Widerrede – so angespannt war die Situation.
„Und das Fenster ist weit geöffnet!", keifte Anne, als sie mit der schreienden Saskia im Arm zum Fenster segelte, um es mit einem Knall zu schließen. Das laute Geräusch brachte das Baby, das völlig übermüdet war, noch mehr zum Weinen. „Willst Du, dass Saskia sich den Tod holt? Sie kann leicht eine Lungenentzündung bekommen. Es ist doch schon eiskalt nachts."
„Ich musste dringend...", versuchte sich Marvin zu verteidigen, aber sein Vater schnitt ihm das Wort ab. „Ich bin wirklich sehr enttäuscht und hätte mehr
von Dir erwartet."
„Ich hab' mir Mühe gegeben."
Aber als Marvin dies sagte, zweifelte er selbst an der Richtigkeit dieser Aussage. Hatte er wirklich Saskia allein lassen dürfen? Ein hilfloses Baby? Aber er musste doch Cornelius wegen der Siegel helfen. Marvin traten Tränen in die Augen. Er fühlte sich in einer Situation allein gelassen, der er nicht gewachsen war. Dann wallte Ärger in ihm hoch. Es war von Anne und seinem Vater nicht richtig gewesen, ihn mit dem Baby allein zu lassen.

Saskias Brüllen verebbte langsam, aber ihr Gesicht war heiß und rot wie Himbeermarmelade. Als sich alle beruhigt hatten und Saskia wieder eingeschlafen war, war es schon nach Mitternacht. Marvin war nur noch ein Geist. Er kroch unter seine Bettdecke und rollte seine Beine unter seinem Bauch zusammen.

Da öffnete sich noch einmal leise die Kinderzimmertür. Marvin blinzelte unter der Decke hervor. Sein Vater stand im Türrahmen.

„Marvin?", flüsterte er.

„Ja, Papa?", gab Marvin leise zurück.

Peter Krone setzte sich auf Marvins Bettkante, dass es knirschte. Er legte seine großen, schweren Hände auf Marvins Bettdecke.

„Hör zu, es tut mir leid. Wir hätten Dich nicht mit Saskia allein lassen dürfen."

„Jedenfalls nicht für mehr als vier Stunden."

„War es so lange?"

„Ja. Und jede Minute mit einem schreienden Baby scheint zehnmal so lang."

„Es tut mir leid, Carlchen."

Peter Krone strich Marvin sanft über den blonden Schopf, der unter der Decke hervorlugte. „Du bist ja schließlich selbst noch ein Kind."

„Immerhin bin ich schon elf."

„Ja, und Du bist recht vernünftig für Dein Alter. Gerade deshalb vergesse ich manchmal, dass Du erst elf bist."

„Dann bist Du mir wieder gut?"

„Ich wollte mich eigentlich bei Dir entschuldigen. Es war unfair, Dir die Verantwortung für Saskia aufzuhalsen."

„Denkt Anne genauso wie Du darüber?"

„Ja. Ihr tut es auch sehr leid. Nächstes Mal nehmen wir einen Babysitter. Ehrenwort."

Marvin war erleichtert. „Danke. Gute Nacht, Papa. Ich habe Dich lieb."

„Ich Dich auch, Carlchen. Schlaf jetzt lieber. Wer weiß, wann der kleine Quälgeist wieder aufwacht, was?"

„Ja." Marvin gab ein gequältes Lachen von sich. „Vielleicht kann Saskia morgen bei Euch im Zimmer schlafen."

„Uh, hmm. Wenn's sein muss."

„Muss sein."

„Okay, Du hast gewonnen."

Peter Krone schlich auf Zehenspitzen aus dem Kinderzimmer.

Als Marvin Odin am nächsten Morgen die Erlebnisse der vergangenen Nacht schilderte, musste Odin laut lachen.

„Das war nicht lustig. Ganz und gar nicht." entrüstete sich Marvin.

„Nein, nein. Ihr Menschen seid manchmal nur zu komisch."

„Habe ich mich gestern Nacht falsch verhalten? Schließlich hatte ich die Verantwortung für Saskia?"

„Die Verantwortung für Saskia hat ihre Mutter, nicht Du. Du hattest genauso viel Verantwortung für Cornelius wie für das Baby. Wenn nicht mehr."

„Habe ich also alles richtig gemacht?"

„Du siehst, es gibt manchmal kein Falsch und kein Richtig. Kein Schwarz und Weiß. Manchmal scheint es unmöglich, eine Entscheidung zu treffen. Manche Menschen verfallen in Untätigkeit und Resignation, geben auf. Du hast eine

Entscheidung getroffen. Ob richtig oder falsch, kann nur Dein Herz entscheiden."

„Das kapier ich beim besten Willen nicht."

„Kommt auch erst nächstes Jahr dran. Wenn Du nach Deinem wahren Ich handelst, hast Du das für Dich Richtige getan. Selbst wenn die Konsequenz Deines Tuns nicht das Richtige für alle Menschen auf dieser Welt sein mag."

„Also sind wir alle Gefangene unseres Selbst, und haben keinen freien Willen?"

„Freier Wille heißt das zu tun, was Dir Dein Verstand und Dein Herz befehlen. Diese Art von Bestimmung mag in der Tat vorprogrammiert sein."

„Und wenn ich das nicht akzeptieren will?"

„Dann ist das Nichtakzeptieren entweder Deine wahre Bestimmung oder Du ziehst Dich und andere ins Unglück."

„Und wenn ich gar nichts mache?"

Jetzt musste Odin lachen. „Gar nichts gibt es nicht. Auch so genanntes Nichtstun zieht Konsequenzen nach sich."

„Okay. Ich geb's auf. Möchtest Du Pizza essen?"

„Gern. Wir müssen uns für unser nächstes Abenteuer stärken."

„Warst Du schon einmal in der Antarktis?"

„Nö. Mir haben die Frostbeulen von unserem Ausflug in die Arktis gereicht."

Marvin lachte. „Die Antarktis ist nichtsdestotrotz unser nächstes Ausflugsziel. Gott sei Dank ist Deine Mauser vorüber. Du trägst ja schon Dein Winterkleid."

„Das werde ich auch brauchen. Jawohl. Nächstens willst Du wohl noch zum Mond mit mir fliegen."

„Eigentlich nicht, aber vielleicht ist das gar keine schlechte Idee?"

„Oh, doch. Fatale Idee. Genau wie Menschen, könnten Vögel den Aufenthalt in der sauerstofflosen und eisigen Atmosphäre des Mondes ohne geeignete Schutzanzüge nicht überleben."

„Schon gut. War ja nur so eine Idee."

„Total verrückte Idee."

Marvin stützte nachdenklich sein Kinn in seine Hände. „Vielleicht muss man ein bisschen verrückt sein, um das zu tun, was wir tun?"

„Du wirst ja mal wieder ganz philosophisch, mein Junge. Tss, tss."

„Meinst Du nicht, dass ich ein bisschen verrückt bin?"

„Ganz im Gegenteil. Du bist wahrhaftig ein Eingeweihter. Deine Mutter wäre stolz auf Dich."

„Oh Odin, bitte sag dies nicht. Mein Vater sagt das auch dauernd."

„Und, was ist daran so schlimm?"

„Ich wünschte mir, er würde selbst stolz auf mich sein."

„Er meint es nicht böse. Ich bin mir sicher, er ist auch mächtig stolz auf Dich."

„Vielleicht, aber warum muss er immer Mama ins Spiel bringen?"

„Ich fürchte, der Verlust deiner Mutter ist genauso schlimm für ihn wie für Dich – wenn nicht noch schlimmer."

„Wie kann es für ihn schlimmer sein als für mich?" erwiderte Marvin trotzig.

„Nun ja, Dein Vater hat nun die alleinige Verantwortung für Dich. Er musste Deiner Mutter versprechen, sich nicht in den Weg zu stellen, dass Du ihre Nachfolge antrittst. Tragischerweise wurde Deine Einweihung gerade durch ihren Tod früher notwendig als vorgesehen. Kannst Du nicht verstehen, wie er sich jetzt fühlen muss?“

„Doch schon. Er hat Angst um mich.“

„Genau. Es ist für einen normalen Menschen nicht einfach, mit einem Eingeweihten zusammenzuleben. Dein Vater ist auf unserer Seite.“

„Wenn das so ist, lass uns lieber unseren Trip in die Antarktis noch ein bisschen vorbereiten, damit auch ja nichts schief geht.“

„Das nenn' ich Initiative ergreifen. Ich bin mit Feuer und Flamme dabei.“

Marvin musste lachen. „Na super, dann können wir uns ja im ewigen Schnee der Antarktis wunderbar an Dir erwärmen!“

„Ich bin doch kein Ofen!“, entrüstete sich Odin in gespielter Gekränktheit.

„Leider, leider. Ich würde Dich jederzeit gegen einen Ofen eintauschen, wusstest Du das nicht?“

„Na, na – nicht zu frech werden, Junge.“ Odin pickte sanft in Marvins Finger.

„Autsch. Lass das doch.“ Sie jagten einander durchs Kinderzimmer, bis beide erschöpft auf Marvins Bett fielen. „Also, wo in der Antarktis landen wir?“

„Keine Ahnung. Irgendwo bei den Pinguinen?“

Marvin hatte sein Totem in die Hand genommen und sich im Schneidersitz auf sein Bett gesetzt. „Äußerste Konzentration ist jetzt gefragt. Ich zähle bis zehn. Nimm bitte Deinen Schnabel vom Foto – ich kann ja gar nichts sehen.“ Mit diesen Worten stürzten sich Marvin und Odin in die vorerst letzte Suche – nach dem siebten und wichtigsten Siegel von allen.

Kapitel 19 - Das siebte Siegel in der Antarktis

Mittwoch, 6. Dezember

Marvin stand auf dem Rücken des Blauwals und versuchte krampfhaft die Balance zu halten. Der Walrücken war mit Seepocken verkrustet, aber durch die Schneeflocken, die auf der Walhaut langsam dahin schmolzen, doch so rutschig, dass es für Marvin schwierig war, sich festzuhalten, ohne den Wal mit seinen scharfen Krallen zu verletzen.

„Es geht Dich eine Menge an!", rief Marvin gegen das heftige Schneetreiben an, das in der letzten halben Stunde merklich an Stärke gewonnen hatte.

„Es geht mich gar nichts an", erwiderte gelassen der Wal.

„Aber du musst uns helfen. Sonst wird die Welt untergehen."

„Meine Art ist sowieso dem Untergang geweiht. Ich bin der letzte meiner Familie und einer der letzten meiner Art."

„Wir müssen doch aber die Menschen retten."

„Was gehen mich die Menschen an? Über Jahrhunderte haben die Menschen meine Art gejagt und getötet. Um aus unserem Fett Lampenöl zu gewinnen. Vor hundert Jahren gab es noch über dreihunderttausend Blauwale, jetzt vielleicht noch einige Tausend. Bald wird man sie an meinen Barten abzählen können." Der Wal schnaufte laut und verächtlich und fuhr dann fort: „Und jetzt sind die Weltmeere vergiftet und es gibt kaum noch Nahrung für uns. Der Krill, der früher im Überfluss vorhanden war, wird knapp und wir müssen hungern. Weil die Menschen nicht nur alles wegfischen, sondern auch den Meeresboden mit ihren Netzen, Giften und Sprengstoffen derart zerstören, dass die Korallenriffe, Kinderstuben für fast alle Meeresbewohner, mehr und mehr dezimiert werden."

„Aber vielleicht gibt es einen Weg zur Umkehr und zum Neuanfang?" Selbst Marvin fand, dass er nicht überzeugend klang.

„Die Menschen kümmern sich nicht um unser Schicksal, also kümmere ich mich auch nicht um das ihre."

„Und das Schicksal der Erde interessiert Dich auch nicht? Was ist mit den anderen Tieren, den Pflanzen?"

„Alles Leben begann einst im Wasser, und hier wird es auch wieder enden. Ich bin schon alt, sehr alt – und werde keine Nachkommen mehr zeugen – ich will nur meine Ruhe haben auf meine alten Tage. Ist doch alles nicht der Mühe wert."

„Aber das kannst Du nicht. So darfst Du nicht denken. Es ist Deine Pflicht als Hüter des siebten Siegels den Gesandten zu helfen. Das hat die allmächtige Schneeeule gesagt." Marvin schrie aus vollen Lungen gegen das dichte Schneetreiben an, aber seine Stimme wurde vom Schnee und Wind verschluckt. Er war nicht sicher, dass der Wal ihn überhaupt hören konnte.

„Eule? Ja, ja, ich habe mal eine Schneeeule getroffen – war ganz weiß wie der Schnee. Ein recht weiser Vogel, der mich einmal besuchen kam. Vor langer, langer Zeit." Der Wal rollte seinen wuchtigen Körper von einer Seite zur anderen, um besser nachdenken zu können, so dass Marvin seine Krallen etwas tiefer in die Walhaut drückte, um nicht von dem schwankenden Koloss abzurutschen. Dies kitzelte wohl den Wal, der plötzlich laut niesen musste. Eine riesige Fontäne (Odin sagte später die Fontäne war so hoch wie ein vierstöckiges Haus) schoss aus seinem Atemloch und traf mit voller Wucht Marvins rechten Flügel, den er – wie auch den linken - ausgestreckt hielt, um besser sein Gleichgewicht halten zu können. Ironischerweise war dies jetzt sein Unglück.

Marvins Krallen glitten von dem glitschigen Walrücken ab, und lautlos versank sein schmaler Körper wie ein Stein in den Wellen des antarktischen Meeres. Es wurde dunkel um ihn. Er schluckte das salzige Wasser und musste husten. Aber als er Luft holen wollte, schluckte er nur noch mehr von dem eisigen Meerwasser. Marvin wurde schwarz vor Augen. Für einen kurzen Moment glaubte er seine Mutter zu sehen. Sie saß als anmutige Ringeltaube auf einem blühenden Kirschbaum und zwitscherte ein Lied. Es war Brahms Wiegenlied, das sie ihm beinahe jeden Abend vor dem Einschlafen vorgesungen hatte. Dann fiel er in Ohnmacht. Er hörte eine Stimme wie aus weiter Ferne und war überzeugt, immer noch unter Wasser zu sein.

„Marvin, komm Kleiner. Wach doch auf. Ich bin hier. Es wird alles wieder gut."

Marvin lag selig mit geschlossenen Augen da. Vielleicht war er jetzt bei seiner Mama im Himmel (oder im See der Unendlichkeit).

Dann fühlte er eisiges Wasser auf seinem Schnabel und einen stumpfen Schmerz in der Magengrube. Seine Lider waren schwer wie Blei, aber er zwang sich seine Augen aufzuschlagen. Erst verschwommen, dann klar, sah er die grauschwarzen Umrisse einer struppigen Nebelkrähe vor sich. Die Luft war schneidend kalt und roch nach totem Fisch, aber es war windstill und hatte anscheinend aufgehört zu schneien.

„Bist Du das, Odin?"

Odin war so froh, ein Lebenszeichen von Marvin zu erhalten, dass er ihn versehentlich noch einmal mit seinem Schnabel zwickte und ihm eine Feder aus dem Bauchkleid riss.

„Au. Willst Du mir Löcher in den Bauch picken?"

„Mir wäre es in der Tat recht, wenn wir etwas zu essen hätten. Mein Magen knurrt schon so laut, dass es Tote wieder auferwecken könnte."

„Hmm, noch bin ich aber nicht tot. Da musst Du noch lange drauf warten."

Odin war sichtlich gekränkt. „Ich bin zwar ein Aasfresser, aber mir von meinem Schützling unterstellen zu lassen, ich würde Dich nur zu liebend tot sehen, um Dich zu verspeisen, finde ich eher geschmacklos."

„Ach entschuldige. Mir geht's wohl wieder besser. Aber wo sind wir hier eigentlich?"

Marvin hatte erst jetzt die zahlreichen Tropfsteinsäulen bemerkt. Die von der Decke herabhängenden Stalaktiten und die vom Felsboden emporragenden Stalagmiten leuchteten in allen Farben des Regenbogens – türkisfarben, scharlachrot, mandarinfarben, zitronengelb, kornblumenblau, achatgrün und fliederfarben. Direkt über ihnen befand sich ein rundes Loch, durch das das schwindende Tageslicht fiel. Ansonsten war kein Fleckchen Himmel von hier aus zu sehen.

„Wir sind in einer unterirdischen Höhle. Als Du so sang- und klanglos abgesoffen bist..."
„Ja, hätte ich wohl noch singen sollen?", lachte Marvin. Sein Gelächter hallte für etliche Sekunden mit einem Echo von den nackten Felswänden wider.
„Nun ja, ich habe versucht, Dich am Schwanz zu packen, und bin dann selbst ins Wasser gefallen. Als ich schon dachte, jetzt ist alles aus, kam plötzlich ein Schwarm Pinguine vorbeigeschwommen. Sie haben uns wieder an Land gezogen und hier in der Höhle gelassen."
„Du hast mir also das Leben gerettet – Du bist mir nachgetaucht, obwohl Du etwa so gut schwimmst, wie ein Pinguin fliegt." Marvin war ganz feierlich zumute.
„Nun ja, es waren wohl eher die Pinguine..."
„Oh nein."
„Oh ja."
„Oh nein."
Marvin konnte deutlich hören, wie die kalkhaltigen Wassertropfen auf dem Felsboden aufschlugen, so still war es auf einmal in der Höhle. Dann sagte er leise:
„Jetzt sind wir quitt, nicht wahr? Meine Familie steht jetzt genauso in Deiner Schuld wie Deine in meiner."
„Nun ja. Schuld hin, Schuld her, alles Papperlapapp. Lieber wäre es mir, wenn wir etwas zu essen hätten. Meinst Du, die Pinguine bringen uns etwas?"
„Hmm. Ich weiß nicht, ob toter, stinkender Fisch zu meinen Leibspeisen zählt."

„Ich glaube nicht, dass wir wählerisch sein können. Und wir werden wohl kaum Pinguinfleisch essen können, wo sie doch ferne Verwandte und zudem unsere Lebensretter sind."

Dann zuckten sie beide gleichzeitig zusammen. Ein großer Kaiserpinguin kam den Höhleneingang heraufgerobbt, in seinem Schnabel trug er zwei dicke, glänzende Fische.

„Tut mir leid, dass es so lange mit dem Essen gedauert hat. Jetzt wo die Menschen ihre Fanggebiete immer weiter nach Süden ausdehnen, wird es immer schwieriger, Fische in unseren Jagdgründen aufzutreiben."

„Warum machen die Menschen das?", fragte Marvin.

„Dumme Frage, nichts für Ungut." Der Pinguin verbeugte sich mit den Fischen im Schnabel, was wirklich lustig aussah, da sein schwarz-weißes Federnkleid an den Frack eines Kellners erinnerte. Der stattliche Kaiserpinguin legte die Fische vorsichtig auf dem Felsboden ab. „Die Menschen fischen immer weiter südlich, weil sie weiter nördlich schon alles aus dem Meer gezogen haben, was man nur fangen kann. Nun ja, weiter als bis zum Südpol können sie allerdings nicht gehen – dann geht's wieder nordwärts." Der Pinguin kicherte. „Kleiner Scherz am Rande, bitte um Verzeihung, ihr müsst verstehen."

Er guckte Marvin schief an, da Odin ihm erzählt hatte, dass sie Gesandte auf der großen Suche waren, und dass Marvin eigentlich ein Menschenkind war. Als der Kaiserpinguin Odins und Marvin hungrige Blicke bemerkte, wie ihre Augenpaare – das eine dunkelbraun, das andere gelb - die Fische fixierten, verbeugte er sich noch einmal mit vielen Entschuldigungen. ‚Aber bitte, esst doch. Die Tafel ist gedeckt. Nur ein bescheidenes Mahl, aber wohl bekommt's."

Damit verneigte er sich, und war mit ein paar gerobbten Flügelstößen wieder am Rand der Höhle, wo er sich mit einem lauten Platsch ins eisige Meer fallen ließ.

„Allmächtige Schneeeule. Frischgefangener Fisch ist gar nicht so übel", stellte Marvin fest, als er genüsslich auf seinem Fisch herumhackte.

„Gar nicht so übel, jawohl." Odin schmatzte laut, rieb sich seinen Bauch mit seinem linken Flügel, und wippte behaglich mit seinem langen Schwanz.

„Wir haben gar keine Zeit gehabt, uns zu bedanken. Ich weiß noch nicht einmal, wie mein zweiter Lebensretter heißt", sinnierte Marvin, während er heißhungrig – und nicht gerade auf die feine Art - große Fischfetzen verschlang.

„Unser Lebensretter heißt Ping der Eintausendsiebenhundertzweiundfünfzigste. Oder vielleicht war es auch Ping der Eintausendsiebenhundertdreiundfünfzigste."

„Ping scheint ein beliebter Name unter Pinguinen zu sein."

„Ich habe nicht schlecht gestaunt, das muss ich schon sagen. Dagegen nimmt sich Odin Augustus der Siebenundzwanzigste direkt bescheiden aus."

Odins Augen fingen plötzlich an zu leuchten. „Vielleicht färbt eine reine Fischdiät Nebelkrähenflügel und - schwänze schwarz, wenn man es eine Woche lang durchhält, was meinst Du? Olga würde staunen, wenn ich zurückkomme."

„Fisch scheint eher einen ungünstigen Einfluss auf die logische Denkfähigkeit und das Kurzzeitgedächtnis von Rabenvögeln zu haben."
„Du hör bloß auf. Mit deinem Winzgehirn kannst Du mit uns Nebelkrähen nicht mithalten. Wir haben ein ganz anderes Niveau."
„Ich mit meinem Winzgehirn denke immerhin daran, dass wir immer noch nicht wissen, wo das siebte Siegel ist. Die Antarktis ist ziemlich groß, und wenn wir weiterhin so viel Glück haben wie bisher, sehe ich schwarz."
„Eher weiß, hi, hi. Nichts als Schnee und Eis, weit und breit." Odin lachte schelmisch. „Wetten, dass wir morgen das siebte Siegel haben werden?"
„Du weißt etwas, das ich nicht weiß."
„Kann schon sein."
„Oh, stell Dich nicht so an. Heraus damit!", bestürmte ihn Marvin.
„Ping, der Eintausendsieben..., na, Du weißt schon, hat mir während Deiner Ohnmacht eine Geschichte anvertraut, die schon seit Jahrtausenden in der Pinguinkolonie überliefert ist."
„Was für eine Geschichte?"
„Die Geschichte, mit der alles begann."
„Kannst Du sie mir erzählen?"
„Was, mit meinem verminderten Kurzzeitgedächtnis wird mir das wohl schwerfallen." Odin zwinkerte Marvin zu.
„Versuch's doch einfach mal. Ich bin mächtig gespannt auf diese Geschichte vom Anfang der Welt."

„Ping sprach von sieben Abalone Muscheln, die in einer unterirdischen, nur im Sommer zugänglichen Höhle auf dem antarktischen Festland ruhen. Der Pinguinsage nach enthält jede dieser Muscheln eines der Siegel."

„Aber ich verstehe nicht ganz. Wieso sieben Siegel?"

„Das siebte Siegel besteht aus sieben Teilen – jede Muschel enthält eine Übersetzung in die Ursprache von einem der sechs ersten Siegel – und das siebte Siegel enthält den Text der Offenbarung in der Ursprache."

„Warum ist das so kompliziert?"

„Erinnerst Du Dich noch an den Rosetta Stein und das dritte Siegel? Dort sind zwei Sprachen und drei Schriften hintereinander aufgeschrieben, ägyptische Hieroglyphen, Demotisch und Altgriechisch. Nur durch den Fund dieses Steins konnte die altägyptische Priesterschrift im letzten Jahrhundert entziffert werden. Das mit den Siegeln ist so ähnlich. Kein Mensch kann mehr die Ursprache sprechen, lesen oder verstehen, aber wenn man die anderen sechs Sprachen und Schriften entziffern kann, hat man eine Übersetzung der Ursprache – und nur wenn man alle sechs bisherigen Siegel hat, wird man die Ursprache völlig verstehen können – da sie Elemente von allen Sprachen, die jemals auf der Erde gesprochen wurden, enthält. Das Buch der Weisheit ist in dieser Ursprache geschrieben. Es stammt aus der Zeit, als alle Menschen dieselbe Sprache benutzten."

„Wie bekommen wir die Siegel, wenn die Höhle nur im Sommer zugänglich ist?"

Ping, der gerade wieder am Höhleneingang erschienen war, um sich nach dem Wohlbefinden seiner Gäste zu erkundigen, hatte die letzten Worte gehört

und gluckste amüsiert. „Aber hier ist doch jetzt Sommer – wir befinden uns doch südlich des Äquators – hast Du das ganz vergessen?"
Odin konnte sich ein ‚Du hast wohl im Geologie-Unterricht auch nicht gut aufgepasst, was?' - Kommentar nicht verkneifen, aber Marvin ignorierte dies.
„Nein, ehrlich, wie kommen wir an die Siegel heran?"
Ping räusperte sich feierlich. „Wir holen die sieben Abalone Muscheln für euch aus dem Meer. Ein Sondereinsatzkommando ist schon im Einsatz."
„Wie können wir Euch dies jemals vergelten?"
„Keine Ursache. Wir hoffen, die Menschen werden durch die Gedanken, die im Buch der Weisheit aufgeschrieben sind, ein wenig weiser und fangen an, die Meeresbiotope zu schützen, anstatt mit der Zerstörung weiterzumachen wie bisher. Die gesicherte Zukunft unserer Art und aller Lebewesen im Meer wäre ein großer Lohn für uns. Entschuldigt mich jetzt bitte." Damit verließ Ping sie so schnell wie er gekommen war. Er wollte sich persönlich darum kümmern, dass das Einsatzkommando beste Arbeit verrichtete und alles nach Plan verlief.
Marvin schaute auf seine Armbanduhr, die er wie durch ein Wunder auf seinem Tauchgang nicht verloren hatte. „Meine Uhr ist noch da."
„Die Pinguine sind nach ihr getaucht und haben sie wieder heraufgeholt."
Als Marvin sah, wie spät es war, fuhr ihm der Schreck in seine Federn.
„Oh, wir müssen wieder nach Hause zurück. Die Morgendämmerung bricht an."
„Oh je, ich hab's ganz vergessen Dir zu sagen, aber ich glaube, das Totem ist weg." Odin blickte schuldbewusst zu Boden.

„Wie kann ich jetzt zurück in die materielle Welt reisen?"

„Oh weh. Das ist in der Tat ein Problem."

In diesem Moment löste sich ein kalkhaltiger Tropfen von einer der Stalaktiten über Odins Kopf und rollte seinen Schnabel hinunter. Es sah aus, als ob Odin große Kullertränen weinte, was Marvin trotz ihrer Situation zum Lachen brachte.

„Was lachst Du denn? Die Lage ist äußerst kritisch. Zum Glück scheinen die abtrünnigen Raben uns noch nicht bis hierher gefolgt zu sein."

Marvin wurde schlagartig wieder ernst.

„Es muss doch einen Weg geben, die spirituelle Welt wieder zu verlassen – auch ohne Totem?", fragte Marvin verzweifelt.

„Lass mich mal nachdenken. Bist Du nicht damals vor Eurem Haus ganz ohne Totem translokiert? Als Du mich vor den abtrünnigen Raben gerettet hast? Kannst Du dies vielleicht wiederholen?"

„Das passierte doch nur, weil ich so wahnsinnig wütend war."

„Versuch es doch bitte noch einmal."

Marvin schloss die Augen und konzentrierte sich. Er versuchte vor seinem geistigen Auge sein Zimmer zu sehen – wo er schlafend und träumend unter seiner Bettdecke lag. Dann wurde ihm schwindlig, alles drehte sich vor seinen Augen. Als er die Augen öffnete, lag er in seinem Bett. Er tastete sich mit seiner Hand an seinem Köper entlang. Er fühlte seine Nase – keinen Schnabel. Oh gut. Obwohl er noch einen unangenehmen fischigen Geschmack im Mund hatte, hatte die Translokation offensichtlich geklappt. Marvin seufzte erleichtert.

„Das war knapp."

Odin saß neben ihm und pries sein Naturtalent im Translokieren. Die Morgensonne schien freundlich ins geöffnete Fenster und erwärmte Marvins fröstelnde Haut und Odins eisgekühlte, nach Fisch riechende Federn. Marvin sprang tatendurstig vom Bett auf. „Wir müssen wieder zurück zu Ping."

„Lass uns doch erst einmal frühstücken, bitte schön. Der Tag ist noch lang. Wir sind doch gerade erst angekommen."

„Ist heute nicht Nikolaus?" Marvin rannte aufgeregt nach unten und öffnete die Haustür. Seine Winterstiefel, die er letzte Nacht vor die Tür gestellt hatte, waren mit allerlei Leckereien gefüllt.

„Hurra. Der Nikolaus war da." Odin hüpfte einen Freudentanz.

„Das ist von meinem Papa. Den Nikolaus gibt's doch nicht wirklich."

Marvin lachte, während er genüsslich einen Schokoladenweihnachtsmann verspeiste. „Oh guck mal, hier sind Spekulatius. Möchtest Du ein paar davon, Odin?"

„Na klar. Immer her damit."

Sie trugen die leckeren Schätze nach oben in Marvins Zimmer.

„Meinst Du, die Pinguine werden die sieben Muscheln bis heute Abend beschaffen können?"

„Ja, ich vertraue Ping und seinen Artgenossen. Jedoch weiß ich nicht, wie wir beide die sieben Abalone Muscheln wieder hierher zurückbringen wollen. Eine ganz schön schwere Last."

In diesem Moment klopfte es ans Fenster. Marvin erstarrte das Blut in den Adern. Wenn das einer der Späher der abtrünnigen Raben war – und das

Fenster stand weit offen! Aber er brauchte sich nicht zu sorgen.

Ein wunderschöner Kolkrabe saß auf dem Fenstersims – sein Gefieder glänzte in der Morgensonne. „Darf ich hereinkommen?“ tönte es mit wohlklingender, tiefer Stimme.

„Wie ich sehe, war der Nikolaus schon hier“, schmunzelte Alexander. „Perfektes Timing, würde ich sagen.“

„Großonkel Alexander. Wie nett, Dich zu sehen!“ begrüßte ihn Marvin stürmisch.

„Ambrosia hat mich zu Euch gesandt. Sie dachte, ihr könntet meine Hilfe gebrauchen.“

„Wie weiß sie das?“, fragte Odin erstaunt. „Wir sprachen gerade davon, dass es für uns zwei allein schwierig sein wird, die sieben Siegel aus der Antarktis hierherzubringen. Überdies haben wir Marvins Totem verloren.“

„Stimmt das?“ Sir Alexander sah plötzlich alt aus.

„Leider“ sagte Marvin zerknirscht.

„Marvin trägt keine Schuld. Er hatte Glück mit dem Leben davonzukommen.“

„So, so. Erzählt mir bitte alles, aber dann lasst uns baldmöglichst aufbrechen.“

Nach einem gemeinsamen Frühstück flogen sie zurück in die Traumzeit, Marvin benutzte Sir Alexanders Totem zur gemeinsamen Translokation. Ping und sein Team hatten in der Tat die sieben Muscheln herbeigeschafft. Die Pinguine hatten sich in Pings Höhle versammelt und winkten zum Abschied freundlich mit ihren Flügelstummeln. „Marvin, warte mal.“ Ping zupfte mit seinem Schnabel sanft an Marvins rechtem Flügel. „Ist dies vielleicht Deins?“ Er drückte Marvin einen kleinen hölzernen Gegenstand unter seinen Flügel.

Marvin konnte es nicht fassen, aber Ping hatte tatsächlich sein Totem gefunden.

„Ich weiß nicht, wie ich Dir danken kann!", sagte Marvin, unendlich erleichtert.

„Der Dank ist auf unserer Seite", erwiderte Ping freundlich. „Viel Erfolg mit der Ausführung Deiner Aufgabe!"

„Danke", sagte Marvin noch einmal und hüpfte eilig Odin und Sir Alexander hinterher, die schon am Höhlenausgang auf ihn warteten.

Er freute sich schon auf die Naschereien zu Hause. Aber zuerst mussten sie die sieben Siegel des siebten Siegels bei Cornelius in der Schule abliefern.

Kapitel 20 - Das Buch der Weisheit

Sonntag, 10. Dezember

Marvin saß mit seinem Vater am Frühstückstisch. Trotz des winterlichen Wetters war es supergemütlich in ihrer Wohnung, da ein Feuer im Kamin brannte. Sein Vater hatte beim Umzug nach Berlin darauf bestanden, in einen Altbau zu ziehen, mit großen Räumen, stuckverzierten hohen Decken, weiten Fenstern, Parkettboden und einem alten Kamin. Carlotta hätte solch eine Wohnung gefallen.

Marvin biss nachdenklich ein Stück von seinem mit Nutella bestrichenen Brötchen ab.

„Papa, wo würdest Du eine Eule suchen gehen?"

„Wie bitte?"

Marvins Vater guckte von seiner Zeitung hoch, die er wie immer beim Frühstück las. Er genoss die Sonntagsausgabe mit seinen beigefügten Magazinen immer ganz besonders, und hatte sich gerade in einen Artikel über Weine aus Spanien vertieft.

„Hast Du mich eben gefragt, wo ich eine Eule suchen würde?"

„Ja. Es ist ja keine normale Eule, sondern eine ganz besondere."

„Ist das ein Freund von Deiner Nebelkrähe Odin?", fragte Marvins Vater misstrauisch.

„Ja, schon. Es ist eine Schneeeule."

„Schneeeulen kommen eigentlich nur in arktischen Regionen vor."

„Da waren Odin und ich schon. Keine Spur von ihr. Wo könnte sie sich sonst noch versteckt halten?"
Marvin zappelte ungeduldig auf seinem Stuhl hin und her.
„Ich habe wirklich keine Ahnung, Carlchen. Die einzige Stadt, die ich kenne, die zu Eulen eine enge Verbindung hat, ist das Athen aus der Antike. Die Göttin Athena wurde mit Eulen assoziiert. ‚Eulen nach Athen tragen" ist ein Spruch, der bedeutet, dass man etwas Überflüssiges tut, da Eulen nach Athen gehören."
„Das ist es!", rief Marvin begeistert. „Ambrosia ist in Athen!"
„Ambrosia? Interessanter Name."
Marvin stand so stürmisch auf, dass sein Stuhl mit einem lauten Knall nach hinten kippte. Er umarmte seinen Vater und drückte ihm einen Nutella-Kuss auf die Wange.
„Du bist der beste und klügste Papa der Welt."
„Nun mal langsam. Nicht so wild, Marvin Carlchen." Marvins Vater löste sich sanft aus der innigen Umarmung. ‚Heißt das, Du musst eine weitere spirituelle Reise antreten?", fragte er besorgt.
„Es wird eine der letzten sein. Meine Aufgabe ist fast erfüllt. Odin und ich haben alle sieben Siegel gefunden. Jetzt müssen wir sie nur noch zur Allmächtigen Schneeeule bringen, damit das Buch der Weisheit entziffert werden kann."
„Kann Cornelius Euch vielleicht begleiten?"
„Schon möglich. Allerdings kann ich auch sehr gut allein auf mich aufpassen."
„Da bin ich mir nicht so sicher, wenn ich an die letzten paar Monate denke..."

„Ich werde Cornelius fragen."

„Das mache lieber ich. Cornelius ist immerhin ein alter Freund von mir und Mama."

„Okay. Wie Du willst. Ich muss gleich Odin Bescheid sagen."

Marvin fiel es leicht, dem Willen seines Vaters nachzugeben, war er es doch, der vielleicht das Geheimnis des versteckten Aufenthaltsortes von Ambrosia und dem Buch der Weisheit gelüftet hatte. Nachdem er maulend seinem Vater geholfen hatte, das gebrauchte Frühstücksgeschirr in die Geschirrspüle zu räumen, lief Marvin die Stufen zu seinem Zimmer hinauf. Sein Herz klopfte wild, als er die schwarze Feder aus der Schatulle nahm, um sie unter sein Kopfkissen zu legen. Er hoffte, Odin wäre in der Nähe und würde nicht zu lange brauchen, um zu erscheinen. Als Marvin das Fenster öffnete, wehte ein kalter Luftstoß herein. Bunte Linden-, Eichen- und Buchenblätter wirbelten auf dem Innenhof durcheinander. In einem Monat war schon Weihnachten, schoss es Marvin durch den Kopf. Das zweite Weihnachtsfest ohne seine Mutter. Der Kummer trieb ihm Tränen in die Augen, die er an seinem Pulliärmel abwischte. Als er seine Hand von seinen Augen nahm, flatterte Odin gerade ins Zimmer hinein.

„Hallo, was gibt's?"

„Ich muss mit Dir reden."

„Ach tatsächlich? Habe ich mir fast gedacht, als Dein Ruf mich erreichte, als ich's mir gerade so richtig mit Olga im Nest gemütlich gemacht hatte."

„Entschuldige. Ich wollte eure Zweisamkeit nicht stören, aber ich glaube, ich weiß, wo Ambrosia steckt."

„Unmöglich!"

„Doch, ehrlich. Mein Vater hat's herausgefunden."

„Dein Vater? Tss, tss. Völlig undenkbar."

„Wirklich. Ich glaube Ambrosia und das Buch der Weisheit sind in Athen."

„Athen? Was würde eine Schneeeule im Mittelmeerklima anfangen?"

„Eben! Keiner würde im Traum daran denken, sie dort zu suchen."

„Also lassen wir's auch lieber sein."

„Verstehst Du denn nicht? Das ist doch das ideale Versteck, gerade weil keiner draufkommen würde."

„Hmm, vielleicht. Und woher weiß Dein Vater das?"

„Er weiß es ja gar nicht. Aber Eulen gehören zu Athen, und Athen ist eines der kulturellen Zentren der Antike. Passt irgendwie zusammen, nicht?"

„Möglich. Allerdings muss ich heute Abend bei Olga sein. Morgen können wir meinetwegen fliegen."

„Okay. Passt mir auch. Mein Vater wollte, dass Cornelius mitkommt. Wir können von der Schule aus fliegen."

„Soll das heißen, Dein Vater traut mir nicht, zuverlässig auf Dich aufzupassen?", empörte sich Odin mit lautem Gekrächz.

„Doch schon. Aber denk doch mal an all die Siegel. Die können wir unmöglich alle allein tragen."

„Stimmt allerdings." Odin wollte auf keinen Fall mit drei oder vier Siegeln im Gepäck reisen.

-

Odin und Marvin flogen in Zickzacklinien über die Akropolis. Die Sonne ging gerade unter, und die Tempelanlagen waren in feinen Dunst gehüllt. Aus der Vogelperspektive machte Athen einen eher unordentlichen Eindruck. Müll und Abfall lagen auf den Straßen, und der Verkehr schob sich laut hupend durch die engen Straßen und verwinkelten Gassen. Sie kreisten ein letztes Mal über dem Apollo Tempel, dann entschied sich Marvin für einen klitzekleinen Sturzflug.

„Warte!", schrie Odin aus vollen Lungen. Er wäre lieber sanft auf einem der Felsvorsprünge gelandet, als mal wieder dieses halsbrecherische Manöver durchzuführen. Marvin pfiff der Wind um den Schnabel und ins Gefieder, als er genüsslich seine Flügel eng an seinen schlanken Körper anlegte. Odin flog mürrisch hinterher. Es sah aus, als ob eine im Flug verwundete Krähe torkelnd vom Himmel herunterfiel. Sie landeten auf einem Felsvorsprung, der mit knallgelb blühenden Ginsterbüschen bewachsen war.

„Hier muss irgendwo der Eingang zu den Katakomben sein."

Marvin sah sich suchend um. Odin, der unsanft auf seinem Hinterteil gelandet war, massierte sich mit seinen Flügelspitzen den Steiß.

„Es gibt bestimmt mehrere Eingänge."

„Wenn wir nur einen davon finden würden, wäre ich schon froh."

Sie hüpften etwas ziellos zwischen den Felsbrocken herum.

„Autsch! Krallenblitz und Donnervogel!", fluchte Odin plötzlich.

Er war über einen runden Stein, der halb von Ginsterbüschen überwachsen war, gestolpert. Odin humpelte schimpfend auf einem Bein im Kreis herum, seine linke Kralle war gekrümmt vor Schmerz. Marvin kam rasch herangehüpft, um Odins verletzte Kralle zu untersuchen. Als er sich zu Odins

Fuß herunterbeugte, bemerkten seine scharfen Augen eingeritzte Zeichen in dem kugelrunden Stein, auf den Odin anklagend gezeigt hatte. Die Umrisse einer stilisierten Eule und altgriechische Schriftzeichen waren kunstvoll in die ansonsten glatte Steinoberfläche eingraviert. Halb unter dem Stein verborgen wurde der Eingang zu einem schmalen Tunnel sichtbar.

„Oh, dies ist ein ganz besonderer Stein!", rief Marvin freudig.

„Dies ist ein elender Stolperstein, sonst nichts!", erzürnte sich Odin.

„Ich glaube, Du hast einen der Eingänge zu den Katakomben gefunden. Glückwunsch, Odin. Komm, hilf mir mal den Stein ein wenig zur Seite zu rücken."

Marvin stupste Odin auffordernd mit seinem Schnabel an. Mit gemeinsamen Kräften rückten sie den fußballgroßen Stein mit ihren Schnäbeln beiseite. Jetzt war die Tunnelöffnung gerade groß genug, um sich hindurchzuzwängen. Marvin begann, den Tunnel hinab zu steigen, dicht gefolgt vom jammernden Odin, der immer noch theatralisch auf einem Bein hüpfte. Im Tunnel war es dunkel und die Luft roch muffig und modrig. Am Eingang bedeckten Moos und Flechten die Felswände. Auf dem Boden lagen unzählige Steinchen und Knochen von Kleinsäugern, die das Vorwärtskommen erschwerten. Marvin rutschte mehrmals auf dem Geröll aus. Marvin überkam das Gefühl eines Déjà vu. Hoffentlich würden sie hier unten nicht wie damals beim Abstieg in die Kammer in den Black Hills von Fledermäusen überrascht werden. Sie stolperten, hüpften, trippelten und schoben sich mehr als zehn Meter nach unten in den Felsen hinein, als Marvin als erster ein kleines Licht ein paar Meter vor ihnen auftauchen sah. Auf dem letzten Meter ging es plötzlich steil bergab, und beide rutschten unverhofft auf ihren Schwänzen nach unten, bis sie durch eine Öffnung in der Decke herab in einen großen Saal fielen. Sie landeten unsanft auf dem harten, glatten Marmorboden. Die Wände der Halle waren aus glattem Felsgestein, der von Menschenhand behauen schien. Kryptische Inschriften und Symbole schmückten die Wände. Fackeln brannten in schmiedeeisernen Haltern, die an den Wänden befestigt waren, aber sie spendeten nur kärgliches Licht. Marmorne Säulen, die rund um den Saal angebracht waren, stützten die Decke. Als Marvin sich gerade mühsam vom Boden aufrappeln wollte, fiel er beinahe sofort wieder hin. Die Flügel eines großen Vogels hatten seinen Körper gestreift. Die majestätisch anmutende Schneeeule landete elegant neben Odin auf dem gefliesten Marmorboden.

„Marvin, Odin! Wie gut, Euch hier zu sehen", rief Ambrosia erregt.

‚Ist Cornelius bei Euch?"

„Cornelius kommt bald. Er musste noch etwas in Athen erledigen."

„Recht, recht. Verstehe. Willkommen in meinem Zuhause."

„Dies ist ein wahrhaft stattliches Heim", sagte Marvin andächtig.

„Nun, ich würde etwas kühlere Gefilde vorziehen. Aber wir müssen alle Opfer bringen in dieser Zeit. Niemand – weder Mensch noch Tier – würde vermuten, dass sich eine Schneeeule freiwillig im heißen Griechenland aufhalten würde."

„Mein Vater schon", dachte Marvin.

Ambrosia fuhr eifrig fort: „Glücklicherweise ist es in den unterirdischen Katakomben selbst in den heißen Sommermonaten einigermaßen kühl. Aber ich habe meine Diät völlig umstellen müssen. Statt schmackhaften, nahrhaften und gut bekömmlichen Lemmingen gibt es nur noch städtische, ausgemergelte Mäuse und Ratten."

Ambrosia verzog ihr anmutiges Gesicht in gespieltem Ekel.

„Davon bekomme ich manchmal Verdauungsbeschwerden. Und ich habe alle meine Fettpölsterchen verloren. Nun, die brauche ich wohl im Mittelmeerklima auch nicht..." Ambrosia setzte eine ernste Miene auf.

„Das Buch der Weisheit muss um jeden Preis behütet werden. Apropos Buch der Weisheit...habt ihr die sieben Siegel mitgebracht?"

„Sie sind in der Jutetasche."

Marvin deutete mit seinem Flügel auf die Tasche, die auf dem marmornen Steinfußboden neben ihm lag.

„Gut. Dann können wir mit der Arbeit beginnen."

Ambrosia öffnete ihre Schwingen und flog lautlos zu einer Steintruhe, die sich am anderen Ende des Saales befand. Sie zog mit ihrem kurzen, aber kräftigen Schnabel an einem Seil, das über eine Winde gespannt war, die an der Decke hing. Das eine Seilende war an einem eisernen Ring, der in den Deckel der Steintruhe eingelassen war, befestigt, das andere Seilende war um einen Steinring geschlungen, der als Gegengewicht diente. Der Deckel der Truhe öffnete sich quietschend, als Ambrosia an dem Seil zog.

Marvin und Odin waren Ambrosia gefolgt und hatten sich auf dem steinernen Rand der Truhe niedergelassen. Ambrosia hüpfte in die Truhe hinein, und als sie wieder emporflog, hatte sie ein goldenes Buch in ihren Krallen. Als Marvin das Buch näher betrachtete, sah er, dass das Buch in Wirklichkeit in dickes Leder eingebunden war, das aber mit hauchdünnen, goldenen Platten beschlagen war. Ambrosia flog mit dem Buch auf eine steinerne Tischplatte in der Mitte des Saales. Auf dem Einband waren sieben Ringe derart ineinander verschlungen, dass alle Ringe zusammen wie eine exotische Blüte aussahen. Das Muster erinnerte Marvin an die Olympischen Ringe. Ambrosia nahm den Einband ganz vorsichtig zwischen ihre Schnabelhälften und schlug das Buch auf.

„Wie alt ist das Buch eigentlich?", wollte Odin wissen.

„Fast zwölftausend Jahre."

„Und es verwittert nicht? Die Seiten sehen noch wie neu aus."

„Das Buch der Weisheit ist aus Papier gemacht, das vom Baum des Lebens gewonnen wurde. Es vergilbt nicht, es verwittert nicht. Es verbrennt auch nicht. Es ist so gut wie unzerstörbar." Bis seine Zeit gekommen ist, dachte Ambrosia, aber sie wollte Marvin und Odin jetzt nicht beunruhigen.

„Allerdings verträgt die Tinte keine allzu große Wärme, und deshalb sind diese Katakomben ein geeigneter Aufbewahrungsort."

Sie wurden von einem dumpfen Knall unterbrochen. Cornelius war anscheinend demselben Tunnel gefolgt wie vorher Odin und Marvin und fiel prompt durch das Loch in der Decke auf den harten Marmorfußboden.

„Au. Welch eine unsanfte Art, einzutreten. Entschuldigt, dass ich hier so hereingeschneit bin."

Cornelius rappelte sich auf und glättete sein zerzaustes Kolkrabengefieder mit seinem Schnabel. „Ambrosia. Wir haben nur wenig Zeit. Ich fürchte, die abtrünnigen Raben sind uns auf den Fersen."

„Alles ist auf einen Angriff hier unten vorbereitet. Sollen sie nur kommen", sagte Ambrosia grimmig.

„Aber es sind viele. Wir müssen das Buch retten, bevor es zu spät ist. Es darf auf keinen Fall den Raben in die Krallen gelangen. Ich habe übrigens die meisten Schriften entziffern können."

„Gut. Lasst uns tun, was wir müssen. Du, Cornelius, nimm bitte das Buch unter Deine Fittiche. Flieg damit so schnell es geht in Dein Archiv und schließe es in Deinen Tresor ein."

„Können wir nicht von hier aus translokieren?", fragte Marvin und blies enttäuscht Luft durch seine Nasenlöcher.

„Leider nein. Die Halle liegt zu tief unter den Felsen. Da ist keine Gedankenübertragung nach draußen möglich."

„Eine Schande ist das!", schimpfte Odin laut.

Ambrosia sah ihn vorwurfsvoll an. „Dafür ist dies eines der sichersten Verstecke, die es je für das Buch der Weisheit gab."

„Schon gut", murmelte Odin kleinlaut. Warum musste Ambrosia auch immer das letzte Wort haben!

„Marvin und Odin, ihr müsst versuchen, die abtrünnigen Raben auf eine falsche Fährte zu lenken, so dass Cornelius freien Flug hat. Und könntet ihr so gut sein, mir zu helfen, die Siegelrollenabschriften zu vernichten?"

„Wie denn?"

„Wir verbrennen sie mit dem Fackelfeuer. Ein Glück, dass die Originale schon im Tresor von Cornelius liegen."

Marvin und Odin flogen auf den Tisch und nahmen die Siegelkopien in ihre Schnäbel. Ambrosia hatte eine Fackelstange aus ihrer Halterung genommen (ein ziemlich schwieriges Flugmanöver) und flog damit zu einem Kamin, in dem Holzscheite schon bereit lagen. Dann übernahm sie eine der Siegelrollen und entzündete sie an der Fackel. Die Siegelrolle warf sie in den Kamin. Das trockene, spröde Holz brauchte nicht lange, um aufzulodern. Bald brannte ein lustiges Feuer – aber natürlich war der Anlass ganz und gar nicht lustig. Ambrosia zeigte Cornelius einen zweiten Ausgangstunnel am Saalende.

„Hier kommst Du schneller und einfacher heraus. Und hier ist genug Platz für das Buch. Viel Glück. Pass gut auf Dich und das Buch auf."

„Cornelius, alles Gute. Wir sehen Dich später im Archiv!", rief Marvin so laut, dass seine Stimme von den Wänden widerhallte.

„Guten Flug. Krallen- und Flügelbruch", juxte Odin, obwohl ihm gar nicht zum Scherzen zu Mute war.

„Ich werde versuchen, mich so schnell wie möglich mit dem Buch zu translokieren. Alles Gute für euch drei."

Mit diesen Worten verschwand Cornelius in dem breiten Tunnel, er hatte das Buch zwischen seine Krallen geklemmt. Ambrosia flatterte umher, und hakte in Gedanken ab, was sie alles tun mussten, bevor sie sich auf den Heimflug machten.

„Am besten fliehen wir auch. Wenn die Raben hier erst einmal einfallen, wird es uns schwerfallen, uns zu verteidigen."

„Es scheint, die Abtrünnigen sind zu allem bereit", sagte Marvin bedrückt.

„Es lohnt sich nicht, unser Leben in einem aussichtslosen Kampf zu verlieren. Lasst uns nach Hause fliegen. Ich war lange genug hier in den Katakomben."

„Aber wir können doch nicht den Raben einfach so das Feld überlassen, oder?" Marvin fühlte sich zum ersten Mal von dem Verhalten der Schneeeule enttäuscht. Er blies Luft aus seinem Schnabel.

„Wir dichten alles ab, so dass die Raben hier unter der Akropolis nichts mehr vorfinden werden. Sämtliche Eingänge können für immer verschlossen werden."

„Worauf warten wir dann noch?" Odin trat ungeduldig von einem Fuß auf den anderen.

„Auf gar nichts."

„Na, dann los an die Arbeit."

Zu dritt schoben sie runde Steine, die für diesen Zweck bereit lagen, über die Tunneleingänge. Sie selbst würden durch das Loch in der Decke entkommen, erklärte Ambrosia. Als alle Eingänge abgedichtet waren, wurde die Luft merklich stickiger und sie keuchten vor Anstrengung. Selbst das Feuer schien Mühe zu haben, neue Nahrung zu finden.

„Was machen wir mit dem Feuer?"

„Keine Sorge. Das wird von allein erlöschen, wenn der Sauerstoff in der Halle verbraucht ist."

Ambrosia flatterte voran in den Tunneleingang in der Decke, durch den Marvin, Odin und zuletzt Cornelius buchstäblich hereingefallen waren.

„Kommt. Beeilt euch."

Ambrosia wartete, bis Marvin und Odin an ihr vorbeigetrippelt waren, dann schlug sie mit ihrem Flügel einen hölzernen Hebel um. Ein Stein rollte vor den Eingang und verschloss ihn. Marvin, Odin und Ambrosia bahnten sich ihren Weg nach draußen. Es ging steil bergauf, steiler als Marvin es vom Abstieg in Erinnerung behalten hatte. Dann sahen sie ein Licht am Ende des Tunnels.

„Wir sind gleich draußen. Gut."

Odin hüpfte voran und stieg sogleich in den Himmel auf. Marvin folgte ihm.

Als Ambrosia gerade ihren Kopf aus dem Tunnel streckte, sahen sie am Himmel eine dunkle Wolke von schwarzen Punkten, die rasch näher rückte.

„Die abtrünnigen Raben. Oh, nein!", rief Odin alarmiert. „Ambrosia, beeil Dich."

„Wir müssen irgendwo Deckung suchen. Es sind zu viele", krächzte Marvin besorgt.

„Folgt mir", rief Ambrosia. „Schnell."

Sie flogen dicht über dem Boden, um den Raben nicht zu verraten, wo sie waren. Sie hofften, die Raben hatten sie noch nicht entdeckt. Hinter einem großen Felsen machten sie Halt.

„Wir müssen so schnell wie möglich weg von hier, bevor die Raben uns erspähen. Am besten fliegt jeder von uns in eine andere Richtung." Ambrosia breitete ihre Schwingen aus und flog lautlos davon.

„Na, toll", krächzte Odin fassungslos. „Da lässt uns die Allmächtige Schneeeule einfach so allein. Jetzt wo wir sie wirklich mal gebrauchen könnten."

Marvin, obwohl auch enttäuscht, so sang- und klanglos im Stich gelassen zu werden, sagte einlenkend: „Wir dürfen nicht undankbar sein. Es wäre schlimm, wenn die Schneeeule in die Hände der Raben fiele."

„Und wenn das uns passiert, ist es etwa nicht schlimm? Weißt Du nicht mehr, was sie mit Deiner Mutter gemacht haben?"

„Ich weiß. Aber wir müssen jetzt selbst auf uns aufpassen. Können wir uns nicht zurück ins Archiv translokieren?"

„Du schon."

„Was ist mit Dir?"

„Ich habe meine spezielle, vom Totem berührte Schwanzfeder Olga gegeben. Sie wollte das Translokieren einmal ausprobieren." Odin schaute verlegen auf seine Krallen.

„Oh verflixt, Odin", seufzte Marvin. ‚Du bist nicht zu retten."

„Ich hoffe doch sehr, dass ich zu retten bin." krächzte Odin beleidigt.

„Hab' ich doch nicht so gemeint. Ist nur eine Redensart."

„Schöne Redensart."

„Was machen wir jetzt?" Marvin wusste keinen Ausweg.

„Du translokierst und ich halte hier die Stellung."

„Nein, ich lass Dich nicht mit einem Schwarm abtrünniger Raben allein. Kommt nicht in Frage."

„Vielleicht doch?" meldete sich eine tiefe, sonore Stimme aus dem nahe gelegenen Ginsterbusch. Ein großer stattlicher Kolkrabe kam herbeigeflattert. Odin fiel vor Schreck auf sein Hinterteil. „Marvin. Pass auf. Ein abtrünniger Rabe."

„Aber nein. Das ist doch Großonkel Alexander."

Marvin saß der Schreck auch noch im Gefieder, aber er erholte sich schnell.

„Ich dachte, ich würde hier mal vorbeischauen. Ich dachte, ihr könntet Hilfe gebrauchen. Cornelius hat mich angerufen."

„Ist Cornelius sicher zu Hause?"

„Ja."

„Und das Buch auch?"

„Ja."

„Gott sei Dank."

„Marvin, flieg Du nach Hause. Ich bleibe hier bei Odin."

„Nein. Wir drei bleiben zusammen."

„Es ist zu gefährlich. Ich wünschte, Ambrosia hätte uns früher eingeweiht, wo das Buch der Weisheit versteckt lag. Aber nein. Ambrosia war schon immer äußerst dickköpfig. Das kann uns jetzt zum Verhängnis werden. Alberner Vogel." Sir Alexander blies ärgerlich Luft aus seinem Schnabel.

„Wie sprichst Du denn von Ambrosia? Sie ist immerhin die Allmächtige Schneeeule."

„Ja, das schon. Aber auf ihr Alter auch nicht mehr so weise und vorausschauend, wie sie das früher einmal gewesen sein mag."

„Nun gut. Lasst uns einen Schlachtplan entwickeln."

„Einen Plan, wie wir am besten abgeschlachtet werden? Nein danke", entrüstete sich Odin. ‚Ich schlage vor, so schnell wie möglich den Fluchtflug anzutreten."

„Marvin, ich bitte Dich noch einmal. Translokiere, und zwar jetzt, bevor es zu spät ist", drängte Sir Alexander.
„Nein."
„Doch. Das schuldest Du deiner Mutter."
„Ich hasse es, wenn ich zu etwas gezwungen werden soll in Berufung auf meine Mutter", erwiderte Marvin trotzig.
„Gut. Du scheinst langsam über den Tod deiner Mutter hinwegzukommen. Tapferes Bürschchen." Sir Alexander lächelte (jedenfalls glaubte Marvin das) und wippte freundlich mit dem Schwanz. Auf Bitten und Drängen, nicht nur von Sir Alexander, sondern auch von Odin, holte Marvin sein Totem hervor, und translokierte sich in das Archiv der Schule. Das letzte, das er vernahm, bevor sein Bewusstsein in seinen menschlichen Körper im Armsessel im Archiv zurückkehrte, war das böse Gekrächze der abtrünnigen Raben, die gerade in diesem Moment Odin und Sir Alexander entdeckt zu haben schienen. Marvin schloss die Augen und betete, dass alles gut für seine Freunde ausgehen würde. Cornelius hatte gerade das Buch der Weisheit im Schultresor weggeschlossen, als Marvin erwachte. Er sprang auf.
„Irgendwelche Nachrichten von Odin und Sir Alexander?"
„Noch nicht. Du bist doch selbst gerade erst seit wenigen Minuten hier."
„Die abtrünnigen Raben haben sie erwischt!", jammerte Marvin. Er war ein einziges Nervenbündel.
„Beruhige Dich. Ich mach' dir erst einmal eine Tasse heißen Tee. Dann kannst Du mir erzählen, was passiert ist. Die Welt wurde in mehr als einem Tag erschaffen, und wird auch nicht in einem Tag untergehen."

Aber zum ersten Mal fand Marvin in den philosophischen Worten von Cornelius keinen Trost.

Kapitel 21 – Die Offenbarung

Sonntag, 17. Dezember

Eine Woche lang lief Marvin wie ein Schlafwandler durch den Tag und wälzte sich nachts ruhelos in seinem Bett. Er wurde von schweren Alpträumen geplagt.

Am siebten Tag flatterte Odin arg zerzaust und mit mehreren ernsten Schnabelwunden in Marvins Kinderzimmer.

„Ich habe schlechte Neuigkeiten. Sir Alexander ist sehr schwer verletzt, und es ist nicht sicher, ob er durchkommt."

„Nein!" Marvins Schrei gellte durch den Raum. Das durfte einfach nicht sein. Marvin machte sich riesige Vorwürfe, dass er Odin und Sir Alexander auf der Akropolis allein gelassen hatte.

„Er hat wie ein Löwe, eh Rabe, gekämpft, und mir den Rückzug freigehalten. Die abtrünnigen Raben haben wie wild auf ihn eingehackt. Es ging alles sehr schnell. Er konnte sich nur im letzten Moment zurück nach England translokieren."

Das Entsetzen über die Geschehnisse stand Odin immer noch ins Gesicht geschrieben.

„Als er merkte, dass er vielleicht nicht mit dem Leben davonkommen würde, hat mir Sir Alexander einen Auftrag an Dich aufgegeben. Er sagte, es wäre wichtig, alles genau an Dich weiterzugeben..."

„Und? Was hat er gesagt?", fiel ihm Marvin ungeduldig ins Wort.

„Ich habe nicht alles verstanden. Die Nachricht war in Latein, glaube ich."

„Am besten suchen wir Cornelius auf", schlug Marvin vor. „Meine Lateinkenntnisse sind im Zweifelsfall noch nicht gut genug."

Er hoffte inbrünstig, Odin würde sich an alles erinnern können. Leider war Odins Gedächtnis nicht eines der Besten.

„Gute Idee", stimmte Odin zu.

Zuvor brachte Marvin den widersträubenden Odin aber erst einmal zum Tierarzt, der ihn geschickt versorgte, seine Wunden wusch und ihm einen großen Verband anlegte. Odin jammerte laut während der Prozedur, aber als er sich später im Spiegel betrachtete, fühlte er sich wie ein Held aus der Antike. Olga würde Augen machen.

Am nächsten Morgen lief Marvin zum ersten Mal wieder ein wenig fröhlich zur Schule. Es war der letzte Tag vor den Weihnachtsferien. Odin thronte auf Marvins zerbeultem Schulranzen - er hielt seinen verbundenen Flügel seitlich abgespreizt und reckte seinen Schnabel stolz in die Luft – der Tierarzt hatte ihm für eine Woche absolutes Flugverbot verordnet, was er sichtlich genoss. Marvins Gedanken schweiften zu Sir Alexander. Hoffentlich würde alles gut ausgehen. Er fragte sich gespannt, was für eine Nachricht er wohl hinterlassen

hatte. Es musste wichtig sein. Sie klopften an die Tür des Archivs. Es war halb acht, noch eine halbe Stunde bis Schulbeginn.
„Cornelius. Odin ist wieder da!"
„Wunderbar. Kommt rein!", rief Cornelius erfreut. „Wie geht es Sir Alexander?" Ungemütliche Stille bereitete sich aus.
„Sir Alexander ist schwer verletzt. Mehr wissen wir noch nicht", murmelte Marvin niedergeschlagen.
„Oh weh. Das ist schlimm. Er ist ein herzensguter Kerl, der alte Sir Ravenstone. Er hat, glaube ich, eine elfjährige Enkeltochter."
„Deshalb sind wir hier. Sir Alexander hat Odin eine Nachricht an seine Enkeltochter anvertraut", sagte Marvin. „Auf Lateinisch!"
„Auf Lateinisch? Odin, kannst Du das denn verstehen?"
„Natürlich nicht. Dumme Frage. Aber ich hab's mir so gut es ging gemerkt."
„Dann schieß mal los."
„Die Nachricht war in Form von Versen. Sehr kryptisch."
„Nun mach schon, Odin", drängte Marvin.
„Also, gut. Lass mich mal überlegen...once a year has past – on the third of November - you need to know, you need to remember. Dear Kate, don't be too late. You need to open the door to the sky. There you will find everything that you'll need to succeed. I will always love you. Your granddad."
Marvin hatte die englischen Verse verstanden, und stellte sich vor, wie sehr seine Großkusine Kate unter Sir Alexanders kritischem Zustand leiden musste. Nicht nur sie selbst, sondern auch ihre Schicksale schienen in schrecklicher Weise miteinander verwandt zu sein.

„Aber das ist doch kein Latein, das ist Englisch“, versuchte Marvin Odin zu necken.

„Woher soll ich denn das wissen, bitte schön?”

„Das weiß doch jedes Kind. Jedenfalls die Menschenkinder. Was lernen denn die Rabenvögel in der Schule?”, zog Marvin Odin auf.

„Undankbar sind sie alle. Anstatt sich zu bedanken, dass ich mir die Verse so gut gemerkt habe“, sagte Odin verdrossen.

„Du hast Dir die Verse toll gemerkt. Super, Odin.”

„Zu spät, zu spät für Komplimente. Bedaure.” flötete Odin säuerlich.

Dann gewann Odins Neugier die Oberhand.

„Wer ist denn eigentlich Kate?”

„Sir Alexanders Enkeltochter heißt Kate. Die Verse sind für sie bestimmt.”

„Und Marvin soll der Überbringer sein?”

„Ja, anscheinend ist dies Sir Alexanders Wille. Schließlich ist Kate Marvins Kusine.”

„Aber der dritte November ist doch schon vorbei?“, fragte Odin verdutzt.

„Heute ist der sechzehnte Dezember, wenn ich mich nicht irre.”

„Du irrst Dich nicht. Aber die Verse beziehen sich nicht auf dieses Jahr.”

Marvin lachte.

„Nicht auf dieses Jahr?”

„Aber Odin, die Verse fangen doch mit ‚wenn ein Jahr verstrichen ist‘ an”, wiederholte Cornelius geduldig.

„Ach so.” Odin kam sich ziemlich dumm vor. Warum hatten die Menschen auch so blöde Kalender, anstatt sich auf ihren Instinkt zu verlassen?

„Es geht um nächstes Jahr. Dann wird Kate zwölf sein. Sie hat am dritten November Geburtstag."

„Dann ist sie fast genauso alt wie ich!" stellte Marvin befriedigt fest.

Vielleicht konnte er Kate bald einmal in England besuchen.

„Ja. Aber noch zu jung, um die Rabenweihe zu erhalten."

„Aber ich habe sie doch auch früher erhalten?"

„Das war eine Ausnahme. Weil wir so sehr in der Krise gesteckt haben."

„Und jetzt nicht mehr?"

„Ich hoffe nicht. Du und Odin habt wahrlich gute Arbeit geleistet."

„Ich habe übrigens Neuigkeiten", sagte Odin freudestrahlend.

„Bist Du deshalb so schusselig in letzter Zeit?"

„Ich und schusselig? Ich habe mir jedes Wort jeden Verses gemerkt – im Antlitz meines Todes. Fünfzig Worte ohne Fehler. Jawohl. Das soll mir erst einmal jemand nachmachen."

„Schon gut. Das war absolut perfekt."

„Welche Neuigkeiten hast Du denn?", fragte Cornelius höflich.

„Jetzt hab' ich keine Lust mehr, es euch zu erzählen."

„Ach, sei doch nicht gleich eingeschnappt."

„Olga und ich bekommen Nachwuchs. Letzte Nacht hat Olga vier Eier gelegt. Vier!" erzählte Odin voller Stolz.

„Ist das nicht etwas spät im Jahr? Jetzt kommt doch der Winter."

„Nun ja, es war eigentlich nicht geplant." Odin trat verlegen von einem Bein aufs andere. „Olga scheint noch an das extreme Kälteklima in Russland gewöhnt zu sein. Ihr Körper dachte wohl, es sei Frühling."

„Wir werden Euch helfen, die Jungen aufzuziehen. Keine Sorge. Vielleicht können wir Euer Nest in die Schule – oder besser noch in Marvins Wohnung - verlegen?" schlug Cornelius vor.
„Da muss ich erst meinen Vater fragen." Marvin runzelte besorgt die Stirn. Obwohl Marvin sich sofort in die Idee verliebt hatte, fürchtete er (wahrscheinlich zurecht), dass der Gedanke Odin, Olga und vier Rabenkrähenjunge bei sich zu Hause aufzunehmen und großzuziehen, seinen Vater bestimmt völlig aus dem Häuschen bringen würde. Allerdings hatte sein Vater Anne und Saskia in ihrer Wohnung aufgenommen, vielleicht konnte er dann auch Odin und seiner Familie ein neues Zuhause geben?

-

Am einundzwanzigsten Dezember, dem Tag der Wintersonnenwende, machten sich Cornelius, Odin, Olga und Marvin zur letzten Jahresversammlung der Raben auf. Es war eigentlich keine richtige Versammlung, Ambrosia hatte sie zusammengerufen, um sich zu verabschieden.
„Bevor ich mich verabschiede, möchte ich Cornelius bitten, uns seine Übersetzung des Buchs des Wissens vorzutragen", sagte Ambrosia. „Cornelius war erfolgreich in seinen Bemühungen, die Texte zu übersetzen. Das Buch der Weisheit hat genau sieben beschriebene Seiten. Es enthält eine exakte Kopie der Texte, wie sie auch auf den sieben Siegeln aufgeschrieben sind." Ambrosia neigte ihren Kopf. „Cornelius, tritt bitte vor." Gespannte Stille bereitete sich in der versammelten Runde aus. Cornelius griff in seine Tasche und zitierte den Text von seinem Notizzettel.

„Glaube an und übe Dich in Liebe und Respekt – alle Lebewesen haben dieselben Rechte und Bedürfnisse. Glaube an und übe Dich im Gleichgewicht des Gebens und Nehmens und in Maßhaltigkeit. Glaube an und übe Dich in verantwortungsvollem Umgehen mit Ressourcen und Gütern. Nutze Deine Intelligenz, um Gutes zu tun. Nutze Deinen Mut, um das Richtige zu tun. Glaube an eine zweite Chance – aber nutze sie weise. Nutze Deine einzigartige Fähigkeit, die Geschicke dieser Welt zu beeinflussen. Denn die Taten und Unterlassungen jedes Einzelnen machen die Welt zu dem, was sie ist."

„Das ist alles?", fragte Odin verblüfft. Kein Wunder, dass Ambrosia den Text auswendig wusste! Soviel hätte er sich auch locker merken können.

„Für diese Erkenntnis waren wir auf der großen Suche?" Marvin blies enttäuscht Luft durch seine Nasenlöcher. „Das hast Du doch alles schon vorher gewusst, oder, Ambrosia?"

„Nicht nur ich weiß dies. Die Menschen wissen es auch, doch sie handeln nicht danach. Die Erde kann aber nur gerettet werden, wenn die Menschen die wahren Gedanken in Taten umsetzen, und nicht die falschen, die sie locken und verführen."

„Also war alles umsonst?" Marvin konnte es nicht fassen.

„Oh, nein. Du und Odin, ihr habt dafür gesorgt, dass sich die spirituelle und die materielle Welt seit langer Zeit wieder berühren."

„Aber", hakte Marvin nach. „Wie kann das der Erde helfen?"

„Wir müssen darauf hoffen, dass die Menschen sich darauf besinnen, im Einklang mit ihrer wahren Natur zu handeln. Dass nicht nur alle darüber reden, sondern selbst etwas dafür tun, die großen Probleme unserer Zeit zu lösen, wie zum Beispiel die Müllberge zu reduzieren, die globale Erwärmung aufzuhalten, Verarmung, Hungersnöte und Krankheitsepidemien zu verhindern oder nachhaltig Energie und Lebensmittel zu produzieren und zu verbrauchen." Ambrosia lachte grimmig. „Durch das Wiederfinden der sieben Siegel haben die Menschen das wahre Wissen wiedererlangt, und können damit hoffentlich die Pläne der abtrünnigen Raben durchschauen und ihren üblen Einfluss abwehren."

„War die Suche nach den sieben Siegeln meine wahre Bestimmung?", fragte Marvin nachdenklich.

„Was glaubst Du?", erwiderte Ambrosia belustigt.

„Ich weiß es nicht."

„Die große Suche war der Anfang Deiner Bestimmung – der erste Schritt zur Selbsterkenntnis. Es war meine innere Bestimmung, Dich auf diesen Weg zu führen, und Odins Bestimmung, Dich auf diesem Weg zu begleiten. Die Schriften aus uralter Zeit, der Traumzeit, haben uns den Weg zu Dir gewiesen, über die letzten Generationen, angefangen mit Deiner Urururururgroßmutter."

„Aber bis auf die Siegel und das Buch der Weisheit sind die uralten Weisheiten doch nur mündlich überliefert, oder?"

„Das spirituelle Leben ist wahrer Gedanke, der zur Tat wird. Gedanken sind nicht materiell. Was macht es da für einen Unterschied, ob sie aufgeschrieben sind oder nur in der Erinnerung und in der Traumzeit leben? Außerdem verstehen die Menschen die Ursprache nicht mehr. Das heißt, bis heute – heute ist ein neuer Anfang im Kreis des Lebens begonnen worden."

Ambrosia drehte zwinkernd ihren Kopf einmal um sich selbst.
„So muss ich noch meine innere, wahre Bestimmung finden?", fragte Marvin.
„Das kannst nur Du allein. Sie ist aber schon da. Du wirst sie finden. Ich habe keine Zweifel."
„Ich schon. Aber vielleicht wird mir Odin auf der Suche helfen. Was, Odin?"
„Das muss ich mir erst noch gründlich überlegen. Hängt davon ab, wie viele Mäuse ich dafür von Dir bekomme", scherzte Odin.
Ambrosia lächelte weise. Wie gut, dass die Natur der Jugend (und damit meinte sie Marvin und Odin!) die Gabe gegeben hatte, unbeschwert und voller Hoffnung in die Zukunft zu schauen. Das würde ihnen helfen, den Weg ihrer inneren Bestimmung zu gehen, um ihre Träume und Visionen wahr werden zu lassen. Für sie, Ambrosia, war nun die Zeit gekommen, um endgültig Abschied von der materiellen Welt zu nehmen.
„Meine Aufgabe in dieser Welt ist jetzt erfüllt."
Ambrosia hielt nachdenklich inne. War sie dies wirklich?
„Marvin?"
„Ja?"
„Denke immer daran, diejenigen, die Dir tot erscheinen, mögen lebendiger sein als die, die am Leben zu sein scheinen. Die Blätter von Yggdrasil können neues Leben spenden. Und indem der Baum des Lebens zusammen mit dem Buch der Weisheit stirbt, erneuert sich Yggdrasil wieder und das neue Zeitalter kann im Guten beginnen."
Und damit öffnete Ambrosia – die große, allmächtige Schneeeule – langsam ihre breiten Schwingen, um ihren letzten Flug auf dieser Welt anzutreten. Ihre

schneeweißen Flügel leuchteten rosa in der Morgendämmerung, als sie lautlos auf die aufgehende Sonne zuflog.

Marvin war sich nicht sicher, ob er die gesamte Bedeutung von Ambrosias rätselhaften Abschiedsworten verstanden hatte. Aber er wollte sich jetzt nicht den Kopf darüber zerbrechen. Er wollte nur eins. Nach Hause. Seinem Vater sagen, dass er versuchen wollte, sich an Saskia und Anne als Teil ihrer Familie zu gewöhnen, und ob sein Papa sich vielleicht im Gegenzug mit Odin und dessen Familie anfreunden könnte? Und schließlich, dass der Schlüssel zum Glück und zur Erfüllung der Bestimmung sich im wahren Inneren eines jeden einzelnen befand, wie ein Keim, der sich öffnen musste. Ein Keim vom Baum des Lebens, der alle Lebewesen miteinander verband – die Alten und die Jungen, die Weisen und die Suchenden, die Wachenden und die Schlafenden. Und Mama auch.

ENDE

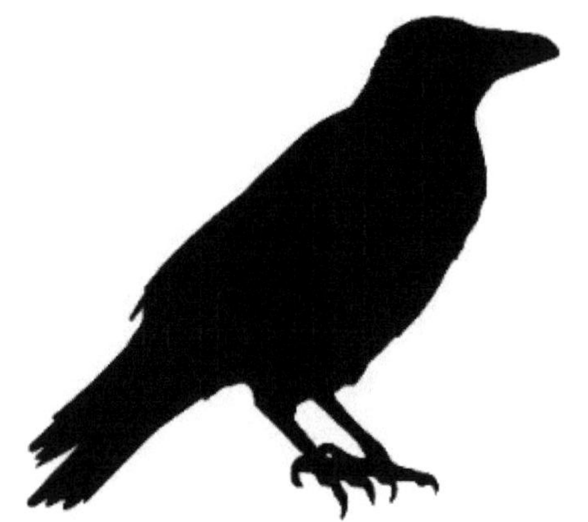